中華傳統道德精神

仁義禮智信誠和樂明達

溫良恭儉讓勤廉慎敏嘉

丙申末魁右陰山人書於金埠湖

中国文化研究文库

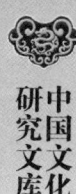

西北师范大学离退休人员优秀学术著作出版基金资助

中华文化长河的过去、现在与未来

Revival of Civilization
The Return and Rebirth of Chinese Traditional Culture in Contemporary Era

复兴的文明

新时代中国传统文化的归来与重生

任遂虎 著

中国书籍出版社
China Book Press

人类文化总是在历时性的延传中实现积淀与拓展。

从周口到大地湾的先民，早已走完了他们面前荆棘丛生的道路。文武成康时代的鼎器和礼乐，已成为遥远的象征和隐约的记忆。汉帝国的声威气魄和文章风韵，唐王朝的文治武功和辉煌鼎盛，早已隐入了历史的帷幕。

历史的巨轮把时代的舞台推向了崭新的21世纪。昔日的辉煌和骄傲，绝难代替今世的创造。当代文化建设的重任历史地落到今人的肩头。新时代科技文化的突飞猛进和人文情怀的普世观照，促使人们用科学理性和时代精神来反观传统。反观传统有利于继承优秀的文化基因，有利于清除传统的陈旧泥沙，有利于开拓走向未来的航程。

忘记了昨天的人，将为明天所忘记。正如歌德所言：不能汲取三千历史经验的人没有未来可言。

回顾往昔的脚印，意味着校正未来的步伐。

——题记

出 版 说 明

《复兴的文明：新时代中国传统文化的归来与重生》一书，简明扼要地介绍了中国传统文化的演变过程及核心内容，重点讨论了传统文化的现代意义，并向读者介绍了相关的文化知识、理念、精神和智慧。

本书注重把文化现象的概述和文化价值的追思结合起来分析论证。对于文化的研究，必以价值的营造与实现为其正道；对于中国传统文化的研究，必以振兴故有文明、开释现代新文明为主旨。因此，确立大文化视野上新型的思维范式至关重要。基于这一理念，本书对中国传统文化的环境条件、习俗礼仪、审美情态、思维方式、行为规范、价值观念等问题进行宏观的探讨，进而用现代思维加以生发和阐释，力求透过历史的逻辑性来窥测未来的趋向性。特别引人注目的是，作者在对中国传统文化中恒常的知识和智慧作了发掘性论证的同时，对夹杂在其中的文化糟粕作了理性的分析与批判，最后提出对待传统文化的"剥离组合论"。

《复兴的文明：新时代中国传统文化的归来与重生》一书的阅读对象为知识群体及社会公众。当今国内道德建设成为新时期精神主题，继承和发扬优秀传统文化是提升道德、建设社会的一个重要方面。历史文化方面的反思和研讨，对弘扬祖国优秀的民族文化传统、提高国民道德品质和整体文化素质有着十分重要的意义。从素质教育的目的看，本书的用意和作用体现在以下三个方面：

(a) 反观历史进程，了解基本国情；

(b) 继承优秀传统，弘扬人文道德；

(c) 积累文化知识，汲取精神智慧。

本书既注重学理性，又注重普及性，即力求把精神文化通俗化，为青年一代了解、阅读传统文化提供直接的途径。

目 录

出版说明 …………………………………………………………… 1

第1章 传统文化的现代意义 …………………………………… 1
　1.1 文化与传统文化 ………………………………………… 1
　1.2 走向文化协调的时代 …………………………………… 13
　1.3 讨论传统文化应当注意的问题 ………………………… 17

第2章 中国文化的地域特征 …………………………………… 22
　2.1 文化与环境的关系 ……………………………………… 22
　2.2 中国文化的生存环境 …………………………………… 25
　2.3 中国传统文化的经济特征 ……………………………… 28

第3章 传统的政治形态 ………………………………………… 35
　3.1 古代的三种政体形式 …………………………………… 35
　3.2 古代官制 ………………………………………………… 37
　3.3 官员铨选方式 …………………………………………… 40
　3.4 君主专制 ………………………………………………… 42
　3.5 清官问题 ………………………………………………… 46

第4章 古代的周期性社会震荡 ………………………………… 48
　4.1 周期性震荡 ……………………………………………… 48
　4.2 古人对周期性震荡的阐释 ……………………………… 49

· 1 ·

4.3 结构性腐败 ………………………………………………… 52
4.4 周期性震荡成因分析 ……………………………………… 59

第5章 传统的习俗礼仪
5.1 节日习俗 …………………………………………………… 63
5.2 几种礼俗 …………………………………………………… 68
5.3 传统习俗评议 ……………………………………………… 72

第6章 传统社会农民与士人的心态
6.1 农民阶层与士人阶层的地位 ……………………………… 79
6.2 农民阶层的心态 …………………………………………… 81
6.3 士人阶层的心态 …………………………………………… 85
6.4 官僚阶层 …………………………………………………… 88

第7章 传统的审美情态
7.1 传统审美文化的发展 ……………………………………… 90
7.2 审美活动中的主、客体合媾 ……………………………… 94
7.3 传统艺术表现的方式 ……………………………………… 101
7.4 艺术生发、运演的条件 …………………………………… 111

第8章 传统宗教文化的功能
8.1 宗教的概念与性质 ………………………………………… 115
8.2 宗教产生的原因 …………………………………………… 118
8.3 宗教与其他文化的关系 …………………………………… 121
8.4 关于儒家是不是宗教的问题 ……………………………… 125
8.5 宗教的异化 ………………………………………………… 127
8.6 中国的宗教前景 …………………………………………… 130

第9章 传统思维的特点
9.1 思维能力与文化发展相辅相成 …………………………… 132

9.2 传统的思维方式 …………………………………… 133
　　9.3 传统的思维形式 …………………………………… 140
　　9.4 传统思维的几点明显特征 ………………………… 145

第10章　传统文化的价值观 ………………………………… 153
　　10.1 文化的价值追求 …………………………………… 153
　　10.2 价值的类别 ………………………………………… 156
　　10.3 儒道墨法的价值观 ………………………………… 159
　　10.4 传统价值观中的倾向 ……………………………… 164

第11章　中华文明的和谐观 ………………………………… 175
　　11.1 和谐造就合力 ……………………………………… 175
　　11.2 传统和谐思想的价值内涵 ………………………… 180
　　11.3 传统和谐思想中的前瞻性发现 …………………… 185
　　11.4 传统和谐思想的缺陷 ……………………………… 190

第12章　传统文化的剥离与振兴 …………………………… 193
　　12.1 价值衡度与剥离组合 ……………………………… 193
　　12.2 分清相似而其实不同的问题 ……………………… 196
　　12.3 新儒家的文化主张及其启示 ……………………… 204
　　12.4 传统文化的剥离与振新 …………………………… 217

参考文献 ……………………………………………………… 225
后　记 ………………………………………………………… 227

第 1 章
传统文化的现代意义

1.1 文化与传统文化

1.1.1 什么是文化

"文化"这个概念的使用率极高,其内涵的覆盖面也极大。主流传媒、社会人文学科以及人们的口头交流中,都会使用到这个词汇。只是在不同学科、不同场合、不同语境背景下,人们总是从不同的角度来使用这一概念。

从汉字原义讲,"文"由线条交织而成[①],意指多种颜色的纹路相交叉,形成彩绘。《说文》释"文"为:"错画也,象交文。"显然,"文"的原义中包含了花纹、文采、纹理之类的含义,与后来的"纹"同义,即指自然之纹路、文采。

古人从"物相杂,故曰文""五色成文而不乱"的感知中进而引申出文字、文章、文明、条文等意思,于是"文"便有了"人文"的内涵。关于这一内涵的表述,在先秦典籍中常可见到。如"文命敷于四海"[②],"其德刚健而文明"[③],"浚哲文明,温恭永塞"[④],"文明以止,人文也"[⑤],等等。

[①] 《周礼·考工记》:"青与赤谓之文。"
[②] 《尚书·大禹谟》。
[③] 《周易·大有》。
[④] 《尚书·舜典》。
[⑤] 《周易·贲·彖》。

复兴的文明：
新时代中国传统文化的归来与重生

"化"，《说文》解释为"教行也"。古人认为"能生非类曰化，生其种曰产"。可见"化"有变改、化生、造化等含义。《礼记·乐记》中谓"和，故百物皆化"，《素问·五常政大论》中谓"化不可代，时不可违"。古人已看到时势和变化的必然性，同时把"和"作为变化的基础。直至《周易·彖传》，始把"文"和"化"联系起来："观乎天文，以察时变；观乎人文，以化成天下。""天文"指自然的天体万物；"人文"指人间的伦常秩序；"化成"指通过人伦教化，使人们达到人文理性的高度自觉。

显而易见，古代的"文化"，其义侧重于人伦礼乐，并不包括物质文化。孔颖达在《周易正义》中说："观乎人文以化成天下者，言圣人观察人文，则诗书礼乐之谓，当法此教而化成天下也。"刘向《说苑·指武》中说："圣人之治天下也，先文德而后武力。凡武之兴，为不服也；文化不改，然后加诛。"这种传统的"文化"赋义，为近、现代从事传统文学研究的学者所继承。如辜鸿铭在《春秋大义》中说，文化不是房子，不是道路，不是器具，不是制度，不是科学，不是艺术，而是人格。他认为文化的实质是道德。唐君毅在《文化意识与道德理性》一书中也持这种观点，认为人类一切文化活动，均属于道德自我或精神自我、超越自我，而为其分殊表现。当然，也有不少学者已不再坚持把文化的赋义局限在精神范围。如梁启超在《什么是文化》一文中认为，"文化者，人类心能所开释出来之有价值的共业也"[1]。梁氏在《中国文化史目录》中将朝代、种族、政治、法律、教育、交通、国际关系、饮食、服饰、宅居、考工、农事等都归为文化。孙本文则从主体和客体的相互关系上界定文化，认为"凡是由人类调适环境而产生的事物，就叫文化"[2]。到了梁漱溟，就把文化看作"人类生活的样法"[3]。

在西方，不同学派根据自身立论的角度，对文化作了多侧面的阐释。古典进化论把文化解释为包括一切知识、能力、习惯的复合体，认为它同自然进化的规律相一致。文化传播论学派认为文化就是传播，传播是文化发展的主要力量。历史批判学派说，文化是人的行为和指导人的行为的模式、是人

---

[1] 《学灯》1922年第1期，第9页。
[2] 孙本文：《社会的文化基础》，中华书局1929年版，第3页。
[3] 梁漱溟：《东西文化及其哲学》，商务印书馆1929年版，第53页。

工创造的符号系统。结构主义论者认为，文化是维护社会系统的结构模式、是秩序的总和。文化心理学派指出，文化是个性心理在历史银幕上的映象。新进化论学派则把文化看成人的创造能力，有象征的意义，它以工艺为基础，表现为合规律性的适应过程。这些解释，往往是从不同学科的角度切入，都涉及文化的某个方面的内在特征。

综合起来看，"文化"概念的差异，主要体现在它对人类创造成果的涵盖宽、窄不同上。大致可以分为以下三个概念区：

（a）艺术或文字；

（b）意识形态或礼乐法度；

（c）一切人类的创造成果。

我国群众口头常用的"文化"，主要指"文字"方面。英国学者泰勒的《原始文化》写道："从广义的人种学的意义上说，文化或文明是一个复杂的整体，它包括知识、信仰、艺术、道德、法律、风俗以及作为社会成员的人所具有的其他一切能力和习惯。"[①] 这与我国古代的"文化"所指的礼乐法度含义相近。英国人类学家马林诺夫斯基提出了功能性的文化定义。他在《文化论》里说，"文化是指一群传统的器物、货物、技术、思想、习惯以及价值，这概念包容着一切社会科学。……社会组织除非视作文化的一部分，实是无法理解的"，"文化包括一整套工具及一套风俗——人体的或心灵的习惯"[②]，把"器物""货物"也归为文化。美国人类学家克拉克洪进一步指出，文化是某个人类群体独特的生活方式，即他们整套的"生存式样"；文化是历史上所创造的生存式样的系统，既包含显型式样，又包含隐型式样。这是最广义的解释，把一切人类的创造成果都归为文化。

现代社会，广义文化概念日益为人们所接受。当然，概念的使用首先应当适合所描述的对象，而不是遵循权威的既定条文。由于人们使用的场合和对象不同，因此，文化的狭义和广义都不可偏废。

[①] 泰勒：《原始文化》，浙江人民出版社1988年第1版，第1页。
[②] 马林诺夫斯基：《文化论》，中国民间文艺出版社1987年版，第2页，第14页。

1.1.2 什么是传统文化

"传统"是指历史沿传而来的观念、风俗、习惯，等等。"传"，本指驿站，从中引申出递转的意思。汉代刘熙在《释名·释典艺》中说："传也，以传示后人也。"清代王先谦《释名疏证补》中说："汉儒最重师传。""统"，《说文》解释为"纪也"[①]。段玉裁注，"纪者别理丝缕""众丝皆得其首，是谓统"。《周易》中有"乃统天"的说法，颜师古注，"统，继也"。可见"统"的本义是缫丝时从众多蚕茧中抽出的头绪所打的结，抓住它便可以顺利地缫出一束丝。后经衍生，与抽丝相似的抽象问题也被称之为"统"。如"一统"谓万绪归一，"王统""道统""法统"等谓沿袭相承的规章、规范、制度等。"正统"谓嫡系、主宗所沿袭的东西，"伪统"或"闰统"则指非正统的旁门左道的观念、行为。

我们使用"传统文化"一词时，一般存在下述几种赋义上的差异：

(a) 指占统治地位的一以贯之的正统文化；

(b) 指历史上出现的观念形态的文化；

(c) 指依然活在现实生活中的历史性文化；

(d) 指历史上发生的一切文化。

这种差异，需要根据不同的语言环境来理解。就通行的意义来讲，"传统文化"既不指过去业已定型的文化"实体"，也不指某一时空点上的文化现象，而是指流动于历史过程中且被继承下来的一种文化精神和社会心态。

传统的动态凝聚和绵延，把过去、当下和未来续接起来。当然，传统并不单纯、直接地以文化成果形式体现出来。比如说，器皿、建筑、壁画等实体文化，很难说是传统。然而传统又寓藏、蕴含于实体文化之中，并不局限于精神和心态方面。如器皿的造技、建筑的技术、绘画的风格等，都体现着特定文化主体的心灵智慧、精神旨意和神韵风采，并可以在历史进程中绵延承续。作为兵器的"剑"和作为乐器的"箫"，在中国文化中就有特殊的内涵，渗透了人的精神和情趣。"剑气箫声"代表了一种人的勇气、斗志和

---

① 《说文》："纪，别丝也。"

追求。

归纳起来讲，传统就是蕴含在文化承传过程中的观念、意识、心态等，体现着历史文明创造的绵延和累积。而文化实体的继取和承接，只有通过观念形态、精神气质、价值取向、思维方式、审美情趣这些内在的活因素才能起到作用。人类学家克罗伯等人早已指出，文化的主要核心由传统的观念（那是历史的并有选择性的）及从属于这些观念的价值所组成；文化体系一方面可视为行为的产物，另一方面又约束着未来的行为。这就说明，传统有着一定效应的规范性，可以约束人的文化心理和行为；又有着相对的稳固性，可以从一个时代流迁到另一个时代；也有着因势而异的变动性，在历史的演化中不断扬弃、选择、重新集聚，进而形成新的传统。

传统文化在历时性绵延过程中，总是与新生文化之间存在一种双向联结的关系。所谓双向，一方面是变向关系；另一方面是定向关系。传统的观念、习俗、心态、方式、行为等，受特定时代的人的生存需要的制约。特定时代的人，以他们的民族情感、地域特征、实际需要来取舍传统，使传统具有动态特征，染上时代色彩。传统越是能适时应变，就越有生命力。凝固僵化的传统则没有生命力。人的力量在于自身的不断扩充和对于自然的不断超越。作为人的能力结果的文化不会僵滞，作为历史绵延的传统也不会一成不变，这就是变向关系。另一方面还存在定向关系。文化在历史演化中积淀、凝固出稳定的传统，支配社会发展的运动轨迹和价值取向。这就意味着传统的形成以主体选择的弱化为代价。主体在逼迫中被动地顺应传统，依照传统的框架、模式、轨迹行动，能动性和创造性大为减弱。于是，时代要求突破传统和传统不允许人们突破的矛盾就出现了。只要新文化因素积聚到足以突破传统的力量时，就出现了突变，传统体系就会崩裂。

突变和崩裂，并不意味传统的彻底消亡。其中有的因素、元件被扬弃，有的因素、元件被改造、整合到新文化结构之中。传统文化在向现代文化渗透和向未来文化流迁的过程中，存在着潜在的力量。所谓潜在力量，是指传统文化凭借本能的生殖力和历史惯性的推动力，对新的时代产生的一定的影响力。滚动的文化惯性必然把前代的遗产悄然传向后代。尽管有些文化因在历史进程中受到外界因素的影响而出现断裂，但这种现象不是所有文化的通

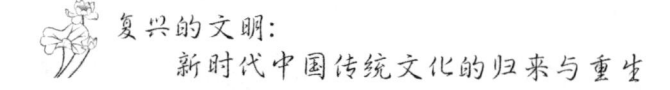

例，而且它并非在所有文化因素上都是绝对的断裂。

一般来说，一种民族文化或一种文化类型，它的影响力和遗传能力，主要来自三大系统。

一是遗物系统。这个系统属于传统文化的"硬件"，包括各种可以传向后世的人工化的实体物质。其中，建筑和器具是表征。

二是载体系统。这个系统包括各种文化符号体系，有物体符号、人体符号、声音符号，痕迹符号，等等。其中，语言和文字是载体系统的核心部分。

三是思想系统。这个系统是人的各种意识活动、精神活动的结晶，是文化创造中的"软件"。其中，传统的哲学和文学艺术是传统文化中思想成果、精神成果的最高表现。

三个系统既相互区别，又相互联系，在相互作用中实现其结构功能和遗传功能。中国传统文化在三个系统方面对后世一直都有着巨大的影响力。

就全球范围看，中国是古迹、文物最多的国家之一。从业已发现的7000余处新石器时代的文化遗址到规模宏伟的明清皇宫，从文化初萌期的器具、泥陶到汉唐以来做工精细的金银玉器，从举世惊叹的兵马俑到桥梁史上的奇迹赵州桥，无不是人类历史博物馆中精美的奇葩。就一般情况而论，古代历史遗物的实用价值大多已经消失，只有少数遗物还可使用，如古代某些石桥可通行、某些建筑还可供居住，等等。一般意义上的文物，其价值主要在于历史价值、考古价值、人类学价值，以及一定意义上的审美价值。只要它们的这种价值还存在，就标志着旧有文化尚未断根，标志着旧有文化可以透过时间的隧道向现实输送着昔日的文化信息。正是从这一意义上讲，现代任何精美的花瓶都不能代替大地湾遗址中出土的古朴无华的泥陶人头瓶。

就文化载体来说，尽管它是一种中介因素，但它是文化得以绵延的工具，是代表一种类型的徽章。任何一种语言文字，事实上都代表了一种文化。中国的汉字，是全世界唯一活着的古老文字。玛雅文字、埃及图画文字、苏美尔人和巴比伦的楔形文字，都早已成为遥远的历史，而汉字几经演变，还在使用。尽管汉字在几千年发展演化的历史长河中，几经演变，几经蝉蜕，以至当今汉字与殷商时期的甲骨文大相径庭，然而谁也不可否认它们之间的内在联系和有机承接，谁也没有任何理由把它们定为不同类型的文字。从训古的角度看待汉字，当今许多字形还深深地隐含着古人"造字六法"的痕迹，特别是"依类象形"的用意。

汉字体现了其在中国农业背景下特有的风范和特色，体现了其特有的文化形态和思维方式。英文从发音到拉丁字母，如水流动；汉文从音到字，则如农村的"四合院"。它是感性形态的直接呈现，由物象变演而来。"古人制字多自事物始"，它的方型矩阵，重目遇而不重耳闻，反映出体悟多于认知、直觉大于逻辑的思维倾向。

汉字除了表情达意的功能之外，还在历史上形成了独具神韵的书法艺术，成为富有民族文化特色的审美类型。汉字既是书面符号，又是书法艺术。从取象以至超象的汉字，均与特定的审美心理相对应。它通过线条布局和变化，体现出对世界的一种艺术抽象。其潜在的表现力，经心理场能中的审美效应得以释放。墨迹的宽窄粗细、干湿浓淡，行迹的抑扬顿挫、疾徐涩畅，都可能牵动其爱好者的锦心绣肠。毛笔的弹性大，运行的节奏、延伸的触觉既有时间感又有空间感。结构布局可以随心而设。每个细微的变化都能反映出人的情绪展开的轨迹，从而易于形成多种多样的风格，或凝重，或流畅，或庄严，或轻逸，或严谨，或诙谐。它是一种"情感语言""心神艺术"。

汉字的历史积淀层十分深厚，凝聚着特定的文化意蕴及人文情感，是中华文明的象征。L. R. 帕默尔在《语言学概论》中说："汉字是中国文化的脊梁。"

至于作为"软件"的思想系统，更是在文化中属于起支配作用的因素，在遗传、延续过程中体现出其引领力量。中国古代的哲理思想，具有广博深邃的内涵，对后世中国以至世界文化都发生了深远的影响。比方说，出现于20世纪的"一分为二"和"合二为一"两个哲学命题，无疑是古典哲学中阴阳二分法的现代表述。如"与时俱进"，这一说法已经明载于先秦文献之中。《易·损卦》中的"与时偕行"，表达的正是与时俱进的意思。至于现代中国人的文化性格、民族心理、处世情怀等，也无不深深地根植于源远流长的文化传统之中。人们常以万里长城作为中华文化的象征物。长城是遗迹，其中又有精神。它横亘北疆，雄伟壮观，气度不凡。在尚武竞力的古代，地广人众的中国人竭尽苦力建造这一巨大的防御性工程，充分说明我们的祖先并不热衷于攻伐掠夺，而是立足于设防自守。我们的祖先，渴望走出一条稳妥、平静、安全的道路。所谓"高筑墙，广积粮，缓称王"①，虽然是一种策略，但多少也表露出这种求稳的性格和情怀。即使在"文革"那样狂热的时代，也出现了"深挖洞，广积粮，不称霸"的口号。这里不难看出，由于文化的遗传和沉积，不同时代的人在情怀、性格上仍有相同的一面。

古代文学艺术的影响力更是令人叹为观止。中国历史上，涌现出一幅幅光彩照人的文学画卷。周代民歌，春秋楚辞，两汉辞赋，六朝乐府，唐代诗文，宋代词曲，元人戏剧，明清小说，都达到了所在时代文学艺术的制高点，创造了审美文化的辉煌岁月，以至于后人难以企及。这些文学成果并未因时间的流逝而失色，而恰恰因经历了风雨冲刷、洗礼而神采焕发、流传不息。时至今日，精粹的古代文学作品，依然有广泛的读者，它们不仅活在课本中、学堂中，还活在案头上、墙画上，更活在人们的审美记忆之中。

1.1.3 为什么要反观传统

现代文化，可谓斑驳陆离、五彩缤纷。瞬息流逝的时代风尚、万花筒般的衣食住行、流动不息的商品交换、魔幻无穷的高科技、精微奇妙的智能机器……有力地冲击、震荡着社会的各个角落，无时无刻不在改变着传统的生活方式和生活节奏。于是，人们不免感到，现代化是以传统生活和传统文化的消亡为代价的，尤其是在商品文化、科技文化、娱乐文化方面，现代与传统的距离更大。"万宝路"和"旱烟袋"，几乎如同冰炭而不能同器共存；弓箭石丸和洲际导弹之间更无法找到"遗传"的"血缘关系"；"率兽起舞"的原始宣泄动作似乎也不能和芭蕾舞、迪斯科同日而语。

然而，这种巨大落差仅仅是古今文化问题中的一个方面，还无法包括和说明问题的另一个方面："人们彼此之间影响愈大，愈是要设法保持固有的传统。"② 这就是说，文化的发展无法割断历史的联结，历史的联结不只是时空的递进，而且存在着基因的渗透。塞万提斯在他的《唐·吉诃德》自序里说

---

① 《明史·朱升传》。
② 约翰·奈斯比特等：《2000年大趋势》，中国人民大学出版社1990年版，第139页。

过，任何事物生出来的孩子都像它自己，这句话可以看作文化遗传的形象注脚。现实中存在的事物，往往从历史的有机链条中演化而来。文明机制必然在继承和扬弃的交替环节中完成自己的逻辑序列。变异是一个渐进的过程，并不意味着根除原有肌体中的一切基因。尤其是在思想文化和精神文化方面，往往具有超越时代的恒常性，并不会因时间风雨的冲刷而黯然失色。中国传统文化中许多优秀的文化基因，至今仍然躁动在现代文化的肌体之中。

文化发生学研究证明了一条规律，就是任何一种文化最基本的特征，首先在该文化发生期即已决定。借用中国古人的话说，就叫"斫梓染丝，功在初化"[①]。一种文化，如果遗弃了自身的基因，那么也就遗弃了自身。人类文化发展的史程证明，没有继承，文化将难以发展壮大。文化发展中的遗传密码，是从前代获得遗传的信息。遗传信息通过代谢作用控制着各种因素的合成，使前代基因在后代肌体中重新出现，如生物遗传中的蛋白质密码一般。

中国文化的精神特征，在先秦元典中已经具备了。我们知道，元典是一种文化类型形成时期精神成果的凝聚，具有原创性和奠基性，决定着后世文化发展的性质、方向和特征。元典的产生和传播，意味着民族文化价值认同的形成。元典也是社会权威和思想规范的一种存在形式，有着先导和动力的功能。元典认同使社会有了统一而稳定的准则，传统意义上的文化得以绵延伸展。这种元基因、元动力、元规范，既有范式定型的意义，也有结构张力的意义。"五经"是三代文化的积淀和结晶，凝结了中国两千年文明史程的精神智慧，体现着历史交替的继承和创新，也是对当时各种挑战的回应。它揭开了一个新的历史时代，并成为后世的思想指南和价值规范。

据此而论，把传统文化看成残断的壁垣和碑简，实是一种误解。传统是基于元典的一种绵延激荡的精神，一种纵贯古今的心态。历史的承接与空间的流迁铸成了文化运演的因果链条。每个时代的文化肌体中，总是流淌着前代遗传而来的血液；而每个时代的文化田园，又总是播下未来文化的种子。正因如此，生活在一定时空点上的人，除了思考现实、着眼当今之外，还需要反观过去和追思未来：反观过去是为了认识已有文化的历史逻辑性，追思

---

① 刘勰：《文心雕龙·体性》。

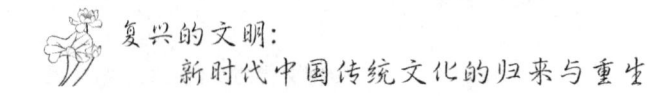

复兴的文明：
新时代中国传统文化的归来与重生

未来是为了开创文化建设的理想航程。这里，充满了自慰的心理，也充满了自救的意图；充满了远古的幽情，也充满了深长的寄托。

"文化反思"的出现，代表了一种思潮的涌动。时下，文化研究的风潮席卷全球，文化思考的波涛渗入思想学术界。它不是无聊的躁动，而是代表了当代人致思的新特点。伏根深远、覆盖广阔的中国文化，早已成为"文化反思"的对象。

一个新的时代，需要反刍传统文化中的优秀成分，将其咀嚼、消化，融入新的生命肌体。从这一视角看，认识历史逻辑性与窥测未来趋向性有着内在的统一。人类对以往文化的反顾和对未来走向的展望，都没有极峰和止境。文化的精灵通过特定的时空点走向人间，而人类必然站在自身生存的坐标位置来划分古今未来。因此，每个时代的反顾和展望，自然站在这个时代所能达到的水平和视界进行。这就决定了每个时代都在重写历史，但重写历史不是重复历史。每个时代对历史的反顾都是一次价值的重评、价值的衡度。无论是先秦儒家对西周以来诗书礼乐的整理，还是汉代学者对经学的研究；无论是清代学人对传统典籍的考证修订，还是当代新儒家对孔孟学说的生发阐释，都是对前代文化的再认识和再评价。再认识和再评价中包含了建构新文化的意图，渗入了时代的精神，时代的概念和时代的参数。孔子当年"述而不作"的目的在于"克己复礼"，而现代新儒家阐发儒学新义的目的在于"返本开新"。

中国传统文化，事实上已成为人类共有的财富。20世纪80年代后期，有75位诺贝尔奖获得者发表了巴黎宣言，其中就提到：如果人类要在21世纪生存下去，必须回头到2500年前汲取中国孔子的思想和智慧。美国未来学家约翰·奈斯比特等人对中国文化的现代世界意义作了这样的论述：

> 我们相信，中国文明，作为世界上仅存的拥有悠久历史的文明之一，在高思维方面能为人类作出许多贡献，例如，中国人对天、地、人的看法，灵性、伦理、哲学和人际关系的丰富知识。随着中国和中华圈的重新崛起，其宝贵的文化传统也将为世界提供宝贵的

"高思维"资源,从而有助于我们在高科技时代寻求人性的意义。[①]

中国文化以神魔般的弹性和韧性,穿透层峦叠嶂的历史壁垒,向着神奇莫测的未来进发。如果说,西方文化以势截奔马的气度形成断峰横云式的文化格局的话,那么,中国文化则以一泄千里的势态形成了纵贯古今的文化传统。我们知道,埃及文化因亚历山大的入侵而被希腊文化同化,古罗马文化在日耳曼族的占领下宣告中断,古印度文化因遭受雅利安人侵略而衰落。唯有中国文化在东亚大陆上以自身的逻辑运演化育,不曾中止断裂。这种文化特征,使人们在讨论中国文化问题时,势不可免地需要反观历史,通过"振叶以寻根,观澜而索源"[②]来研究传统文化内在的风范与奥秘,来思考其在现代社会的意义与价值,从而探求它在未来生发化育的契机。

从社会发展的功利目的来看,人们之所以重视传统文化,是因为它对文化主体起着一种凝聚与整合的作用。普希金说过,一切过去的,都会成为美好的记忆。传统之中蕴含着许多美好的记忆,成为一定文化区域、一定社会群体共向认同的准则。在一定意义上讲,传统文化如同一面旗帜,能够树立民族的自尊心和自信心,能够维护群体的团结、亲和与凝聚。有了传统的陶染和感召,文化主体、社会群体就有了共同的心理基础,特别是对于具有悠久历史和丰富典籍的国度来说,更是如此。

中国文化在几千年的运演化育之中,形成了自身的包容力、内倾力与亲和力。所谓爱国意识,正是这种民众凝聚力的反映。弘扬民族文化、整理传统典籍,总是与提高民族自信心、加强民族亲和力分不开的。那些祭奠祖先、纪念英烈、建修仿古建筑的活动,也包含了加强民族团结的深层意图。我们可以看到,即使现代社会,由民间社团或地方政府组织的祭祀远祖的活动也很多,如黄陵纪念黄帝的活动、天水祭祀伏羲的活动、曲阜朝拜孔子的活动等,此起彼伏,热闹非凡。至于修建英烈纪念场所、凭吊民族英雄及烈士的活动和风习,则更为频繁,如屈原、岳飞、文天祥、戚继光、谭嗣同等英烈,这无疑对世人起着精神的感召作用。尽管仿古建筑与旅游业相联系,但它除

[①] 约翰·奈斯比特等:《高科技·高思维》,新华出版社2000年版,第4页。
[②] 刘勰:《文心雕龙·序志》。

了增加现代生活情趣、吸引游人"发古之幽情"、增加经济收入之外，还包含了一种社会性的意图，即通过回首往昔奠基民族自信心，保持社会群体之间的精神协作与心理平衡。

特别是置身于异土他乡的中国人，由于文化的认同、寻根而产生一种特殊的民族感和爱国心。在美国，华人集中居住的地方建立起"唐人街"，街上有孔子的塑像。"唐"这个历史朝代的代号和"孔子"这个历史人物的名称，已成为中华文化的象征。海外华人集中的地方，不仅树立起文化的象征物体，同时把中国传统的生活习俗保留下来。由此可见，文化认同带来的民族凝聚力，不仅在古代是维系国家统一、民族亲和的精神纽带，在现代仍然是巩固社会统一、协调社会关系的思想动源，有着积极的意义和时代价值。因为文化的认同必然造成心理取向的一致，对社会矛盾起到一定的减压作用，有利于增强社会的统一性和规范性，建立良好的人际关系和社会秩序。

传统文化为现代文化的选择，除了社会聚合功能外，还存在着价值复显和价值再生的功能。我们知道，文化的进展不是一个直线淘汰和增生的过程，其间充满了多线交织和曲折回环的现象。不仅古有的文化基因可以保留在活的文化肌体之中，而且中断了的传统可以以新的形式回归于活的文化肌体之中。这种回归、复兴现象，在文化史上不乏其例。欧洲14世纪开始的文艺复兴运动、15世纪的人文主义思潮，都带有浓厚的文化复兴、传统回归的色彩。自然，文艺复兴以来的人文学科不可能等同于古希腊的哲学和政治学，但它们之间有一种文化代接的源流关系。当时的人文思潮和中世纪的神学、法学形成了鲜明的对照。在这场划时代的斗争中，古已有之的文化基因成为新文化征途中披荆斩棘的武器。人们利用古代文学知识来批判经院学派，利用古代哲人"人为万物之灵"的思想提倡欣赏和刻画自然美。古今人文思想发展的合力，终于结束了神学的垄断地位，为近代、现代文化的发展开辟了道路。文艺复兴时期的思想，无疑又是18世纪人权运动和当代人道主义、人文主义思想的来源。我国唐代的古文运动，同样在回归古"道"的旗帜下进行。这场运动在形式上表现为文体、语言方面的复古革新，但实质内容上涉及传统文化的继承复兴和当时思想文化走向的重新调整。

说传统文化可以融入现代文化，不是说传统等于现代。现代文化与传统文化既有区别，又有必然的联系。"现代"是传统的对立面，也是传统的延续体。传统的基因在走向新时代的过程中，出现了许多新的情况。有些基因在变迁中沉沦了、隐没了；有些基因相对稳固地保留到新时代的文化肌体之中；有些基因随着时代的发展又焕发出奇异的生机。由于这诸多现象，五彩缤纷的现代文化并不拒绝传统文化伸展的优秀根须。我们环视全球，可以发现，中国传统文化中富有生命的基因往往在现代化社会的土壤里绵延生长，并开花结果。东亚工业社会把中国传统的儒家思想奉为行为的准则之一，就是突出的例证。

当然，毋庸讳言，"从古流到今"的中国传统文化长河，在闪动着价值波光的同时，也夹杂着令人窒息的泥沙。春秋巨变，风雨频临。中国文化在历史征途中几经起落，几度兴衰。近代以来，世界发生了天翻地覆的变化。中国传统文化在这个时期显得臃肿和苍老，面对世界文化交流的浪涛云影，仓促被动，每每颟顸不灵。历史的丰厚遗产，在作为巨大财富的同时，又成为巨大的包袱。因其如此，对于有悠久历史文化的国度来说，回顾和反观历史轨迹的欲望更为强烈，而展望和追思未来航程的任务也更为艰辛。

虽然，面对传统，分清良莠并不是一件容易的事，但人们又不能回避这一复杂的话题。对于一个时代的某一领域的文化走向来说，可以承接和因袭传统；也可以批判和扬弃传统；甚至可以把二者结合起来，即在继承中有选择地扬弃，在批判中有选择地继承。彻底地"划清界限"，将传统和现代完全割裂是不可能的。无视传统与现代的区别和联系，有意无意地回避二者的关系，也是不现实的。这就是我们讨论传统文化的意义之所在。

1.2 走向文化协调的时代

人创造了文化，文化也在创造着人。文化一直是人类社会进步的内在驱动力。人类文明的高级阶段，必然是精神文化主导的、多层文化协调发展的阶段。我们可以从人类社会的历史步伐中看出这一必然的走向。

1.2.1 暴力横行与宗教调节

原始时代，是一个蒙昧、野蛮的时代。这个时代，人类虽然与低等动物有了区别，但人的动物性本能还占据着主导的地位，人和低级动物没有多少实质性的差别。

在这样一种文化初萌的社会背景下，约束、巩固社会成员间彼此关系的道德意识、礼仪规范还没有建立起来。遇到矛盾和争执，只能使用暴力手段来解决；群体共生的社会结构，也依靠暴力的手段来维系。这就是我国古代文献上所说的"尚武""竞力"的时代。谁有"力"就等于谁有"理"。那个时代的部族酋长，一定是体力上的优胜者。就是说，酋长地位的获得，依靠体力上的决斗。只有体魄健壮、膀大腰圆的雄性成员，才具有参与酋长竞争的权利和机会。那个时代的生活方式也极为单调，人们维持生活的基本手段就是采野果、猎野兽，既没有过剩的物质产品，也没有专职的精神文化创造者。在这种境况下，智力还没有真正可发挥作用的天地。所以，聪明与否，不为当时的人们关注的。

原始时代的暴力横行，必然展现出一幅十分野蛮、惨烈、痛苦的竞争图象。为减轻暴力冲撞造成的巨大损害，于是原始宗教便降临到人间。

宗教是人类集体无意识创造的结果。就是说，谁也没有明确意识到造出一个神来统治人的思想，以调整社会群体的关系。倘若有意识地创造，宗教的功能反而会减弱。社会群体在不自觉、无意识的状态中萌发出对天地、对神灵的崇拜。这样，宗教就在普遍的社会崇拜意识中起到了一种整合、调节的作用，从而可以在一定程度上减轻暴力冲撞带来的混乱与痛苦。

我国夏商时代，已经全面进入了宗教调节的时代。那个时代，凡被认为是重要的事件或活动，都要虔诚地征询神谕。《尚书·洪范》中说："谋及卜筮。"《礼记·表记》中说："殷人尊神，率民以事神，先鬼而后礼。"筮、龟等是征询神谕的工具。筮、龟的结论代表着神灵的意志，具有最高的权威，不容违抗。于是，那些力大无穷、横行霸道的强人，也得听从神的安排，不得擅自妄为。这样，等于通过神灵这一无形的魔杖，对"有力"者起到了一种制约的作用。

无疑，宗教是一种合规律又合目的的文化现象，并不是任何个人意志的产物。它的出现，具有历史演化的必然性。早期人类社会中，没有一个民族或社区是没有宗教意识的。不夸张地说，宗教文化是人类早期最有影响力的精神文化。

1.2.2 政治操作与经济主导

宗教文化虽然具有调整社会、安慰人心的功能，但它又不是全能的。宗教行为不可避免地带有盲目性，不可能解决人类发展过程中产生的所有问题。"国将兴，听于民；将亡，听于神。"[①] 清代丁耀亢在《太上感应篇阴阳无字解》中说过："天下有道，听治于人；天下无道，听信于神。"人不可能盲目地听治于神，自然还得发挥自身的功能。

随着原始宗教约束力的下降，政治、礼乐文化在社会中的功能便凸显出来。《礼记·表记》中说："周人尊礼尚施，事鬼敬神而远之，近人而忠焉。"可以看出，自周朝起，政治、礼乐文化兴盛起来，开始在社会中发挥主导作用。这个时代，政治上的强人不再是体力上的优胜者，而是智谋、方略、权术、凝聚力等方面的优胜者。论体力体能，刘邦无论如何也斗不过"力拔山兮气盖世"的项羽，但他凭着智谋和机诈，最后将项羽击败。张良是刘邦的谋臣，他不能到战场上去厮杀，但他可以"运筹帷幄之中，决胜千里之外"。而且，政治操作已不是单一的人之间的拼斗，而是带有了集团、组织、规则等结构化的社会特征。

政治是文化的中调器，是社会结构的心脏区，在任何时代都属于敏感的神经。但政治操作不能垄断社会文化的各个方面。如果把政治操作推向"决定一切"的地位，将会导致文化的机械、僵化，以致窒息其生命。在中国，"文革"时期，即把政治推向了顶峰。所谓"政治挂帅""政治思想工作第一""政治是统帅，是灵魂，是一切工作的生命线"之类的口号，就是极端的表现。其结果，不是带来了文化的繁荣，而是带来了文化的萧条。

政治中心的偏向容易反弹出经济中心的偏向。经济在社会文化中具有基

[①] 《左传·庄公三十二年》。

础性功能，是人们赖以生存的依靠。经济不发达，人们的生活水平就难以提高。讲政治而不重视发展经济，国家必然陷入贫困状态。因其如此，不注重经济发展的国家或社会，历来少见。西方世界在"二战"以后进入了经济繁荣的时期，中国是在20世纪80年代改革开放以后才进入经济时代，其中一个标志性的口号是"把一切工作的重点转移到经济建设上来"。

重视经济建设是必要的，因为任何精神文化都建立在经济、物质的基础之上。经济的发展有利于社会的福利事业，包括精神文化的建设。但无视精神文化的唯经济论也是一种偏向，会带来结构失调等一系列不良后果。

1.2.3 文明时代多元文化的协调互补

经济文化固然占有十分重要的地位，然而只靠经济也不能拯救人类。如果物质生产得到充分发展之后，道德水平低下、人文精神缺失，人就与低等动物没有多少差别。人类心灵世界的需求是金钱难以满足的。于是，文化协调就成为高级阶段社会文明的鲜明特征。

文化协调时代，人的价值被普遍尊重，精神文化的地位全面上升，精神性的社会消费开始变为各阶层的社会时尚，人文意识融入政治、经济、风俗等各个方面，金钱不再是唯一的崇拜物。文化协调是真正的高级阶段文明的标志。其特征在于，一方面是生产技术的现代化；另一方面是人的精神的现代化。由于新科技、高科技的应用，产品中的文化含量、文化附加值越来越高。商业文化中不仅讲商品文化和营销文化，还讲商品伦理文化和商业环境文化。企业、旅游、饮食、服装、包装、建筑、电脑、设计、展销等文化中日渐明显地有了人文、审美因素。现代化生产的一个特征是脑力产业出现，如微电子、生物科技、新材料工业、电信、电脑技术等，都属于脑力产业。脑力产业需要企业的各环节有特色和品味，需要讲究产品质量和服务质量。这样，文化价值影响生产和消费，思想、道德因素成为文化沟通的重要桥梁，它们起着吸引力和凝聚力的作用，并参与疏通、解决企业中的各种问题和障碍。与经济时代不同的是，文化时代的精神因素开始支配经济、产业的发展方向，也在一定程度上支配其结构与水平，人道因素和审美因素进入生产、管理、营销、服务等领域，社会文化生态目标成为文化选择的出发点和归宿。

这使得商业中的文化内涵不断深化，文化附加值不断提高，产品的辐射能力不断增强。企业文化的提高，使企事业主认识到，人比利益更重要。企业管理者宁肯舍弃可行的工具，也不愿意解雇工人。

劳动效率固然需要利益驱动，但也需要人文动力。美国学者乌契在《Z理论》一书中认为，企业应是一个亲密的组织，对工人要信任，发挥工人的最优才智与自我价值。随着人文因素重要性的上升，如何使现代企业中工作主体的热情和责任感充分发挥，便成为现代企业管理的新奥秘。就是说，高度文明化的社会里，只有文化的综合因素，才能提高人的综合素质；只有多种文化的共同作用，才能实现人的全面解放；只有文化上的整合与互动，才能带来物质与精神文化的全面发展。

1.3 讨论传统文化应当注意的问题

1.3.1 对待文化问题不能简单化

简化是人类思维中的一种方式。文化研究中，必要的简化不可缺少。但是，简化本身也存在着缺陷，因为"一言以蔽之"的方式难免以偏概全。简化意味着割裂，即在有限的表达中舍去诸多内部联系与外部联系，因此会丢失众多的信息。

人的认识和评价的正确性是相对的。人无法穷尽对象世界的一切信息。在这种情况下，整体的认识具有相对的正确性。而简化就很难从整体出发，当谈及整体时，也仅仅是一种抽象的概括而已。在文化研究中，许多简单的判称往往看起来明了清晰，给人一种新鲜感，但它经不起推敲和反证。例如，有人说，中国文化是"人文精神文化"，西方文化是"科学理性文化"。这种说法，不难找出许多实例。但当人们找出反例时，就显得窘迫了。历史上，四大发明都产生于中国，中国农民没有宗教狂热，有着鲜明的理性精神。伏尔泰说过，中国人是所有的人中最有理性的人。他曾在孔子像下写上"子所言者唯理性"的句子。而西方有弥漫古今的宗教狂热，有尼采、萨特、弗洛伊德等思想家掀起的非理性思潮，等等。又如，有人说中国文化是"杀子文化"，根据是《薛仁贵征东》中有主人公误杀其子的事件；说西方文化是"杀父文化"，根据是古希腊神话中有俄狄浦斯杀父娶母的故事。这种说法，表面上看起来有根有据，但只要另找一些例证，它就显得捉襟见肘了。在西方，有过著名的凡雷帝杀子的事件；而在中国历史上，宫廷皇位争夺中，子杀其父的事件概率远远多于父杀其子。《史记·太史公自序》中明明写着："臣弑君，子弑父，非一旦一夕之故也，其渐久矣。"这些反证的例子，是足以说明问题的。再如，有些比较文化研究，在时间上把不同时代的文化构架进行并列比较，以判断优劣；在空间上忽略文化地域大小的区别，在范围大小极不相当的情况下比较；在内容上，无视不同文化类型的复杂性，只抽出某种单一的要素进行对比。这些做法都违反了对等性原则。

当然，应当说明的是，尽管简化有缺陷，但必要的简化还是应当使用的。简化得当与简化不当是两回事，不能混为一谈。文化研究的品格在敢于用有限对抗无限。人们面对复杂的事物和现象，从不会因其复杂而保持缄默，而是根据需要加以简化。

1.3.2 文化的发展需要兼容并包

文化问题的讨论需要有相对广阔的参照系。在文化研究中，自我标榜、贬低他人导致只及其一、不及其二，那么，往往就会导致"孤芳自赏""顾影自怜"。因此，需要注意以下几个问题。

一是雅、俗文化的两相并进。从古至今，文化创造中一直都有雅、俗之间的区分。雅、俗文化的区分，可以从知识方面看，可以从地位方面看，也可以从隐、显方面看。从知识方面看，精英文化是有知识的文人创造的高深文化，平民文化是工农大众创造的通俗文化。从地位方面看，有在上层社会流行的贵族文化、宫廷文化，也有在社会下层流行的民间文化、乡土文化。从隐、显方面看，有政治色彩鲜明的庙堂文化、主流文化，有表现清淡幽隐的山林文化、田园文化。庙堂文化、主流文化显示官方的意志，带有政治宣传的功能，给人"威加海内"之感；而山林文化、田园文化则显得轻松、恬淡，给人"悠然见南山"之感。在中国传统社会，经典文献属于雅文化，而民间的艺术、故事、歌谣等属于俗文化。《论语·述而》中有："子所雅言，诗书执礼，皆雅言也。"《后汉书·舆服志》中说："参稽六经，近于雅正。"雅、俗文化来自不同的环境与创作主体，二者各有特色。雅文化显得庄重、系统、有深度，而俗文化显得浅显、朴素、自然、有广度。在今天看来，二者虽有深浅、庄谐之分，却没有好坏、优劣之别。在新时代的文化建设中，雅、俗文化都有存在和发展的权利，二者还可以相互吸收，相互促进，共同繁荣。

　　二是文、理学科的融会贯通。文、理渗透是当代学科的特征之一。过去，自然学科与人文学科各自发展，"花自飘零水自流"。而今，两者之间壁垒森严的局面逐步被打破。其表现不仅在于方法的借鉴上，更在于价值观念的渗透上。社会的巨大变化以科技为标志，而社会的文明程度则以人的健全为标志。现代社会需要科学探索与人文期待的统一，需要感性生命与理性认知的统一，需要外在追求与内心体悟的统一。这种统一表现在学科上，就是科学与人文的统一。离开认知的科学性，人的精神就会走向虚幻，主观偏见就会妨碍文化的发展；然而，离开人的价值坐标的单纯的认知，也缺乏活力和意义。实践证明，科技本身不能拯救人类。科技只是一种工具，并不是人所追求的目的。科技的价值如何，在于如何应用。科学研究没有禁区，而科技成果的应用有禁区。科技成果应用得当，就会为人类与自然带来效益和福音；而科技成果应用不当，就会为人类与自然带来祸水和破坏。就是说，自然学科的发展和应用，需要注入人的价值意识和追求。文、理学科的互渗正是从这里显示出了意义。

　　三是东、西方文化的兼容互补。任何时代，不同文化的整合有利于繁荣发展。从文化发展的历史中可以看出，希腊人与埃及相联系，产生了雅典文化；罗马人与希腊文化相接触，产生出罗马文化；高卢人、日尔曼人与希腊、罗马文化相融合，有了欧美诸国的文化；中国的宋明理学，来自儒道佛的有机结合。

　　当代交通技术和媒体传播的发展，使各种文化都有了充分交流对话的机会。我们不能无视世界文化而只谈中国文化，不能无视世界潮流而论说中国的未来。东、西方文化的交流，是当代文化的潮流。东、西方文化各有所长，因此，需要消除心理障碍和意识壁垒，相互理解，相互吸收，取长补短。西方文化对于中国文化来说,是苦药,也是良药;中国文化对于西方文化来说,是解药,也是补药。"万物并育而不相害,道并行而不相悖"①,表现的正是先哲兼容多种思想、文化的博大胸襟。主动吸取外国的先进文化成就,发展中国文化,是中国文化发展的理想且可行的道路。一种文化只有不断接受外来文化的传入才能有新生命。文化是活的,要时时进行交流,否则就会停滞不前。

吸收外来文化,重要的是择善而从、融会消化,而不是全盘西化、生搬硬套。在这方面,我们有过成功的经验,也有过失败的教训。总结经验教训,有机地选择外来文化,是走向未来的出路所在。

1.3.3 反思传统不限于发古之幽情

寻根是人类固有的精神心态。龚自珍有句诗说:"人心思幼日。""童梦"给人无穷的回味。寻根之情表现了人们对文化母核的依恋和钟情。当然,反思传统文化并不限于"发古之幽情"。

反思传统,需要对有关文化史实、现象所包含的功能、意义进行判断、区分。事实上,每个朝代都在重写历史。重写历史不是重复历史,而是一种价值重评。离开价值问题,文化的讨论将变得毫无意义。当传统走向现代的时候,当现代人反观传统的时候,自然而然地包含了一种价值的寻求。

判断和评估既是对已有文化的盘点,也是对未来文化的导引。其间,既有思路开拓的问题,又有观念更新的问题,也有方法对口的问题。人类不仅要改造自然以使其适应自身,而且要改造自身以适应自然。文化既是工具又是目的。人文学科的使命,不在于单纯地解释宇宙自然和人自身,也不在于单纯地表述人的某种愿望和企求,而需要在观察宇宙中发现自身,在反映自身中发现宇宙。对于古代的人来说,文化的意义在于把人从自然的封锁中解放出来;而对于当代的文化主体而言,文化还有一个任务,就是把自然从人的控制和掠夺中解放出来。正是从这个意义上讲,中国天人合一的价值观表明了人对天地万物负有责任与义务,事实上就是一种大文化意义上的生态伦

---

① 《礼记·中庸》。

理观。

文化研究旨归于人类的生存与发展。文化的最高原则，在于返回到灵魂与肉体的统一。生态伦理的关注，为的既是自然，也是人类自身。

中国传统以伦理道德为中心的人文思想，尽管有忽略个人权益的流弊，但它高扬社会利益的取向，在现代社会依然具有普适性。现代社会中，我们可以将传统的伦理层面加以扩展，变为以社会伦理为中心，把家庭作为社会的一个组成部分，即以社会伦理来统摄家庭伦理。基于这一思路，我们可以从传统的道德体系中抽出20个字，作为继往开来的社会伦理价值规范的基本概念：

仁义礼智信，诚和乐明达；

温良恭俭让，勤廉慎敏嘉。

其中，一、三句为古代已有的成句，二、四句为传统社会的理念，在这里汇聚、组合起来。"仁义礼智信"表现为一种思想的总则，"诚和乐明达"表现为一种精神的境界，"温良恭俭让"为一种人格上的风范，"勤廉慎敏嘉"为一种行为上的作风。传统的伦理规范中，还有"孝""悌""慈""节""忠"等表示家庭伦理和政治伦理的概念，与现代民主社会的思想有明显的距离，可以取消，其中有意义的成分可以由表示社会伦理的概念所涵盖。因为社会伦理是个大范畴，家庭、政治、朋友等方面的伦理是社会伦理的组成部分，即双方形成总、属的关系。讲仁讲义、讲诚讲和、讲恭讲让，在家庭和社会政治场合，都是合适的。

总之，从一定的意义上讲，文化传统如同一面旗帜，有陶染和感召的作用，能够树立民族的自尊与自信，能够维护群体之间的亲和与凝聚。文化认同带来的共向目标，在古代就是维系国家统一、奠基民族亲和的纽带，在今天依然是保证社会协作、调和社会关系的精神源泉。正是从这个意义上看，寻根也是寻路。寻根与寻路反映了过去与未来的某种联系。传统的根须与现代的阳光雨露的有机结合，有利于文化机体焕发新的生机。

第 2 章
中国文化的地域特征

2.1 文化与环境的关系

2.1.1 环境决定论与或然论

物质文化是精神文化的基础，自然条件又是物质文化的基础。当我们讨论一个国家、一种民族的文化时，就不能抛弃它的物质构成。关于文化和自然环境的关系问题，人类学、地理学等学科中都有比较充分的论证。

人类学家更多地从人类经验、行为和意识形态方面解释文化，强调人对自然的调适和改造作用。地理学家则更多地从地缘环境和人的交叉点上看待文化，强调文化是环境的人为部分。事实上，这是一个问题的两个方面，是由于研究的对象差异而形成立论的侧重点。

关于文化的起源问题，西方理论界有过环境决定论和或然论两种相对立的论点。法国的孟德斯鸠在《论法的精神》一书中，强调了地域特征特别是气候对制定法律的影响，认为"气候王国"才是一切王国的第一位。他举例说，异常炎热的气候有损人的力量和勇气，居住在炎热天气的民族秉性懦怯，必然引导他们落到奴隶的地位。英国历史学者巴克尔在《英国文明的历史》一书中讨论了自然法则对社会组织和个人气质的影响，并把个人和民族特征归之于自然条件的结果。他宣称，高大的山脉和广阔的平原（如在印度）使人产生一种过度的幻想和迷信；当自然形态较小而变化较多（如在希腊）时，就会使人早期发展理智；生活在北极地区的人民从来不曾有过温带地区居民那样卓著的稳定的事业。他还进而论证气候可以刺激人，会对人的工作和能力的坚定性产生影响。法国地理学者拉采尔深受达尔文进化论的影响，他在《人类地理学》一书中，把人说成环境的产物，其活动、发展、分布受环境的严格限制，环境"以盲目的残酷性统治着人类的命运"。根据这个观点，他提出了"生存空间"这一概念。

与环境决定论相对立的，是文化发展或然论。法国地理学先驱维达尔认为，人与环境的关系中，除了环境的直接影响外，还有其他因素在起作用。人是积极的因素，不能用环境控制解释一切人生现象。他在《人文地理学原理》一书中指出，地质学和历史学之间的桥梁是由地理学架起来的。地理学为了交换它从其他学科得到的帮助所能贡献的共同财富，不是去分裂自然所结合在一起的东西，而是去理解我们周围的地域环境或我们所处环境中的事实的相应性和联系性。维达尔认为人类生活方式不完全是环境统治的产物，而是社会、历史、心理等各种因素的复合体。同样的环境可以伴之以不同的生活方式，环境包括着许多可能性，它们的被利用完全取决于人类的选择能力。维达尔的学生白吕纳在《人地学原理》一书中谈到，心理因素是随不同社会和时代而变迁的；人们可按心理的动力在同一自然环境不断创造出不同的人生事实来；自然是固定的，人文是无定的，两者之间的关系常随时代而变化。

显然，或然论强调了文化人的能动性和选择性。

我国古代人早就提出了"广谷大川异制，民生其间者异俗"[①]的环境决定论思想。而荀子提出的"制天命而用之"，反过来强调了人的主观能动作用。柳宗元提出了"天人交相胜"的命题，等于把上述两种观点结合了起来。

我国近代的文化研究者，也是从这样几个方面各有侧重地论证文化的生成问题。比如说，伦父认为，西洋文化发源于地中海，因其交通便利、商业发达；中国文化的发祥地黄河流域，因其宜于农业、竞争较少。梁启超写了《地理与文明之关系》一书，着重讨论了自然环境与文化结构的内在联系。李大钊也从自然条件方面说明文化差异："南道文明者，东洋文明也；北道文明

---

① 《礼记·王制》。

者，西洋文明也。南道得太阳之恩惠多，受自然之赐予厚，故其文明为与自然和解、与同类和解之文明。北道得太阳之恩惠少，受自然之赐予啬，故其文明为与自然奋斗、与同类奋斗之文明。"[1] 陈独秀则从社会制度的差异中剖析中西文化的特征。他认为西洋民族以战争为本位、以个人为本位、以实利为本位，东洋民族以安息为本位、以家族为本位、以情感为本位、以虚文为本位[2]。

2.1.2 环境与文化的关系

综合起来看，环境决定论固然有其不可否认的合理性，只不过把人类文化发展全归于环境因素是不全面的。或然论则从另一方面弥补了环境决定论的偏颇。我们从文化发展的历时性看，在初萌阶段，环境是主要决定因素。人种是环境的产物，天然水土是人生借以安身立命的依托。古希腊的元素论中把水和土作为基本元素。中国的五行说中也有水和土，土居中央生育万物。希腊神话说，先觉者普罗米修斯用埋有"天神种子"的泥土塑造了人类。古埃及传说，第一批人是由一个叫哈奴姆的神用陶土塑造的。基督教的《圣经》上记载，上帝创造了天地日月、飞禽走兽、花鸟虫鱼，然后又照着自己的形象，用泥土造出第一个人，这个人的名字叫亚当，上帝给他吹了一口灵气，亚当便活了。我国上古时候，有女娲氏用黄土造人的故事，说女娲用神力使得泥水点也变成了人。人种学揭示出人种的起源、形成和地理环境密不可分。人体的结构、肤色、血素等，都是一定地域、土壤、物产、气温综合作用的结果。人口地理学则反映出人口分布、人口流动、市区形成、文化发展和自然条件、地理环境的内在联系。正如钱穆在《中国文化史导论·弁言》中所指出的那样，"各地文化精神之不同，穷其根源，最先还是由于社会环境之别，而影响生活方式，再由生活方式影响到精神文化"。

但是，越到文明的高级阶段，由于人的意识的反作用，由于主体的能动选择，以及科技的开发和应用等，环境决定的因素就会渐次减少。当然，环

---

[1] 李大钊：《东西文明根本之异点》，《言治》季刊1918年第3期。
[2] 陈独秀：《东西民族根本思想之差异》，《新青年》1915年12月。

境决定的因素减少不等于消失，环境永远是人类文化产生的基地。从文化结构的共时性来看，物质文化的发展和自然环境的关系十分密切，相依相生，相因相果。而制度文化、精神文化和自然环境的关系比较疏远，没有直接的对应关系和必然联系。尽管精神文化建立在物质文化的基础上，但它人为的因素并非环境所能包含，同一地理环境上完全可能出现不同的礼义习俗、不同的社会制度、不同的精神意识。社会存在中既有文化成分，又有非文化成分。社会存在对社会意识的影响，主要通过生产关系、社会制度等中介因素实现。因此，作为政治、哲学、艺术等上层建筑，是多种因素复合的结果，诸如环境的、人为的、历史的、外界输入的等等。这就需要从人地交互和时空交织的多维视野上考察文化的生成，而不能把自然环境看成一切文化的最高主宰。

2.2 中国文化的生存环境

中国文化的舞台，就是地球北温带的东亚大陆。世界的温带地区，是文明的发祥地。黑格尔指出，"历史的真正舞台便是温带，因为地球在那儿形成了一个大陆，正如希腊人所说，有一个广阔的胸膛"[①]。黄河流域是古代华夏文化发源的中心地带，淮水和长江流域也是重要地区。大陆型和大河型就是中国文化的地域特征。这种地域特征，为中国文化提供了生成和繁荣的条件。

2.2.1 一个广阔的农耕基地

任何类型的文化，都是由以下三个基本的条件所构成的：
（a）作为物质本源的自然环境；
（b）作为文化主体的人；
（c）文化主体作用于自然而形成的生产关系和经济形态。
当我们从这三个方面来考察中国古代文化背景时，就会发现，中国文化生存于以内陆为基地、以内河为轴心的地缘环境之中；人口以汉民族为主体、以少数民族为辅体；农业经济形态通过家庭结构和宗法关系加以维系。这是

---

① 黑格尔：《历史哲学》，生活·读书·新知三联书店1956年版，第124页。

中华文化特有的主体和客体合构的结果。

黄河中下游地区，气候温润、土地松软、季节分明、雨水合节，适应于农业耕作。这种天然的条件，使中国文化在初萌期就进入了农业耕作时代。半坡遗址中发现了谷物，大地湾遗址中也发现了植物种子，这都证明中国先民至少在7000年以前就开始了农耕活动。这种特定的地缘环境，使中国文化必然和农业社会结下不解之缘。

农业耕作，要靠天赐雨水，要靠地产五谷，天地就成了人们安身立命的依托。中国古人把天人关系、人地关系看得十分重要。《周易》说，"观乎天文，以察时变"，"仰以观于天文，俯以察于地理"。《管子·地员》说，"地者政之本也，辨于土而民可富"。后世以来，从皇帝到庶民，无不把天地作为价值认同的最高范畴。北魏贾思勰在《齐民要术·种谷第三》中指出，"顺天时，量地利，则用力少而成功多"。《隋书·经籍志》中提出了"因地制宜"的命题。后来的刘禹锡、顾炎武、顾祖禹等都讨论过有关人地关系的问题。"土"被看成万物之本，它在五行中位居中央。

中国古代，牧业、渔业、手工业所占的比重都不大。牧业主要在北方的少数民族中发展，渔业主要集中在东南沿海地区，手工业始终是农业的一种补充形式。直到现在，中国80%的人口还是农业人口，农业仍然是国计民生的主要依靠。

2.2.2 一个自给自足的生产和消费系统

中国"自给自足的自然经济占主要地位"[①]。中国内陆，有高大的山脉和起伏的丘陵，有广阔的平原和草地，有大大小小的河流和湖泊。它为人们提供了耕作基地、牧畜场所，也提供了渔猎之利、舟辑之便。中国大地上的物产和矿产都相当丰富。

中国人可以依靠这些条件，从事物质的生产和人口自身的生产。从生产到消费，基本上是一个不依赖他邦、不仰仗外界的自足系统。辽阔而分散的中国农村，除了向官方纳粮缴税外，其他一切都是自食其力、自负盈亏。农

---

① 毛泽东：《中国革命和中国共产党》，《毛泽东选集》第2卷，1968年，第586页。

业社会下的产品交换是极其有限的,村镇集贸市场只是农产品自身的互通有无。农民们自耕自种填饱肚,自纺自织添衣裤,自操自办酿酒醋。这种自足系统,使内部的流迁和交往的机会比较少。汉语的方言很多,而且东西南北差异十分大,与这种生产和消费的自给自足情况有密切关系。

2.2.3 一种天然生成的隔绝机制

中国的地缘处境,就是《尚书·禹贡》中指出的"东渐于海,西被于流沙,朔南暨,声教讫于四海"。

以中原为核心的中华文明发祥地,在通向四面的外界时受到了天然屏障和天然鸿沟的隔阻。北面是茫茫的蒙古戈壁滩,只有游牧部族来往流动的足迹;西北部是浩瀚的大沙漠地带,只有商队的驼铃声时而打破这里的沉寂;西南是号称世界屋脊的青藏高原,山高地险、冰天雪地,不大容易逾越;东南面临着横波无涯的太平洋,古代的航海技术难以让人通往欧美彼岸。

中国传统文化,数千年延绵不断,与这种特殊的地理环境不无关系。以中原为中心的内部腹地,物产自足,回旋的余地很大,而周围的参照又十分有限。"天朝上国""礼义之邦",是在同四邻的游牧、游猎民族比较中得出的。"华夷之辨""华夷之防",都以农业文明的丰盛和牧猎社会的相对落后为立论前提的。孔子在《论语·八佾》中说:"夷狄之有君,不如诸夏之亡(无)也。"直到王夫之,看到的外界文化仍是牧猎民族的文化:夷狄"自安其逐水草,习射猎,忘君臣,略昏宦,驰突无恒之素",华夏则"有城廓之可守,墟市之可利,田土之可耕,赋税之可纳,昏姻仕进之可荣"[①]。这种有限的视野,就使古人把"九州"之外都看成"化外""方外","四夷""夷狄""蛮夷"等词汇,就成了不开化、不文明的代名词。

天然的隔绝机制,使中国文化以"日出而作,日落而息"的缓慢节奏,按自身的逻辑蠕动。孔子曾说:"知者乐水,仁者乐山;知者动,仁者静。"[②]这种说法,也隐约地透露出自然和人心境情怀的联系。黑格尔在讨论人与自

---

① 王夫之:《读通鉴论》卷二十八。
② 《论语·雍也》。

然的联系时说过，水性使人通，山性使人塞；水势使人合，山势使人离。梁启超发挥了黑格尔的这一观点，指出，"海也者，能发人进取之雄心者也。陆居者以怀土之故，而种种之关系生焉"，"虽有创生文明之力，而无发扬文明之力"，"故生反对保守之恶风，抱唯我独尊之妄见"[①]。尽管梁氏将保守心态完全归于陆居有欠妥之处，但他毕竟从客观因素说明了问题。

中国天设地造的自然环境，使得其文化结构缺乏应有的开放机制。即使汉唐时期的目光向外，真正吸收到的东西却非常有限。对佛教文化的吸收，基本上立足于思想控制的需要，而没有立足于思想解放的角度。佛教中男女无防、佛前人人平等的思想，因有背于中国传统的伦理纲常而被唾弃。

不过，我们必须承认，中国的地缘环境十分广阔，也是导致中国文化的内涵丰富多彩的原因。传统社会，除了农业，还有牧业、手工业、林业、渔业、商业等多种经济形态。中国有漫长的海岸线。中国古代的造船技术在世界上也是首屈一指的。早在2700年前，中国航海者就开辟了从山东半岛出发，经过朝鲜半岛东渡到日本的航线。考古发现表明，早在战国时期已存在一条经对马岛至日本北九州的航线。这条航线途中的朝鲜半岛、对马岛、博多湾、北九州均发现了战国时期的青铜剑，并同时在有些战国文物遗址发现了燕国的货币"明刀"。在这条航线上，往返要横渡水流湍急的对马海峡，可见战国时我国的航海技术就已达到克服横漂的能力。明代著名的郑和下西洋，更表明了中国人勇于走向世界。

当然，就总体情况而论，中国地缘上的隔绝机制是存在的，但局部的对外交流也不可否认。随着近代航海业和空中运输的出现，这种地缘上的隔绝机制才被逐步打破。

2.3 中国传统文化的经济特征

农业是古代社会中起决定性作用的生产部门，在中国特有的地缘条件下更是如此。

---

① 梁启超：《地理与文明之关系》，《饮冰室合集·文集之十》。

2.3.1 生产资料的占有情况

农耕经验需要长期的积累，这就使农业文明要有延续不断的传统。农业生产的多渠道、多环节，不仅需要成套的工具，也需要可靠的人力、畜力，还需要天时、地利、雨水等自然条件的配合。中国古代社会的"以农为本"，是古人根据客体条件所作出的选择，有着客观和历史的必然性。从上古的神话传说到近古的基本国策，都把立足点深深地扎在农业社会的土壤中。古代神话，既是超离现实、超离经济的产物，又是缘于经济基础、企冀支配现实的产物。鲧窃息壤是为了获得农耕生产的基地，补天浴日是为了得到上天阳光雨露的恩赐，射九日是苦于烈炎"杀禾嫁、伤草木"，引洪治水是为了拯救被淹没的田地庄稼，衔枝填海是为了消除海水对人、畜生命的威胁。风神、雨神、河神、山神、社神、稷神等，专司与农业生产相关的某一职责。这都是人们力图超越自然、征服自然的心理投影。上古传说中的英雄人物，大都是农业文明的创始人。神农尝百草、燧人氏钻木取火、有巢氏架木为屋、大禹治水、稷教人耕种五谷……都与农耕生产相关。《论语·宪问》中说，"禹稷躬耕稼而有天下"，即禹因为善于组织农耕生产而上升为政治领袖。中国先民早在六七千年以前就脱离了以狩猎和采野为基础的生活方式，开始了种植作物。历代的封建王朝都非常重视耕籍田、祀社稷、祷求雨、下劝农令等仪式和措施，其目的无非是祈求风调雨顺、五谷丰收。

农业经济形态下的生产资料，主要表现为土地。土地所有制形式基本上代表了农业社会的生产资料所有制形式。所有制土地中，一种是公有制土地，一种是私有制土地。屯田和公田，属于公有制；地主土地和自耕农土地，属于私有制。从数量上看，私有制土地占绝大部分。皇室土地介于公有制和私有制之间。它并非像屯田和公田一样，由国家负责耕种，用于军需供给和国家救济，而是由皇室贵族操纵和收益；但它又不像地主土地和自耕农土地那样纯属个体田产，可以向宠臣分赠。西汉哀帝一次赐给宠臣董贤的土地有二千顷，元顺帝赐给大臣伯颜的土地达两万顷。当然，公田和皇室土地之间没有明确的界限。皇室可以依仗其政治、经济特权，占据公田和兼并农民土地。此外，寺院、僧侣有时也占有大片土地。

复兴的文明：
新时代中国传统文化的归来与重生

地主中有官僚地主和耕农地主，二者的背景不同。官僚地主的土地是通过政治地位获得的。这些地主脱离了生产劳动，进入了统治集团。耕农地主的土地是通过兼并其他破产农民的土地形成的。这些地主是暴发的、富起来的农民，一般并未脱离生产劳动。秦朝的军功授田制，是官僚地主形成的开端。地主土地制约影响着封建经济结构的运行。在封建经济生产过程中，地主土地不断由兼并自耕农土地，自耕农土地不断买卖流动和分化组合，于是社会矛盾、危机出现了，经过一场战乱的调节，自耕农又重新获得土地，下一轮的分化重新开始。

古代社会的工商业很不发达。仅有的工商业也分官方工商业和私人工商业两部分。工商业中最主要的经营成分是冶金和食盐（农民不能自给自足的两种东西），但自汉代起，朝廷就开始实行盐铁官营。私人工商业中，主要有纺织业、食品作坊、各种小型手工业之类。直至1840年外国资本主义入侵时，中国的手工业基本上还停留在行会制度阶段。"农民不但生产自己需要的农产品，而且生产自己需要的大部分手工业品。地主和贵族对于从农民剥削来的地租，也主要是自己享用，而不是用于交换。那时虽有交换的发展，但是在整个经济中并不起决定作用。"①

古代的生产形式一般比较分散。自然形态的农业经济以家庭为基本的生产单位，官府征税也以户籍为根据。家庭成为社会经济结构中的最小单位。男耕女织是家庭内部习以为常的劳动分工；工商业阶层的作坊也是家庭化的。家庭作业的这种单调的流线型生产，其规模自然很小，处于一种零星的、任其自然发展的状态。

古代的分配形式建立在所有制形式和生产形式的基础上。农民阶层自食其力，工商阶层依靠产品交换获得生活财物。士人阶层中，得了官的吃禄，未得官的自谋出路。官僚阶层则通过向农民征收税金来获得寄生生活。官僚剥夺人民财产的途径和方式很多，有名正言顺的巧取，有偷偷摸摸的勒索，有强制性的掠夺，有假公济私的诈骗……农民除了无偿地、义务地养活一大批贪得无厌的官僚、贵族阶层外，还要养活一大批军队。只要边境不宁、战

---

① 《毛泽东选集》第2卷，1968年，第586—587页。

乱发生，农民的经济负担、徭役赋税就会无限度地加重。耕地较少的农民不仅要受官府的剥削，还要受地主的剥削。农民租种地主的土地，就要向地主缴纳实物地租或货币地租。丧失了土地的农民很快就变为雇农、佃户，和地主的关系就成了主奴关系，而且不再有独立的经济收入。

2.3.2 农耕文化的经济特征

以自耕农土地为基础的所有制形式，以家庭为单位的生产形式和以缴粮纳税外自负盈亏的分配形式，形成了下述三个农耕文化的经济特征。

1. 既自立又受制

自然形态的农业经济，把高度的自律和高度的他律奇妙地集合起来。

农民的生产安排、社会活动、行为方式等，都是自作主张，既没有统一的程序和步骤，也没有外在力量的牵制和干涉。农民除了缴粮纳税外，其他一切事务都自作主张。农民口头禅是："自家的驴儿骑到耳朵上由自家"——别人无权干预私有制财产的使用；"当兵当官不自由，当个农人最自由"——不受纪律和有关规则的束缚、制约；"不骑马，不骑牛，骑上毛驴最自由"——甘居中游以获得自主权。特定的经济结构，使农民千百年来早出晚归、披星戴月、不停地劳作，以维持最低限度的生活水平。这种自产自销、自生自灭、自食其力、自负盈亏，几乎不依赖于外界。

然而，这种自然经济的极端自由又和天人挟持下的极端不自由结合在一起。个体化的农业经济，被重重的罗网所笼罩。一方面，辛勤的精耕细作若得不到天时地利的恩惠，则会化为云烟、付诸东流。干旱、水涝、河洪、蝗灾、风沙等自然灾害，不时地威胁着农业生产。另一方面，官方的税赋徭役没有限度。秦汉封建体制确立后，从法律形式上虽然承认了自耕农土地的私有权，但专制体制下的统治者，总是把民众看作家天下的奴仆。"普天之下，莫非王土，率土之滨，莫非王臣。"[①] 农民的土地是皇帝的，农民自身也是属于皇帝的。所谓"牧民"，就典型地反映出统治者眼中的人民只不过是会说话的家畜而已。农民们总被官方固定户籍、制定属域，不能自作主张地迁徙和

---

① 《诗经·北山》。

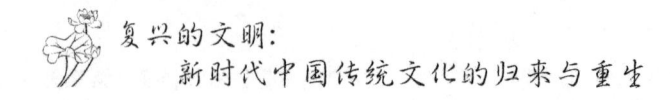

改业,也缺乏自由选择职业的起码条件。地方上的贪官污吏、土豪劣绅都在想方设法吮吸农民的血汗。军阀、贼寇、土匪时常威胁着农民的安全。农民没有人身安全保证,更谈不上法律保障。他们只有被奴役、被宰割的命运。所以,中国封建社会农民的自由,绝不是现代社会人性解放意义上的自由。

2. 既分散又密闭

中国农村十分分散,千千万万个村镇、村落没有规律地坐落在辽阔的土地上。从南到北、从东到西,其结构形态又十分相似。封建政权通过州、县、里、乡进行纵线隶属的管理,攫取农民的劳动成果。一个个村落,点点星星地孤立于自然型经济结构之中;一户户的人家,建造起庄院,碉堡式地林立于大小不等的村落之中。这就是所谓"一袋马铃薯"式的经济结构。

平行的州县里乡、城镇村落之间,几乎没有经济上的横向联系。村落之间,鸡犬之声相闻,老死不相往来,同外界交往和联系的经济活动很少。从外面看上去,所有的村落是一种同型的整体;从内部形态看,这些村落又是一个个分散的、同型的个体。在一个村落区域,往往以血缘家族为中心。地缘划分和血缘划分交织对应,行政组织和宗法组织又交叉叠合。村镇庄园,都染上了一种家族化的色彩,姓氏就是家族、宗法的标志。一个村镇、一个乡里,往往是扩展了的一个家庭。家族化的社区,从不同方向加固了经济形态的封闭性,封闭的经济形态强化了封闭的精神心态。封建社会中的生产经验、技术革新等成果,极不易推广和传播。技术守密是个体经济的必然产物。家庭作为生产单位和社会单位的基石,就具有自我立法和经验单传的功能。家法、家教、家规、家训等,形成了有别于圣教、王法的行为规范。中医有所谓"祖传秘方",就是技术只在家庭内部流传,不向外界公开。拳术、气功、工艺等,也都盛行单线继传,一辈传给下一辈,还会规定不许外泄。为了防止泄漏,还有"传儿媳不传姑娘"的规定。

在封闭的文化环境影响下,家庭中的生活事态也不允许传出去,这就是俗话说的"家丑不可外扬"。这种家族化的封闭性和家庭化的单传性,使已有的某些经验、技术、方法得不到交流、验证、补充和完善,得不到广泛的传播和应用,而且容易失传,有时还会在神秘化的气氛中发生变异,失去可用性和可行性。

3. 既稳定又脆弱

自然的个体的农业经济，本身是一种超稳定的经济结构。它的绵延性、自律性功能十分强，但流动性、转换性功能十分弱。

自耕农生产者，通过自己的劳动和自然交换物质、能量。他们基本上没有发大财的可能性，也不可能积累过多的财富。一垄土地一碗饭，一担柴火一剂盐。只要不遇到大的自然灾害，付出一定的体力能量就可以得到相应的回报。一年四季，农民在周期性的单调生产中获取衣食之需。相对稳定的经济形态和相对稳定的社会关系、心理形态，不可能产生惊天动地的功业和事件。缓慢的节奏、宁静的气氛、恬淡的景象、和谐的关系、淳厚的风情……就构成了和平时期农村的生活景象。我国古代诗人热情讴歌的农村田园和民俗，正是自然农耕经济区所呈现出的一种稳定局面的写照。它和官场的险恶、丑陋形成了鲜明对比。古代有些正直的文人墨客，羡慕田园生活的明静，自绝于统治集团，归隐民间，自食其力，与淳朴的农民生活在一起。

这种自然型的个体化的农耕经济形态，除了稳定的一面，还存在着脆弱的一面。建立在一家一户细小砂粒般基地上的自耕农经济和手工业经济，缺乏整体的系统功能，没有充足而机动的内外调节能力，因此，其抵御天灾人祸的力量十分薄弱。一遇到天旱、水涝、河洪等大规模的自然灾害，难免出现荒年乱世。在中国历史上，哀鸿遍野、饿殍载道、洪流泛滥、浮尸百万的惨景，多不胜举。春秋时的范蠡，早已提出过丰歉循环论，说每6年有一次丰收、一次平年，每12年有一次饥饿，如此循环往复。这种说法虽然过于刻板，但也反映出中原自然形态的农业经济多灾荒的事实。受灾面积一大，就会出现"白骨露于野，千里无鸡鸣"[1]的悲惨景象。

经济形态成为一切文化形态的基础。中国古代社会的上层建筑，与自然分散的农业经济相对应。"在不同的所有制形式上，在生存的社会条件下，耸立着由各种不同情感、幻想、思想方式和世界观构成的整个上层建筑。"[2] 中

---

[1] 曹操：《蒿里行》。
[2] 马克思：《路易波拿巴的雾月十八日》。

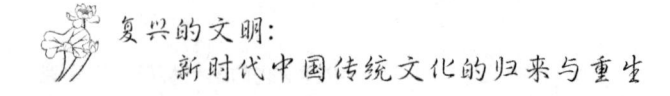

复兴的文明：
新时代中国传统文化的归来与重生

国古代的皇权政治、官僚体制、宗法制度、生活形态、社会意识、伦理观念、思维方式等，都建立在自然形态的个体经济的温床之上。阴阳学说、八卦符号、五行生克理论、知行学说、天人思想，等等，都是从农业生产的实际经验中概括、总结、抽象出来的。封建社会意识形态的密闭和保守，归根到底是小农经济形态的反映。

第3章
传统的政治形态

3.1 古代的三种政体形式

政治是人类社会文化的中调器。政治作为制度文化的核心，对精神文化的影响比经济的影响更为直接。物质文化对精神文化的决定作用，以及精神文化对物质文化的反作用，更多地通过政治这个中介来完成。政治适应了文化发展的需要和实际，就成为控调文化运转的动因；政治离开了文化发展的轨道，就成为文化发展的阻力。

中国传统的政治源远流长。当然，中国古代的政治体制和古希腊体制迥然有别。希腊诸邦同时存在着不同的政体。中国古代政体从奴隶制到封建制都实行君主制，即使诸侯异政时，体制也大体相同。这种体制绵亘了几千年。

3.1.1 原始氏族制

在上古时代，随着国家的萌生，政治活动和社会管理方式自然应运而生。所谓"三代之治"，说明三代已有较完备的政治体制。《礼记·礼运》把夏禹作为小康之世的开端，以区别以前的大同世界。"大同"指"天下为公"的原始公有制时代；"小康"指天下为家的阶级社会。在"小康"以前，初萌形态的政权体制是原始氏族制。

氏族社会的政治首领是酋长。确定酋长，有推举和禅让两种形式。不同的部族之间还可以推举出大酋长，形成部族联盟。据《商书·尧典》载，姜姓部族的酋长称为四岳，有大酋长继承权和很大的议事权。尧、舜等，都是

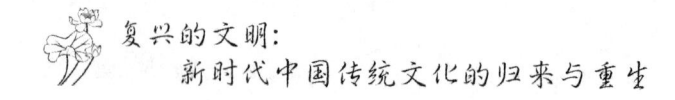

当时的大酋长；皋陶是夷族的酋长。舜举十六族（颛顼、帝喾裔各八族），扩大了联盟范围。华夏民族，就是以黄帝族为主体，以炎、夷二族为辅体的氏族联盟。

尧、舜时代实行"禅让"制，这种制度被后世美化了。实际上，大小酋长的获得少不了武力和智力的竞争，许多情况下身世地位也起着重要作用。《竹书纪年》中说："舜囚尧，复偃塞丹朱，使不与父相见也。"这里说的情况，类似于后世的宫廷政变，就是用武力强制性地夺得政权。

当然，由于当时生产资料有限，酋长未必有什么特殊地位，与这种原始公社制相应的意识形态也不会有多少权力崇拜意识，因而公众按体力、能力推举首领是可能的，上任首领按某种需要选定较合适的继任人也是可信的。

3.1.2 商周分封制

分封制是氏族制的进一步扩大与变演。夏代王位世袭制的确立，表明家庭、私有制、阶级已经产生。夏帝和商先公都是父子继位。商代的某些庶子有分封权。据《史记·秦本纪》载，"其后分封，以国为姓"。周人克商后，面对广大的疆土，实行大分封，建立附属国，以拥护王室。分封制以宗法世袭为依据，"立嫡以长不以贤"，使领导人不再有选择的余地。这是以血缘为纽带的宗法社会的必然结果，是避免王位争夺战、按名分定位以实现政治稳定的措施。

分封制是中外早期社会政治中的共同现象。即使后来在中央集权制占主导地位的情况下，分封的阴魂也时有飘荡。汉初曾封诸侯王，晋代也实行分封，清代"三藩"也是分封制的一种表现。

3.1.3 中央集权制

秦代建立的中央集权制，是中国封建社会政治体制的主要形式。它的出现有着历史的必然性。

东周以来，王室衰微，诸侯异政，战乱频繁，愈演愈烈。秦建立中央集权下的郡县制，减少了混战和摩擦，使社会趋于安宁、稳定。中央集权制，是以皇帝为中心的官僚体制。皇帝控制着中央机构，中央机构控制着郡县地方政府。皇位实行世袭：父死由长子继位，无子的情况下由兄弟继位。各级官员都由上级直接任命。朝廷的将相大臣由皇帝任命。朝廷大臣参与任命郡县长官，郡县长官任命基层官员。当然，如果需要，地方官员可以由朝廷、皇帝直接任命。这种政治体制，形成层层纵向的隶属关系。

皇帝之位，除了继位获得的世袭形式外，就是通过武力夺得。继位是同姓政权的延续，而夺位则变成了江山易主、改朝换代现象。"禅让"在中央集权制社会背景下虽然形式上出现过，如西汉后期的王莽篡汉、汉末曹氏篡位、晋初司马氏篡夺曹魏政权、五代末年赵匡胤陈桥兵变并黄袍加身等，采用的都是"禅让"形式，但禅让的真正意义消失了。武力夺位和强制让位是异姓政权建立的唯一途径。用刘邦的话来说，就是"马上得天下"。"马上"指武力，"天下"指皇权。几千年中，政权在暴力角逐下不断替换。这种周期性的改朝换代，是社会政治的调整，也是各种社会矛盾不断分化和聚合的结果。

皇权世袭制在极有限的范围内可以避免矛盾，形成暂时的稳定局面。但它最终必然窒息政治活力，必然走向僵化和腐败，必然埋下隐伏的祸根，而隐患总有一天要酿成全面的危机。封闭的封建体制很难通过自身的运动和调节来排除隐患。当矛盾发展到一定阶段时，危机就会全面爆发，导致一个政权的灭亡，另一个政权取而代之。

3.2 古代官制

中国古代从形成国家体制开始，就设置各种官职来管理国家事务。随着历史发展、朝代更替，职官的设置及其职掌也屡屡变迁。总体看来，官制是由简单向繁杂运演。

3.2.1 周代官制

商代中央分外廷政务官和内廷政务官两大部分。外廷政务官中主要有：百僚（处理政务）、卜巫（处理占卜、祭祀）、史官（处理文案、记录）、惟亚和惟服（掌管军队）。内廷政务官主要有宰和臣。宰是王的左右随侍，臣分管王的庄田车马；他们不同于后世的宰辅、大臣。周朝设王室百官，任人掌

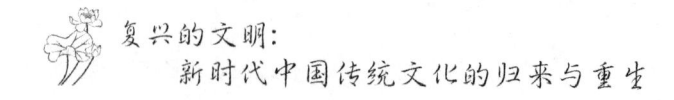

政务，准夫掌司法，牧掌民事，司土掌田林畜牧，司马掌军事，司工掌工程营建，司寇主刑；大伯、小伯掌诸侯、卿、大夫的采邑，艺人掌卜、祝、巫、工师事；百司掌外廷行政事务，太史掌文案书记；内廷事务官负责宫廷保卫和日常事务，有虎贲、缀衣、趣马、百司、庶府等，小尹是内廷诸臣的首领。周官制设三公（今文家谓司马、司徒、司空，古文家谓太师、太傅、太保）、九卿（古文家谓六卿）、二十七大夫、八十一元士。周朝"封建亲戚，以藩屏周"，将同姓子侄和异姓功臣分为大小不等的诸侯国。

3.2.2 秦汉官制

秦朝中央官制分政务、军事、监察三个系统，由皇帝直接指挥。政务长官是左右丞相，为百官之长。军事长官是国尉，掌管武官的铨选和任用。监察长官是御史大夫。下分九卿，廷尉掌刑典，治粟内史掌财政，奉常掌宗庙祭祀礼仪，典客掌诸侯与少数民族首领的朝觐礼仪，朗中令掌皇帝的侍从警卫，少府掌宫廷内藏和供起居饮食，卫尉掌宫廷警卫，太仆掌宫廷车马，宗正掌君主亲属事务。

秦京都地区地方长官不称郡守称内史，秩禄高于他郡。郡设郡守、郡尉、监御史。郡守下设郡丞、卒史、主簿等属官，郡尉直接受命朝廷，协助郡守管理郡内武职军卒。监御史负责对郡县官的监察。县长下设县丞、县尉等。县下五家为一伍，二伍为一什，十什为一里，十里为一乡。乡里什伍，都设有行政负责人员，主管赋税徭役和社会治安。

汉代在因袭秦制的基础上，作了一些改易调整。武帝时，丞相权力有所削弱。尚书令渐称作尚书台。东汉加强了尚书台的职能。尚书台设尚书令一人、仆射一人；后设左右仆射，有尚书六人，下设六曹，分掌考课、选举、祠祀、修缮、朝贺、狱讼等事务。军政的掌管，设四将军，即大将军、骠骑将军、车骑将军、卫将军。汉朝地方实行郡国制，封诸子为王，封功臣为侯，与郡县设置相交错，互为制约。西汉地方官，有王（侯）国、京师三辅和郡县三种。汉郡长官称太守，下有郡丞协理；边郡设长史，掌兵马。郡有郡都尉，掌军政。县乡设置与秦略同，只是把亭作为一级地方基层单位。

3.2.3 隋唐官制

隋代在沿承以前制度的基础上，对官制进行了整顿改革。三公议事的历史在隋结束，代之而起的是三省执行宰相之权。三省为尚书省、内书省、门下省。尚书省总揽政务，下辖吏、礼、兵、刑、户、工六部，每部下设三、四司，分理庶务。内书省掌禁中书诏、草拟圣旨诏诰，出纳王命。下有内书舍人、通事舍人等属官。门下省掌侍牵、谏议、封驳等。此外，还有秘书省掌图书收藏和整理，并辖掌修撰国史及天文历法的著作曹和太史曹。内侍省系宦官机构，掌后宫内廷侍奉。殿内省掌皇帝衣食起居，下统六局。

唐袭隋制，并使之完善。唐改内书省为中书省。凡军国大事，先由中书省制定决策、草拟诏书，移至门下省审核，然后交尚书省，再交有关衙门执行。尚书省下同样设置六部。唐代地方官制，分州（京都称府）、县两级。安史之乱后，又在州上设道，遂成三级。唐朝还设有都督府，掌管军事。开元后，因节度使、观察史的普遍设立，都督成为追赠大臣的荣衔。在周边少数民族地区设置都护府，以抚慰诸藩，征讨外寇。

3.2.4 宋明官制

宋代官制基本上沿用唐制。中枢部门有中书、门下、枢密院、三衙、三司和翰林学士院。政务部门有三省、六部、寺监、御史台和谏院。设有宰相和参知政事（副宰相）辅佐天子、统领百官。枢秘院是最高军事机构。三衙指掌禁军的殿前都指挥使司、侍卫马军都指挥司和侍卫步军都指挥司。三司指盐铁转运司、度支司和户部司，职掌分归户部和工部。

明初设中书省、大都督府、御史台，分掌全国政务、军事、监察大权。后废中书省，罢丞相，改大都督府为中、左、右、前、后五军都督府，改御史台为都察院。这样，形成六部五军都察院的中央官制系统。明朝自永乐年间开始，宦官的权力增大，设十二监、八局，合称二十四衙门。明朝还出现了皇帝参谋班子形式的"内阁"，以"献替可否，奉陈规诲，点检题奏，票拟批答，以平允庶政"①。明代地方官初设省、都卫、按察使司，下辖卫所和府州县，后改省为布政使司，改都卫为都指挥使司，史称布都按三司。布政司掌一省民政事务，指挥司掌一方军政，按察司掌一省刑名按劾等事。

清朝初年以入关前的八旗制度为主干，兼采明朝旧制，构成官制体系。中央设八旗总管大臣掌军事，议政五大臣、理事十大臣掌政务。顺治年间设内三院，即内国史院、内秘书院和内弘文院，并承袭明制设六部、都察院以及寺、府、监等。雍正朝创设军机处，代替了亲王、贝勒议政制度，又削弱了内阁的职权。

3.3 官员铨选方式

古代官员的录用大体上经历了三个阶段，先秦时是世卿世禄制；汉魏时是察举征辟制；隋唐以后是科举铨选制。

3.3.1 世卿世禄制

周朝政权建立在宗法基础上，在官员任命上基本上采用贵族世袭制。当时，已有选乡里贤士的制度。乡大夫三年考校，把贤能之士推荐给天子，拜受官职，或留在乡间任职。但这不是官吏的主要来源。朝廷按宗法关系的亲疏分成严格的等级，授予不同的爵位，王、侯、卿、大夫、士都是世袭的。在一般情况下，嫡长子是权位和土地的法定继承人，被称为"宗子"。嫡长子的同母弟与庶兄弟称作"小宗"。皇帝的宗子继位，小宗分侯。诸侯的长子继位，诸弟封为卿大夫，以此类推。战国由于竞争激烈，急需人才，布衣为卿相的现象往往多见。秦朝开始用招募策试征聘的办法，收纳客卿。世卿世禄制虽被冲击，但没有完全取消，即使在后世察举、科举等新的铨选制度产生后，世卿世禄制在上层官僚中也并未彻底废除。它一直延继到封建王朝结束。

"王臣公，公臣大夫，大夫臣士，士臣皂，皂臣舆，舆臣隶，隶臣僚，僚

---

① 《明史·职官志》。

臣仆，仆臣台"①的封闭隶属结构，致使官员录用、任命中的主观随意性很大，难以保证公正平等。虽然，公意表决的思想孟子已提出来了，但不可能实行。孟子主张，君主用人不能听左右、大夫的话，国人皆曰可用，然后用之；国人皆曰可杀，然后杀之。但在一个人治的社会，不可能真正根据民众意见和公意表决来任用官员。

3.3.2 察举征辟制

汉朝使用察举、选试、征聘、策射、特科等途径来选拔官员。察举是由朝廷命官及特使去郡县考察贤能之士，推荐给朝廷，得到皇帝赏识后，就得以升迁授官。如孝廉、茂才、贤良等，即是如此。选试是被推荐经皇帝策试，向成绩优异者授官。征聘是皇帝出于某种特殊需要，定出条件，令百官根据要求推荐人才。策射即被推荐者取得策试题目，解释疑难，合格者据成绩授官。策射的对象主要是未入仕途的贤能之士。皇帝因特殊需要，还可设科目，令群臣推举有德之士，经察试合格，授以官职。

魏文帝时创立九品中正制。当时在州县乡三级设立中正官，负责考察在职官吏的品德行能，定以等级，向朝廷吏部建议升黜，后变为铨选人才入仕的途径。考察分上、中、下三大等，每等又分上、中、下三小等，共九品。中正官将品第士人的材料定期交送至朝廷，以供选官参考。中正制对贵族阶层有一定的制约作用。但由于中正官多由豪门世家把持，品评标准注重门第，施行的结果如同察举带来"举秀才，不知书；察孝廉，父别居"一样，造成了"上品无寒门，下品无世族"的局面，助长了钻营投机的不正之风。

3.3.3 科举铨选制

隋炀帝大业二年（606），设立士科，标志着科举制的诞生。唐代发展并完善了科举制，使之成为选拔官员的主要途径。这样，士人的读书——应试——做官，三者连为一体。科举制的兴起抵制了士族官僚对官员录取权的垄断，为庶族地主参政开辟了道路。庶族地主和下层士人走入仕途，为政治

---

① 《左传·昭公七年》。

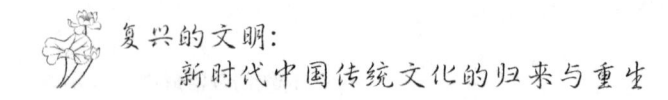

机体带来了新的血液和生机。这对于创造鼎盛期的封建文化起了重要作用。当然，科举制仍然被捆在皇权政治的战车上，它的价值目标始终未能真正对准人民大众。"文皇帝拨乱反正，特盛科名，志在牢笼英彦。"① 用唐太宗的话来说，就是让"天下英雄入吾彀中"。这种牢笼士子、磨灭锐气的科举制，本身是僵硬的，缺乏开放机制和学术自由。随着封建社会的江河日下，它终于走进了死胡同。

3.4 君主专制

3.4.1 君权至上

君主政治建立在自然经济和宗法社会的基础上。早熟的自然型农耕经济，为中央集权制创造了条件。

农业公社在母系氏族公社后期已出现。公社所有制进而转化为酋长所有制，酋长所有制集中化为国王所有制，这就构建了绝对专制集权的经济基础。同时，自然型的农业生产，以血缘和宗法关系为联结纽带。家庭出现以后，生产活动以家庭为单位而展开。家长、家族首领必然成为生产活动的领导者、组织者。国家其实就是家庭、家族的扩大。几千年间，君臣关系始终与父子关系相对举。君主即扩大、升格了的家长。"父子君臣，天下之定理，无所逃于天地之间"②，"仁莫大于父子，义莫大于君臣，是谓三纲之要，五常之本，人伦天理之至"③。家国同构，君父一体。君主权力不仅依靠暴力维持，也依靠宗法情感维系。继统以嫡长不以贤能，表明了宗法意识对名分、序位的重视。正是在这种农业土壤和宗法关系的坐标中，君主才能凌驾于天下。

君主居于官僚等级金字塔的顶点，具有至高无上的权力。君主的意志就是法律，任何人都无任何权力违抗。中国古代的法律问世极早，但法律是君主意志的体现。《云梦秦简》中载秦律："家事定于一尊。"按照传统的政治

---

① 《唐摭言》。
② 《二程遗书》卷五。
③ 朱熹：《文集·癸未垂拱奏札二》。

观，天下国家都属于君主的私有物，即所谓的"家天下"，"普天之下，莫非王土地；率土之滨，莫非王臣"①。帝王一人可以占据三宫六院，极尽骄淫之事；王室可以占据大片良田，可以无限度地挥霍从劳动人民手中剥夺而来的财富；帝王和贵族视人民如同草芥，可以在种种借口下随意杀戮臣民；有些朝代，君主一旦死去，还会杀死大批奴隶、宫女和平民为其殉葬。在君主专制下，人民没有人权自由和言论自由，只有被奴役、被宰割的命运。传统社会，王权高于神权，神权受王权的绝对辖制。神权只有在服务王权的前提下才能得以存在。中国的宗教领袖，既没有统一的权力，也没有号召国家的威信，因此，从来不可能和帝王分庭抗礼。

君主是政策的最高制定者，也是司法的最后裁决者。封建政治中有所谓的"朝议"，表明形式上仍有群臣议政的习惯，但最后的决定权仍在皇帝手中。朝廷的政府机构，是围绕皇帝设置的，基本上属于御用班子。汉袭秦制，并通过调整加强了中央集权机构。汉代三公已不干政，成为皇帝的"宫官"。西汉中期后实行三司（司徒、司寇、司马），旨在削减相权。古代的监察机构出现得很早，先秦的司空就是负责监察的官吏，秦设有监察御史，汉有监察机构御史府，隋唐以后设有御史台、谏院、都察院等考课和纠察机关，然而这些官吏和机构，都是隶属皇帝直接统辖的，是替皇帝监察他人的，而皇帝本人是不受监督的。皇帝有权罗织亲信（包括外戚、宦官等），组成参政班子，这就是所谓的"中朝"，用以牵制宰相系统的"外朝"。当然，皇权和皇位之间也会出现矛盾，产生"权力真空"。这是在皇帝年幼、患病或昏庸的情况下形成的，有时设立宰辅加以佐理，有时由皇室骨干、太后代替摄政，有时则被篡取实权的大臣挟持，但这种情况都不会改变君主专制的性质。不管是台上的傀儡，还是幕后的操纵者，所干的都是君主专制的勾当。

古代社会的政治体系中，君权不仅垄断了行政权、立法权和司法权，也垄断了军事权、财经权、外交权，从而使得政治机制失去制衡力量、监督力量和自我调节机制。政治权威的无限膨胀必然导致政治生活的极度腐败，不切实际的高捧必然引起政治理性的堕落。以君主为代表、为象征的政权迟早

---

① 《诗经·北山》。

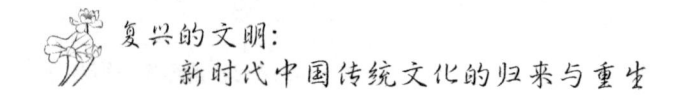

要走向腐败和堕落。封闭的政治体系本身无法克服这种腐败和堕落的趋势。最后解决矛盾危机的途径就剩下暴力较量这一条渠道。

3.4.2 君权"天授"

君主政治，极力寻找"天"命庇佑。为适应君主政治的需要，"君权天授"才成为中国古代政治思想中的重要理论。在这种理论护身符下，君临天下就显得相当合理。

将国君和神人相联系，将君主看作"天子"，这在中国文化雏形期就已经产生了。殷商时期，天命神权观念占统治地位。当时人们把自然现象和人事都看作上天有意的安排。甲骨卜辞中有"今二月帝令不雨""帝令雨足年""帝令雨弗足年""帝其降堇"一类的记述，表明雨水和饥馑是上帝的旨意。殷人的宗教意识十分浓厚。盘庚对当时的臣民们说，根据先王制度，必须顺从天命，因此不能永久居住于一个地方①。显然，殷人已把天帝和先王配合起来论证人事了。周代统治者宣称他们奉上帝之命代替商王朝来统治国家天下、管理万民百姓②。所谓"皇天上帝，改厥元子"③，说明最高统治者就是上天安排到人间的代理人。"天子"的意思从这里引申出来，即君主就是上天的儿子。周天子自称是天的长子。"天乃锡禹洪范九畴"④，"天生民而立之君"⑤，"天降下民，作之君，作之师"⑥，诸如此类的说法，绵延不绝。荀子虽然把"天"解释为自然，但对君权的绝对性供认不讳，认为君主"居如大神，动如天帝"⑦，来行使总万物、驭百官、统礼仪的职责，负有生杀予夺的重任。董仲舒还从文字造型中寻找君权的合法性："古之造文者三画而连其中，谓之王。三画者，天地人，而连其中者，通其道也。取天地与人之中以为贯而参

---

① 《尚书·盘庚》。
② 《尚书·康诰》。
③ 《尚书·召诰》。
④ 《尚书·洪范》。
⑤ 《左传·襄公十四年》。
⑥ 《孟子·梁惠王下》。
⑦ 《荀子·正论》。

通之，非王者孰能当是。"① 君主就是沟通天地人的中轴线，是天地精神的体现，必然是人类是非功过的最高裁判。经过长期的附会、加工，君主专制也就找到了理论依据。

历代统治者为了达到取得政权和巩固政权的目的，都在处心积虑地寻求"天"的恩典和佑助。每一新王朝的兴起，差不多总有一套"天命有归""应天顺人"的神话故事，并煞费苦心地附会"祯祥出现""天地符兆"，进而不惜大量的人力物力，举行隆重的祭天祭地活动。在民族心理普遍信奉天命的社会背景之下，偶然的奇遇确也能帮上争权夺位者的大忙。一个朝代如果处于力衰气尽、奄奄一息的时刻，再遇上地震、大旱、天降陨石等自然现象，就会加速民心的去背，从而加速其灭亡的进程。相反，一个新政权如果遇上天地祥符，就会赢得民心，取得统治权。

3.4.3 宦官参政

宦官集团是皇权体制的产物。在古代，宦官参政无疑是专制土壤上生出的一块恶性肿瘤。皇宫为了实现皇裔血缘遗传上的纯洁性，于是将服侍内宫的男性阉割。这种做法，本身是对人的正常生理机能的破坏，是专制体制下反人性、反人道行为的典型体现。事实上，宦官集团和宦官意识又远远超出了个人的生理问题，成为一个突出的政治问题。这种现象是中国古代社会政治中的一个独特现象，除了古奥斯曼帝国也有类似的现象之外，在世界上并不多见。

宦官既是受害者，但同时又往往是害人者，特别是那些得宠的宦官头领更是害人的元凶。对他们而言，肉体的摧残固然可悲，但生理功能的丧失又以得宠、得官、得财、得权为补偿。这种生理器官的割除，在特定的意义上导致了道德、信念和良心的割除。

不少朝代中，宦官集团和朝官集团形成对峙的局面。两相比较，宦官集团的反动性更为突出、破坏性更大。朝官一般由出身士林、精通文史的官员担任，他们多有政治、历史、法律知识，了解民族的传统文化，而且具有相

---

① 《春秋繁露·王道通三》。

应的文化理性和政治良知，能够通识大体、察识实情、借古鉴今、查明善恶。而宦官来自社会底层，缺乏必要的文史知识和政治经验，专以胁肩谄笑讨好皇帝，依仗"尚方宝剑"横行政坛。按照弗洛伊德性本能冲动学说解释就是，宦官因为丧失了生殖机能，无法满足与生俱来的情欲和性欲，就会出现性变态和无法排泄的心理障碍，从而导致种种丧失人性和良知的行为。他们深感正常的人生已经绝灭，生理缺陷产生了心理学上所谓的"负强化"效应，于是把一切都放在食欲、财欲、权欲的追求上。宦官集团要达到这些目的，必然一方面吹牛拍马，另一方面作恶害人。他们没有家庭、没有子女、没有后顾之忧，做起事来不管后果，可以达到疯狂无忌、歇斯底里的程度。特别是那些窃取大权的宦官头目，总是从事奔竞取容、挑弄是非、布设陷井、挟私报复之类的活动。如唐代大宦官仇士良擅掌文武大权20多年，杀掉了二王、一妃、四宰相；明代宦官集团为祸之烈更是达到了高潮。可见，宦官参政是专制统治中腐朽野蛮、鄙劣凶险的一招。这里，问题的症结和弊根在于专制政体，并不在于某些宦官的个人品质。

3.5 清官问题

必须承认，在古代的吏治中也有好的官员，这就是民众所说的"清官"。"清官"在古代的历史条件下，值得充分肯定和赞许。清官的特征是勤于政务、忠于职守、爱护民众、执法公正、清正廉洁、为政聪慧。他们或组织民众抗灾自救、整修田园、兴办水利、发展生产；或革除弊政、改良风气、调和社会关系；或开仓赈民、扶伤救死，以人道主义精神对待贫苦民众；或刚正不阿、打击豪强、剪除凶顽、平反冤狱；或挺身而出、主张改革、反对特权和顽固势力，为国家富强置个人性命于不顾……这些清官，是统治阶级中进步的阶层。他们人数虽然不多，但表现了古代政治良性的一面。例如，经戏剧、小说的传播而家喻户晓的包拯，就是一个出色的清官。据《宋史·包拯传》记载：

拯立朝刚毅，贵戚宦官为之敛手，闻者皆惮之。人以"包拯笑比黄河清"。京童稚妇女亦知其名，呼曰包待制。京师为之语曰：

"关节不到，有阎罗包老。"

当然，问题在于，古代法制不健全，人民被排除在政治活动之外，只靠理性自觉而成为清官这一途径十分单调、脆弱，史册留名的鼓励只能收到凤毛麟角的效果，并不能影响全局。何况清官的所作所为，又必然引起巨大的腐朽势力的侵袭和围攻，往往因寡不敌众而失败。

第4章
古代的周期性社会震荡

4.1 周期性震荡

4.1.1 周期性震荡的不可避免性

在漫长的中国古代社会中,每隔一段历史时期就有一次社会震荡。就一般情况来看,相隔四五十年,便有一次小规模的社会震荡;相隔二三百年,便有一次大规模的社会震荡。不仅王朝更替之间充满血雨腥风的震荡现象,而且王朝稳固期间也往往会出现间隔性的震荡现象。且不说三国时期、南北朝时期、五代十国时期那样频繁的战乱引起的高频社会震荡,就以国力强盛、稳定时间较长的汉唐两代来说,其间也未能避免间隔性社会震荡。汉代历时400多年,唐代历时将近300年,是中古时期最强盛的朝代,有过"文景之治""光武中兴"和"贞观之治""开元盛世",稳定时间相对较长。但是,在这两个王朝统治期间,都有过间隔性的社会震荡,而且有惊人的相似之处:都发生了大规模的农民起义(如绿林、赤眉、铜马起义,张角起义、王仙芝起义、黄巢起义等);都有过因边患而进行的相当规模的对外战争[①];都有过地方割据势力的叛乱[②];都有过改朝移姓的事件[③];都出现过宦官为害、宫廷

---

① 如汉与匈奴、羌、鲜卑、西域诸国之间的战争,唐与突厥、吐蕃、高丽、契丹、南诏之间的战争,等等。
② 如被史家所称的八王之乱、七国之乱、三镇叛乱、淮西割据、安史之乱等。
③ 在汉是王莽新政代替刘汉政权,在唐是武后临朝建号大周。

内乱之类的事件。可以看出,汉唐两代统治期间较大的社会震荡各自不下四五次。至于王朝被彻底颠覆的大震荡在历史上从来没有停过。社会政治在兴亡反复、周而复始中循环。

4.1.2 周期性震荡的破坏性

周期性社会震荡,虽然也有除旧布新的进步意义,但其负面代价远远超过变革所带来的正面收效。一次震荡就是一次大出血、一次大毁坏,其结果必然是民不聊生、瘟疫流行、人口锐减、土地荒芜、河防失修、社会经济遭到毁灭性的打击、天灾人祸一齐降临人间。史书在记载周期性震荡期间及过后的情景时,常用诸如"赤地千里""十室九空""死者过半""户口可得数者什二三"之类令人毛骨悚然的语言。"千里无鸡鸣""白骨蔽平原"之类的古诗,正是震荡惨景的真实写照。震荡平息后,历劫残生者重新从战乱灰烬中艰难地爬起,进行缓慢的新一轮重建。社会在新一轮的重建中又走向新一轮的震荡。

不可否认,社会震荡中由于政权的更替,粉碎了旧贵族的特权,资源和财产得以重新分配,土地占有趋于均衡,是正面效应。但这种暂时的均衡很快就会宣告瓦解。社会震荡、江山易主,事实上成了新贵族代替旧贵族的一条血道,社会体制仍然在旧有的轨道上循环。这一点曾为马克思所揭示。马克思通过对东方土地所有制关系的研究,看到了社会变动的循环性:"亚洲各国不断瓦解、不断重建和经常改朝换代,与此截然相反,亚洲的社会却没有变化。这种社会的基本经济要素的结构,不为政治领域中的风暴所触动。"[①]解读中国古代社会充满周期性震荡的历史,对认识自然经济基础上的农业文化结构,不无助益。

4.2 古人对周期性震荡的阐释

面对周期性社会震荡,古代社会出现了三种理论阐释:一种是从纯粹的

[①] 《马克思恩格斯全集》第23卷,人民出版社1972年版,第367页。

天命观角度来解释；一种是从主政者的德行方面进行解释；一种是把人事和天命结合起来予以解释。

从纯粹的天命观出发解释社会政治演变的是谶纬神学。谶纬神学认为，人间的政治变演完全是由天神安排的，人对这种安排只能服从，而无法改变。人唯一能做的事就是捕捉上天的某种征兆，以便奉从天命行事。谶纬神学为扩大影响，在宣扬天命论时常常涉及儒家经典，但它不是从哲学和伦理学意义上阐释经义，而是从天命论角度加以牵强附会和曲意引申。当然，儒学典籍事实上并未能与天命论划清界限，如"国家将兴，必有祯祥；国家将亡，必有妖孽"[①]之类的说教就是明证。不过，儒学的思想主旨不在怪力乱神，毕竟与谶纬神学有别。正如清人皮锡瑞所言："图谶本方士之书，与经义不相涉。"[②] 奇异的自然现象与政权更替的巧合往往为谶纬神学提供口实。如刘邦兵进咸阳的当夜，天空出现五星连珠，很快被刘氏集团的拥护者解释为"高帝受命之符"；赵匡胤发动陈桥兵变前夕，天空出现两个太阳（实为云气折射出的影像），诱发了赵氏"黄袍加身"，于是宋立而后周亡。但这类现象毕竟少有。天命论者更多地利用自然灾害做文章。自然灾害事实上往往成为社会动荡、政权移位的先导和诱因。黄河流域本身多自然灾害，旱灾、水涝灾、蝗灾、风沙、瘟疫等比较频繁。中国历史上的农民起义，大多与天灾造成的年荒有关。西汉后期的农民起义、北宋农民起义和明末农民起义，都是由灾荒引起的。王莽后期，由于连年遭受蝗灾，寇盗蜂起[③]；东汉瘟疫是张角起义的导因；秦时陈胜起义的诱因是一场大雨。古代科学思维不发达，自然灾害及其引起的政治变动，就成为谶纬神学天命观的现实支柱，使其得以广泛流传。

谶纬神学抹杀人为的作用，是一种缺乏社会责任的理论说教，自然无助于政治的清明与社会的稳定。鉴此，不少有社会责任感的思想家、政治家和史学家们便着眼于用人事解释政治变演，把君主的品德看成政治兴衰的内在动因，于是形成了所谓"有德者昌，无德者亡"的君德论。君德论要求君臣

[①]《礼记·中庸》。
[②] 皮锡瑞：《经学历史》。
[③]《后汉书·光武帝纪》："地皇三年，南阳荒饥，诸家兵客，多为小盗。"

协作、以礼治国，进而实现国泰民安的政治理想。实际上，德治的效应也为不少朝代的历史实践所印证。桀纣暴而亡，汤武仁而兴，常为后世所乐道。司马光在《资治通鉴》的开篇即指出，维系人伦纲纪，"上下相保而国家治安"；反之，不讲仁义、不修德事，那么国必乱、政必亡，这就是《北史·隋本纪·恭帝》中所说的"一人失德，四海土崩"。然而，问题在于社会政治变演原因十分复杂，存在诸多的因素和变量，君德论面对强人君临天下的现实就显得捉襟见肘，难以自圆其说了。

于是，不少思想家和史学家就把天命和人事结合起来解释政治变演。这方面有代表性的说教是邹衍的"五德相胜说"和董仲舒的"天人感应论"。战国时，邹衍提出了从天命定数方面解释政治变迁的"五德终始论"。尽管他的著作《主运》失传，有关论述的细节不得而知，但从其他有关文献的转述中可以看到，"五德相胜说"的用意不仅仅在于解释政治上的周期运演，同时在于警示统治者的不德行为。《史记·孟子荀卿列传》说得很清楚："邹衍睹有国者益淫侈，不能尚德"，"称引天地剖判以来，五德转移，治各有宜，而符应若兹"。问题在于，邹衍的理论说教与目的用意之间出现了逻辑上的矛盾：既然五德（行）按其势力强弱的次序终而复始，那么，"有国者"的"尚德"依然不能改变宇宙本体意义上循环代替的必然性，因此，在被代替时，有德与无德的结果并无二致。尔后，董仲舒提出"天人感应论"，试图从理论上消除"五德相胜说"中的逻辑矛盾。董仲舒将天命论、阴阳五行学说、伦理道德学说糅合起来，建立了一个天人对应的理论模式，其意在于劝说统治者通过德政以获得天的恩赐。董仲舒说："且天之生民也，非为王也，而天立王以为民也。故其德足以安乐民者，天予之；其恶足以贼害民者，天夺之。"[①] 天人之间是相感应的，君主有德可感动上天而得以安存，失德则得罪上天而带来危亡。后世的不少史学家就是从天命和人事的交互作用中解释王朝兴衰的。如欧阳修说："盛衰之理，虽曰天命，岂非人事哉！"[②]

事实上，董仲舒的天人感应论及黑、白、赤"三统"循环说，并未真正

---

① 董仲舒：《春秋繁露·尧舜不擅移汤武不专杀》。
② 《新五代史》卷三十七。

从逻辑上消除邹衍理论中的矛盾，而且他的理论面对现实政治变演出现了另一种矛盾，即有德者未必能感动上苍，无德者却往往凭据暴力取得天下。例如，刘邦及后来的朱元璋，都是地痞无赖，不见有德，而终能逐鹿问鼎、身居九五之尊。而汉献帝有怜悯饥民之心却难逃亡国，宋钦宗"不见失德"却遭"靖康之耻"。天为何"予"无德者而"夺"有德者呢？《后汉书》的作者认为这是"穷运之归"，并感叹："天厌汉德久矣，山阳（汉献帝）其何诛焉！"史家面对不失德而失国的现实，无法印证董仲舒"其德足以安乐民者，天予之；其恶足以贼害民者，天夺之"的说教，只好依靠天命决定论来解释历史兴亡。

4.3 结构性腐败

4.3.1 政治腐败与财富失衡

周期性社会震荡的直接原因是社会财富占有的失衡。封建王朝由弱而强、由强而盛、由盛而奢、由奢而腐、由腐而烂、由烂而亡的循环路线是结构性腐败的逻辑走向。一个新王朝建立之后，政治腐败和经济腐败即从皇宫至各级官僚机构开始滋生和蔓延。上层贵族生活糜烂不仅是人民贫困的弊根，也是王朝大厦日渐倒塌的病源。

皇宫是腐败的中心。以皇宫为中心的封建官僚机构，毫无节制地消耗社会财富。新王朝一旦巩固，官僚机构和贵族阶层就开始迅速膨胀。隋炀帝时，仅中央宫廷及各地行宫中的人员多达数10万；宋代官吏最多时总数60余万。在庞大的官僚机构中，奢侈浪费之风愈演愈烈。纵欲享乐从来是"打天下"者"坐天下"的终极目标。用古人的话说，就是"竭天下之资财以奉其政，犹未足以赡其欲也"[①]。历代皇宫中奢华淫逸行为总是史不绝书。这里列举数例，即可窥豹之一斑：汉灵帝"作列肆于后宫，使诸采女贩卖，更相盗窃争斗。帝着商估服，饮宴为乐。又于西园弄狗，着进贤冠，带绶。又驾四驴，

[①]《汉书·食货志》。

帝躬自操繻，驱驰周旋，京师转相仿效"①。皇帝腐败，"京师转相仿效"，用后世的话说就是上行下效。在自然型农耕生产条件下，社会财富的总量十分有限。一面是"朱门酒肉臭"，那么就必然出现"路有冻死骨"的另一面；一面是"太仓之粟……腐败不可食"，一面就必然是"民不聊生""饥馑载道"。正如晋人傅咸所言："奢侈之费，甚于天灾。"② 北齐幼主穷极奢丽，无所不为，大置犬马鸡鹰，给这些宠物以皇族待遇；而对待劳民如同草芥，"百工困穷，无时休息"，"穷极工巧，运石填泉，劳费亿数"，"人牛死者不可胜纪"，还杀人"剥面皮而视之"③。南齐郁林王和东昏侯都是有名的昏君，一个"随其所欲，恣意辇取，取诸宝器以相剖击破碎之，以为笑乐。……好斗鸡，密买鸡至数千价"④；一个"夜捕鼠达旦，以为笑乐……日夜于后堂戏马，与亲近阉人倡伎鼓叫"⑤。当时哀鸿遍野、饿莩载道，民间连殡葬都无法进行。更为恶劣的是，地方官员为了掩盖罪责，便将河边的病人推到水中，用泥土掩埋，以灭骸骨。唐玄宗给杨贵妃的三个姊妹的"脂粉之资"竟岁达千贯⑥。随着宫廷腐败日盛，上行下效，整个官僚机构日渐进入结构性腐败。例如，晋代王恺以饴澳釜、石崇以蜡代薪，何曾日食万钱？据《宋史·刑法》载，英州太守王吉元月余受贿达70余万钱。

卖官鬻爵、行贿受贿本身是腐败行为，结果又新造出更多的贪官。封建社会的官员铨选实质上走不出内定的权力买卖市场。《晋书·食货志》中说，"悬鸿都之榜，开卖官之路，公卿以降，悉有等差"，并列举有人用500万钱买司徒之官的事。北齐后期，从州县至乡，卖官买官成为普遍风气，地方官职皆为富商大贾垄断，导致了"竞为贪纵，人不聊生"的局面。如此所为，致使贪官污吏多如牛毛野草，而清官循吏鲜若凤毛麟角。统治者的奢侈腐败造成被统治者的饥寒交迫，社会矛盾不断加深和激化，震荡的临界点日趋接

---

① 《后汉书·灵帝纪》。
② 《晋书·傅咸传》。
③ 《北齐书·幼主》。
④ 《南齐书·郁林王》。
⑤ 《南齐书·东昏侯》。
⑥ 《旧唐书·杨贵妃列传》。

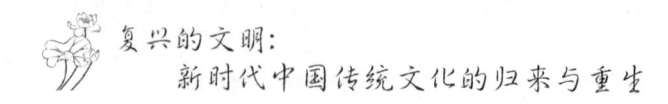

近。正如史家所言:"自古人君玩物而丧志,纵欲而败度,鲜不亡者。"①

与王朝兴亡律相对应的是人口的增减律和土地集散律。一场震荡之后,人口大幅度减少,土地散落到广大农民的手中,随之而来的是人口的增长和土地的渐次集中。到下一轮震荡的临界点之前,人口数量和土地集中都达到一个新的高峰点。秦汉相交时的战乱,使全国人口从2000多万减到1000万左右。东汉时人口已达到4000多万,经汉末至三国长期的战乱后,锐减到约1000万。隋末和五代十国期间的两次大乱,都使人口从原来的900万户降至300万户。宋代人口增至6000多万,经元明期间的战乱,至清初时只剩下2000万。而土地的使用,正好与人口增减律相背反:人口增长了,土地反而集中至贵族手中;人口锐减后,土地又回到人民手中。在中国历史上,从奴隶社会到封建社会,官僚贵族的标志是占有大片土地。新王朝一建立,从皇宫到地方官员、地主,采用鲸吞、蚕食种种方式占取自耕农的土地。君主视天下土地为己有,"溥天之下,莫非王土"②,可任意占有,大造宫观园苑,也可随意赠宠。周灭商后,大肆建立土地分封制及分级占有制。所谓"天子有田以处其子孙,诸侯有国以处其子孙,大夫有邑以处其子孙,是谓制度"③,这意味着有了政治特权,就有了对自然资源的占有权。汉哀帝一次赠董贤土地2000顷。元顺帝赠伯颜土地达2万多顷。唐玄宗时太平公主的田园被没收,几年还没有收完。随着官僚贵族阶层的不断扩张、土地的不断集中和总人口的不断增长,失去或缺少土地的农民人数也自然在不断地增加。社会在悄悄地积聚着点起烈火的干柴。

4.3.2 自然灾害与内乱外扰

社会震荡的临界诱因往往出于自然灾害。"上贪民怨,灾害生而祸乱作"④的现象在周期性震荡中具有普遍性。董仲舒曾尖锐地指出:"赋敛亡度,竭民

---

① 《宋史·徽宗本纪》。
② 《诗经·北山》。
③ 《礼记·礼运》。
④ 《汉书·食货志》。

财力，百姓散亡，不得从耕织之业，群盗并起。"[①] 由此可以看出，腐败酝酿的社会危机，迟早要爆发；而自然灾害就成了危机爆发的临界点。中原农耕区的自然灾害也大致呈现出周期性趋势。《史记·货殖列传》中就有"十二年一大饥"的说法。土地的集中与开发又加剧了自然灾害的周期性来临。官僚贵族的兼并使相当数量的农民失去生活依据的土地，需要迁移开垦。于是，森林、草原、湖泊、河套等受到损害或破坏，导致水土流失、生态恶化。如五代时期，战乱使河防失修、水灾不断。据《五代史·五行志》记载，这一时期发生过24次大水灾。人祸与天灾相交织，造成旱则"赤地千里"，涝则"尽成泽国"的大灾荒。打开史书，"哀鸿遍野""道馑相望""白骨盈积""人相食啖"的惨景，历代不绝。究其原因，人祸加剧了天灾，天灾又反过来成为周期性社会震荡的诱因。

此外，结构性腐败导致的内乱还为外族入侵提供可乘之机。几千年间，中原地域始终是农业文明的中心区。中心区的四周生存着以游牧狩猎为主要生活方式的少数民族，史称东夷、北狄、西戎、南蛮。秦汉之际，中原政权同北方的匈奴对峙。南北朝时期，北方少数民族先后建立了10多个国家，其中鲜卑拓跋部建立的北魏占据半壁江山长达150多年。唐宋时，中原政权同突厥、回鹘、吐蕃、党项、契丹、女真、蒙古等政权不断发生冲突。明代主要和蒙古、女真对抗。除了周边战事外，中原政权直接管辖内的少数民族也常常同汉政权发生对抗，如唐代的安史之乱，就是由胡人发动的。古代的边患、民族对抗也有相应的周期概率。就一般情况来说，中原政权内部稳定、国力强盛时，防御性的屯边戍守能取得较好的效果；但当国力弱化、内乱四起时，游牧铁蹄便会趁机直踏中原。史书中讲的"中外骚扰"，即指内忧外患的相嵌套。古代北方游牧民族"逐水草而居"，流动性很大，加上其实行兵民合一的组织形式，有着巨大的军事突击力。但游牧民族之所以能造成大规模的社会震荡，还是由于中原内部出现了社会动乱。总兵力才20万左右的元军能扫荡中原地区100万宋军，总人口不到百万的女真族能够君临天下，无疑都是南宋、明末的腐败、内乱和分裂所致。

---

① 《汉书·董仲舒传》。

4.3.3 腐败的不可逆转性

封建政治体制是一种封闭的、板结的、僵硬的体系，缺乏制衡力量和弹性系数，无法与外在发展的社会现实交换足以使自身持续生存的信息和能量，也无法进行有效的反馈调节和自我修复。封建政治目的的狭隘性，决定了"坐天下"就是控制、支配财富以求享乐，目的一经实现，势必加速经济生活的腐败。政治支配经济，经济腐蚀政治。政治腐败和经济腐败相互耦合、互为因果，形成结构性腐败，从而导致社会财富占有失衡，出现紧张的社会关系，加深不同阶级之间固有的矛盾。与此同时，统治者在意识形态中大搞"定于一尊"，在社会管理和社会生活中推行森严的等级制，把国家政治机器推向单轨险道，不自觉地或自觉而不可避免地落入由兴而衰、由衰而亡的"定数"怪圈。正是这种"政治—经济"相耦合的结构性腐败，造成了战乱的不可避免性和腐败的不可逆转性。

封建政治结构的单一性和僵化性决定了有人治而少法制，也决定了监督和制衡力量的空缺。中国古代的司法制度和监察制度起源很早。如《尚书·尧典》谓舜为部落联盟时便即有谏官；《史记·五帝本纪》中说黄帝时"置左右大监，监于万国"。历朝历代也均有监察机构和官员，以规谏君主、弹劾污吏、整饬颓怠、振肃纲纪。从战国时魏国的《法经》到《唐律》，再到《大清律》，对官员腐败行为均有处罚规定。然而，在封建专制政治体系中，都是以人治为前提的，不可能有真正的法治和监督。权重于法使法的公正性大打折扣。法家公开提倡阴谋和权术，其"法"中包含了浓厚的以"人主"为法的人治思想。《管子》谓"生、杀、富、贫、贵、贱"六者是君主"独操"的权力。皇帝作为最大的腐败头子和最大的卖官贩子，凌驾于法律之上，任何受贿礼物都可以当作"贡品"而予以合法化。晋代刘毅曾当着皇帝面说过"陛下卖官，钱入私门"的话。皇帝自身极尽淫逸享乐之能事，又怎么能有效约束政府官员？监察机构只是替皇帝监察别人的，而不是监察皇帝的。皇权体制下对官员的弹劾、监察和查办，总是和政治斗争结伴而行，跳不出政治背景、政治关系和人事纠葛的缠绕。《史记·酷吏列传》中有几句话，简明扼要地反映了专制体制下执法的人治本质："所爱者，挠法活之；所憎者，曲法诛灭之。"被弹劾惩罚者多是失势者，失势者多是正直清廉者。海瑞罢官，就是典型一例。各级官员为不被罢黜和向上升迁，争相讨好上司，讨好上司的费用只能通过对民众的盘剥而得到，这样势必加速腐败。

结构性腐败一旦蔓延成势，就远非帝王自身的良知和德行所能纠正。势处败亡之际，纵然有守德恤民的君主，也难清除渗入官僚肌体细胞和骨髓之中的腐风。这时，帝王真诚的品格就如同伪善的面孔一样，不再具有任何感召力量。前面提到的汉献帝和宋钦宗正是如此。汉献帝时天灾人祸纷至沓来，而实际上，这个年轻的皇帝不见有什么失德行为，倒是很有仁人爱民之心。史载，兴平四年（197）出现罕见的大灾荒，"是岁谷一斛五十万，豆麦一斛二十万，人相食啖，白骨委积。帝使侍御史侯汶出太仓米豆，为饥人作糜粥，经日而死者无降。帝疑赋恤有虚，乃亲于御坐前量试作糜，乃知非实"[①]。在手下人一切都虚报作假的情况下，皇帝不得已亲自动手赈救饥民。这段史录，非常典型地体现出结构性腐败所造成的势不可逆的局面。相蒙相欺遍及官场，纵有明主仁君，焉能有为？面对这种不治之症，《后汉书》的作者只好感叹"穷运之归"了。与此相似，《宋史》作者在说明钦宗"不见失德"而陷入困境时，以史学家特有的深邃洞察，概括出"乱势已成，不可救药"的结论。

结构性腐败也不是通过苦口婆心的劝诫和大开杀戒所能清除的。历史上，每当腐败危及王朝统治时，最高统治者常用的手法有两种，一是劝诫；一是杀戒。从西周的统治者开始，就把"德治"挂在嘴头，强调"敬天"而"保民"；唐太宗作《帝范》，告诫后代"戒盈""崇俭"；清太祖亲撰《酒戒》颁发国中。但在政治大染缸中，靠良知和理性的诱导，功能十分有限。唐太宗的谆谆教诲，连他的长子都听不进去；清代后期的酒风愈演愈烈。教育收效不佳时，就不得不用严刑峻法"杀一儆百"。秦朝规定贪占公钱与"盗"同罪；西汉规定官吏受贿枉法者"弃市"；北魏孝文帝时"受羊一口，酒一斛者"处以大辟之刑；唐朝受赃15匹处绞刑；宋朝贪污受贿与十恶大罪一样处死，而且不得因大赦从宽处分；明朝规定对贪官处以凌迟、示众、弃市、剥皮等刑罚，洪武年间建有"剥皮实草"的"剥皮场"，可见是何等的严酷惨

---

① 《后汉书·献帝纪》。

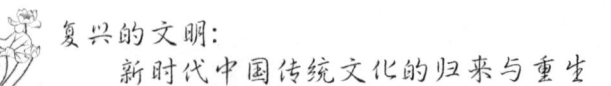

烈。然而，面对结构性腐败，行政和司法都处在腐败造成的恶性循环之中，酷刑不仅不能准确地打击真正的腐败者，反而会加剧腐败的隐蔽化和变形化，假公济私、外廉内贪成了官场无法解开的死结。是故，清人曾感叹过"诛殛愈众则贪风愈甚"的难解现象。普遍的贪赃枉法使社会舆论怀疑法律的功能，也使理论界不从理论上讨论如何建立公正的司法机制，而简单地否定法律或低视法律。老子讲的"法令滋章，盗贼多有"[①]，就是否定法律的表现；孔子讲的"道之以政，齐之以刑，民免而无耻"[②]，则是低视法律的表现；司马迁"法令者治之具，而非制治清浊之源也"[③]的说法，则代表了史学界漠视法制的看法。

此外，封建政治舆论惯于隐讳禁言和浮词空语，致使潜藏的问题不仅不易被发现和解决，而且为结构性腐败提供合法的通行证。历代王朝的政治用语无不乐于粉饰太平，惧怕和回避不祥之言，而且不允许不同的声音存在。例如，明代魏忠贤当权时，以酷刑禁止不满言论，"民间偶语，或触忠贤，辄被禽戮，甚至剥皮割舌，所杀不可胜数，道路以目"。当时一些地方为魏忠贤建祠，发生过因不献建祠文和进祠不拜就被下狱处死的事件。在这种高压政策下，"天下风靡，章奏无巨细辄颂忠贤"[④]。"国泰民安""太平盛世"是帝王心态最为喜闻乐见的字眼儿，而国危民苦则是人所共知的政治避讳。董仲舒给皇帝上书中就谈到"百官皆饰虚辞而不顾实，外有事君之礼，内有背上之心，造伪饰诈，趣利无耻"[⑤]的现象。在这种虚辞粉饰、造伪作假的政治舆论氛围中，"正言者谓之诽谤，遏过者谓之妖言，故盛服先生，不用于世，忠良切言，皆郁于胸，誉谀之声，日满于耳，虚美熏心，实祸蔽塞"[⑥]，朝廷从上至下在自我赞歌中获得满足，也在自我赞歌中走向毁灭。

---

① 《道德经·五十七章》。
② 《论语·为政》。
③ 《史记·酷吏列传》。
④ 《明史·魏忠贤传》。
⑤ 《汉书·董仲舒传》。
⑥ 《汉书·路温舒传》。

4.4 周期性震荡成因分析

4.4.1 自然型农业经济的封闭性

任何一种文化类型的特质，都是由特定的地缘环境决定的。中国文化以"东渐于海，西被流沙"[①]的东亚大陆为基地，以黄河流域为轴心。这种以内陆为基地、以内河为轴心的地缘环境，是天然的农耕场地。土地松软、气候温润、季节分明、雨水合节，适于农作物种植。中国传统社会农业文明的历史大剧，正是在这个舞台上运演的。先民在七八千年前就已经进入了农业生产阶段。历代以农为本的国策，显然不是人为的主观杜撰，而是基于自然条件采取的举措。

负陆面海的自然地缘环境本身就造成了区域分割性，自然型农业文化及相应的宗法意识形态将自然的分割性演生为人为的封闭性，而集中体现封建宗法意识的皇权政治制定出筑墙、封关、闭海政策，通过强制力来加强这种封闭性。从行政区域划分和行政管理方面看，体现出政权和族权相嵌套、血缘与地缘相叠印、王法与家法相补充的特点，加深和延伸了宗法意识和宗法政治的单一性和封闭性。从生产结构和消费结构方面看，自然型的农耕过程极易形成自给自足的封闭式循环。农民被固定在土地上，迁移和流动的机会很少。除了向官方纳粮上税外，其他一切自产自销、自负盈亏、自食其力，即所谓"自耕自种填饱肚，自纺自织添衣裤，自操自办酿酒醋"。这种自足系统本身不需要仰仗外界，何况自足系统在漫长的岁月中积淀出安土重迁的心态，进一步巩固了与外界的隔离状态和平面反复的循环心态。

受农业生产关系和小农经济意识的限制，中国传统文化纵向的遗传力较强，横向的参照系却十分有限，从而造成了主体人意识深层的依附性。农业生产受天时地利的限制。这便使中国古人对天地产生了特殊的依附感，遵天之道而顺地之理成为思想家与政治家致思的方向。《周易》中的"观乎天文，

[①] 《尚书·禹贡》。

以察时变"、孔子说的"畏天命"和孟子说的"知天",都表现了对天无可奈何的服从;《管子》中的"地者政之本"、《齐民要术》中的"量地利"和《隋书·经籍志》中的"因地制宜",均表现了对地难分难解的依赖。对天地的依附逐步演生为对圣人、对权威、对大人的依附。依附性思维必然是单一性思维。当依附对象成为绝对权威时,就会出现对多样性的排斥。"多"是混乱的代称,"一"是权威的标志,"数起于一"成了思想单维的理论根据。如老子讲"得一",荀子讲"隆一而治",董仲舒讲"一而不二者,天之行也"。单一的思维轨迹经农耕生产运行路线的盘绕,就出现了平面的思维圆圈。历史循环论正是建立在农业生产单一封闭、平面巡行的基础之上。从《周易》的"无往不复"到《史记》的"三王之道若循环,终而复始"和"物盛则衰,时极而转",从《老子》的"周行而不殆"到邹衍的"五德终始说"和董仲舒的"三统之变论",从《荀子》的"始则终,终则始,若环之无端",到王夫之关于"治乱循环"的说法,等等,尽管所指对象不同,但实质上都是在说明从天地万物到社会人事不可避免的周期性循环。在古人看来,盛衰交替、治乱反复、动静间插、合分转换,是无法逃遁的"劫数"。从社会上层到广大民众,只好被动地承受周期震荡的痛苦,而不去思考如何避免这种改"天"换"地"带来的痛苦。

4.4.2 阶级矛盾的尖锐性

在中国古代社会中,农民自始至终是国家的主体,占总人口的80%以上。但这个作为社会主体的阶层始终被压在最底层。官僚阶层、士人阶层、军队阶层及僧侣阶层的所需费用都得由农民负担。秦时,农民上缴的各种赋税占总收入的2/3以上,可见其负担之重。除了正常的税收,农民还要承担繁重的徭役。而农民只能通过汗水同土地交换物质能量,收入十分微薄。驱民归农有政治目的,即《吕氏春秋·上农》所言:"民农则朴,朴则易用,易用则边境安,主位尊。"古代商业本身不发达,唯一能赚钱的盐铁业又实行官营,民间参与等于犯法。如五代汉时,民间犯盐禁者和私藏牛皮者,一律处死。后唐明宗规定,犯盐禁1两至1斤,买卖人各杖六十,递增至5斤以上,买卖人各脊杖二十处死。苛税使越来越多的农民走向破产,并在土地兼并中由自耕农变为农奴和佃户。因此，农民和封建统治者始终处于一种矛盾和对抗之中。"自由民和奴隶、贵族和平民、地主和农奴、行会师傅和帮工，简短些说，压迫者和被压迫者，始终处于相互对抗的地位，进行着不断的、有时隐蔽、有时公开的斗争，而每一次斗争的结局，不是整个社会受到革命改造，就是斗争的各阶级同归于尽。"① 这种阶级矛盾和对抗，是中国古代周期性震荡的原动力。一个新王朝建立后，随着社会财富占有差距的拉大，矛盾由隐而显，日趋尖锐，对抗程度也随之不断上升。在专制政体和农业文化条件下，阶级矛盾除了暴力较量之外，再无其他解决的途径和办法。当统治者的暴力机器不足以对付农民的反抗时，就难逃覆灭的厄运。

中国古代社会改朝换代时期的大震荡之所以异常惨烈，是因为阶级矛盾和对抗进入白热化状态后，整个社会都弥漫在一种极端情绪主导的复仇烈焰之中。在这种状态下，无论对于统治者而言，还是对于反抗者而言，良知和理性已经荡然无存，野性、疯狂、歇斯底里的复仇情绪如同长堤崩溃后的漫天洪水，是任何人、任何有限的理性都难以驾驭和控制的。暴力镇压极其残酷，暴力反抗同样极其残酷。长期的剥削压迫积聚而成的怨恨和愤怒非得一方将另一方"斩草除根"才能得以平息。阿房宫三月不息的大火，正是这种情绪发泄的结果。元代红巾军起义时的《不平歌》，就典型地反映了这种斩尽杀绝的复仇心态："天遣魔军杀不平，不平人杀不平人；不平人杀不平者，杀尽不平方太平。"生活不下去的反抗者，不再有任何后顾之忧，他们为把压迫者赶尽杀绝，宁愿把整个世界毁灭，宁愿与仇人同归于尽。如隋末农民起义时所唱的歌谣说"斩头何所伤"；夏桀时，被奴役的民众就准备与夏桀同归于尽，当时流行的民谣有"时日曷丧，予及汝偕亡"之语，可以说是反抗者仇愤心态的率真表露。大震荡之所以十分可怕，正是受洪水般复仇情绪的主导，大屠杀随处可见，人口急剧下降，社会经济遭到毁灭性破坏，创伤难以在短期内得到恢复。

农民阶层的愤恨情绪和士大夫阶层的循环理论遥相呼应。农耕生产的进程，从春播、夏耘到秋收、冬藏，呈现出时间上的周期行为，年复一年，到

---

① 《马克思恩格斯全集》第4卷，人民出版社1972年版，第466页。

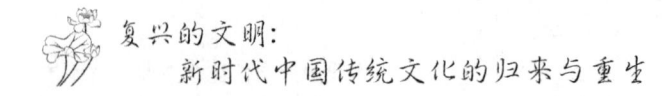

复兴的文明：
新时代中国传统文化的归来与重生

归宿点后又回到了出发点。士农工商各层普遍相信万事万物就像农耕生产一样周而复始、循环不息。士人总把循环看成天地万物的法则，认定人事、社会、历史都难以超越这种周而复始的循环法则。太极图、八卦图都是圆周的运动；五行生克的起点和终点相叠合；十天干和十二地支都是描述植物从萌生到死亡的循环经历；"五德终始说""三统循环说"之类的理论，也是这种农业文化思维方式的产物。循环理论和谶纬神学正好适应了农民的心理需求。面对赋税徭役的加重和土地的减少，广大农民从心理深层渴盼改朝换代。当张角喊出"苍天已死，黄天当立"的口号时，瞬间就在贫苦农民中激起一场改地变天的波澜，就自在情理之中了。

由此可见，周期性震荡的不可避免性在于结构性腐败的不可逆转性。腐败的经济与板结的政治相交织，人为祸患与自然灾害相伴随，内部动乱与外来侵扰、民族矛盾相夹杂，循环理论与积愤暴发相呼应，导致社会政治在周期性震荡的痛苦中延展徘徊。

第 5 章
传统的习俗礼仪

制度文化的本质在于通过社会规约来维护群体的平衡与稳定。如果说，政治法律作为一种有形的制度和外在力量来制约社会群体行为的话，那么，习俗礼仪则作为一种无形的（历史积淀和约定俗成）制度和内在力量来规范社会群体的言行。因此，习俗礼仪是制度文化中的一个重要组成部分，更是民族文化的特色之所在，同民族的盛衰荣枯紧紧相连，是传统文化的活化石。

中国古代文化在其相对独立而又不曾中断的历史发展中，形成了自身的风俗习惯和礼节规范。其内涵十分庞杂，这里只能作简略的介绍和评析。

5.1 节日习俗

节日是民族文化中富有特色的习俗文化，它能够反映出一个民族的性情、趣味、爱好和追求。中华民族几千年间形成了异彩纷呈的节日文化。

5.1.1 庆典性节日

庆典性节日，过得比较隆重，有庆贺、祝福、集会、文娱等活动。

传统的庆典性节日，主要有年节、元宵节、中秋节、重阳节、腊八节、小年和除夕。

年节在近代被改名"春节"[①]，是中国人最重视的大节日，过得最为隆重。

[①] 这一更名不太符合传统故有的称谓，因为"年节"是对全年而言，不只对"春"季而言；何况"春节"另有所称，即本指立春之日。

复兴的文明：
新时代中国传统文化的归来与重生

节前的任务是做好物质准备，打扫好家庭卫生，收拾好各种物件，做好过年的一切准备。在这个节日中，祝福（拜年）、娱乐（各种文娱活动）、祭祖、社火、交往等多种活动汇聚在一起。

元宵节（农历正月十五）又称"上元节""灯节"，源于西汉，被认为是天宫大帝的诞辰日。隋唐以来，有了元宵观灯的习俗。宋代观灯由一夜延长到三夜，后来遂成传统延续下来。元宵节是春节期间文娱活动的高潮，有许多精美迷人的花灯，如龙灯、凤灯、鱼灯、走马灯、神话灯、历史人物灯等，张挂在街头门户。同时有猜谜灯、踩高跷、赏冰灯、舞龙灯、扭秧歌、跑旱船等各种文艺娱乐活动。前人有诗描绘这种张灯结彩的节日景象说："有灯无月不娱人，有月无灯不算春。春到人间人似玉，灯烧月下月如银。满街珠翠游村女，沸地笙歌赛社神。不展芳尊开口笑，如何消得此良辰。"①

七月七日晚古称"七夕"，也叫"乞巧节""少女节"，有的地方还称"情人节"。这个节俗出于牛郎织女天河相会的神话故事。《诗经·大东》已有牛女二星的诗句："维天有汉，监亦有光。跂彼织女，终日七襄。虽则七襄，不成报章。睆彼牵牛，不以服箱。"古时民间于此日搭彩楼于庭院之中，名为乞巧楼，妇女摆香案、设瓜果，穿针引线，乞求智巧。江南一带，有把五色彩线扔向屋顶的习俗，称为"送健绳"。杨朴《七夕》："未会牵牛意若何，须邀织女弄金梭。年年乞与人间巧，不道人间巧已多。"广州一带有少女月下祭拜七姐的习俗；广西等地有储存"双七水"的习俗；有的地方，姑娘们还举行"慕仙盛会"。

中秋节以欣赏明月、合家团聚、庆祝丰收为主题。从时令上看，八月十五正是秋季的中期。此时，秋高气爽，明月正圆。人们借明镜般的皓月来寄寓团圆的天伦之乐和秋收的喜悦之情。魏晋间已有中秋赏月的习俗，到了宋代更加盛行。明代祭月之风遍及全国，亲友之间相互馈送月饼月果已蔚为时风。古时，这日，酒楼店铺要装饰门面，扎彩绸牌楼，出售好酒鲜果。中秋之夜，家家备有宴会，把赏月和庆典结合了起来。

重阳节是农历的九月初九。按照《易经》的解释，"九"为阳数，两九

---

① 唐寅：《元宵》。

相重就是重九，重九也就是重阳。与此同时，"九九"与"久久"谐音，所以古人认为这一天是一个值得庆祝的吉利日子。过重阳的习俗早在战国时代已初露端倪，到汉代逐渐盛行。该节中的主要活动是登高、赏菊、喝菊花酒、插茱萸、吃年糕等。《齐人月令》中记载，"重阳是日，必以糕酒登高眺远，为时宴之游赏，以畅秋志。酒必采茱萸、甘菊以泛之，既醉而还"。这种登高赏菊，和古代士人闲适的生活节奏、携酒赋诗的情趣十分契合，因而重阳节更为文人骚客所重视。"满园花菊郁金黄，中有孤丛色白霜。还似今朝歌舞席，白头翁入少年场"[①]，通过咏菊表现老少同聚同乐的节日场面。

腊八节在农历十二月初八。"腊"在上古时本是一种祭礼，即"腊祭"，属于隆重的冬祭。缘此，人们把十二月称为腊月。南北朝时期把该月初八日定为固定的节日，祭祀祖先和天地神灵，并祈求丰收和吉祥。这一天，民间习惯上要吃"腊八粥"，实际上标志着正式揭开了春节庆祝活动的序幕。

小年是农历腊月二十三，和正月初一的"大年"相对而言。民间在小年节有祭灶神、送灶神的习惯。农民认为，灶神直接管着口粮，所以对灶神不敢怠慢。灶神在这日归天度假七日，到除夕晚上归来。民间为防止灶神上天"打小报告"，便献上麦芽糖，希望将灶神的口粘住，并烧香磕头，祈求"上天言好事，下界降吉祥"。

除夕是农历一年最后一天的晚上，俗称"三十夜"，讲究吃年夜团圆饭，并坐着守夜。年夜饭的种类因地区不同而有所差异。北方地区吃饺子和鸡肉，寓意"更岁交子""来年大吉"；长江中下游地区吃鱼和长生果等，取意"年年有余""岁岁长生"；沿海地区及台湾吃鱼团、肉圆和发菜等，寓含"团圆吉祥""来年发财"的意思。

5.1.2 纪祀性节日

纪祀性节日没有隆重的庆祝活动，只有象征性的纪念活动和祭祀活动。纪祀性节日比较多，时代差异和地域差异也比较大。人们对许多纪祀节日重视的程度也不同。古代纪祀性的节日有人日节、填仓节、中和节、春龙节、

---

① 白居易：《重阳席上赋白菊》。

花朝节、社日、上巳节、牛王节、端阳节、虫王节、乞巧节、寒食节，等等。

正月初七是古代的人日节（也称人胜节）。这日，人们以七种菜做羹，用彩布剪成人形，或镂刻金箔为人形，贴于屏风，戴于头上，以为可祈福、辟邪、祛病。李商隐《人日诗》："镂金作胜传荆俗，剪彩为人起晋风。"戴叔伦《人日喜春》："独献菜羹应怜节，遍传金胜喜逢人。"此风南北朝期间最盛，后来逐渐被废弃。

正月二十五是古代的填仓节。据清代《燕京杂记》载："每至二十五日，粮商米贩，致祭仓神，鞭炮最盛。居民有不尽致祭，然必烹治饮食以劳家人，谓之填仓。"有些地方，在院中撒灰画地作囤，并放上米谷，祈求风调雨顺、五谷满仓。此日清仓扫库的习俗一直被沿袭下来。

二月初一是古代的中和节，即祭祀太阳星君的日子。唐代以白米粉制成"太阳糕"来祭日神。

二月初二是古代的春龙节，民间认为龙王在这日抬头。乡民取灶灰作青龙状，于黎明取井、河水供奉，并做龙须面、龙鳞饼吃。

二月十五是古代的花朝节。古人认为，这日是百花的生日，所以，民间常于这日举行"花潮盛会"，外出踏青、栽花、种树、荡秋千、放风筝、捕蝴蝶，士人们则结伴春游、饮酒赋诗。

社日是古代祭祀社稷神的日子，体现中国人"尊天而亲地"的精神取向。该节日源于夏代，唐宋时极为盛行，分为春社（立春后第五个戊日）和秋社（立秋后第五个戊日）。人们带着米酒、社饭去祭祀社神，之后举行会餐和文娱活动。元代禁止社祭，民间的社日活动渐废，只有统治者还保留社祭活动。

农历三月初三是古代的上巳节，又称"修禊节"或"鬼节"。这一天要到水边祭祀，用香草浸泡的水沐浴，以避灾祛邪，拔除不祥。

寒食节（冬至后105天）起源于春秋时期，据说是纪念割股食君的介子推的节日。相传介子推留下血诗："割肉食君尽丹心，但愿主公常清明。"该节全天禁忌烟火，冷食一日。唐代在寒食节扫墓悼亡。由于寒食节和清明节只隔一两日，后世逐渐将两节日合并。于是，扫墓、踏青、培坟、祭供等活动一般都在清明节举行。

四月初八被作为牛王诞生日，这天耕牛要休假、吃精料。人们还要祭拜牛神，有些地方还举行庙会。

五月初五是端阳节，传说与纪念屈原有关。民间对此节十分重视，有饮雄黄酒、吃粽子、挂香袋、门上悬艾叶、菖蒲、柳条、赛龙舟等活动。余靖《端午日寄酒庶回都官》："龙舟争快楚江滨，吊屈谁知特怆神。"陇右一带至今保留端午为孩子们手、脚腕上系花线的习俗，是上古时代文身风俗的变演。

六月初六是虫王节。民谚说，"六月六，看谷秀"，这个时候正是作物发育、吐穗的时候，最怕起蝗虫，所以农家宰牲设供、举行集会，以香纸馒头致祭虫王，祈求庄稼丰收。

七月十五是中元节，被认为是地官大帝的诞辰日。民间在这一天祭祀祖先，并预祝丰收。

十月初一是寒衣节。清代潘荣陛《帝京岁时纪胜》中说：十月初一"晚夕缄书冥楮，加以五色彩帛作成冠带衣履，于门外奠而焚之，曰送寒衣"。因为这个季节开始变冷，人们恐怕死去的亲人受冻，就为他们送去冬衣。相传这一习俗起源于秦始皇时的孟姜女。古人有诗句说，"寒衣一送起葭灰"。送寒衣的习俗，在北方一直保留到现在。

十月十五是下元节，被认为是水官大帝的诞辰日。

5.1.3 时令性节日

时令性节日只标明季节和天气，提醒人们从事相应季节的农业生产活动。因此，农历的二十四节，可以看作一张农耕时间表。

时令性节日，形成有规律的均匀分布，每月大致两节。二十四节依次是：

立春、雨水、惊蛰、春风、清明、谷雨；

立夏、小满、芒种、夏至、小暑、大暑；

立秋、处暑、白露、秋风、寒露、霜降；

立冬、小雪、大雪、冬至、小寒、大寒。

节气和农业生产关系极大，二十四节为中原一带的农耕农收提供了方便。农民对节气十分关注，至今中国农村仍用农历（夏历）。除二十四节气外，还有标明热、冷程度的"伏"和"九"，其中，"中伏"最热，"三九"最冷。由于农民对时令节日的重视，有些时令节日中也有相应的庆典活动。例如，

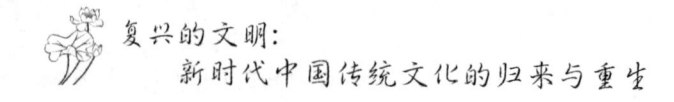

"立春"之日，民间有"打春牛""迎春"的活动，帝王也常率大臣举行隆重的迎春大典，并亲手扶犁耕地，即所谓"耕籍田"，象征春耕开始。惊蛰有祭虫的习俗，立夏有亲邻馈送"七家茶"的习俗。华中地区不仅有芒种晒衣物的习俗，还有夏至吃过水面，立秋吃小豆，冬至蒸九层糕、家人团圆、祭拜祖先的习俗，等等。

有些节日出现交叉和跨类的现象。例如，端午节本来是纪祀性节日，可是由于民间的重视，它又具有庆典性节日的性质。清明不仅是二十四节气中的时令节日，又是一个悼念亡故的纪祀性节日。所以到了清明，人们一方面要开始种菜，即民谚说的"清明前后，种瓜种豆"；另一方面又去"上坟""扫墓"，悼念祖先、亡亲。

5.2 几种礼俗

在中国传统文化中，有关婚、丧的风俗礼仪占重要的地位，其内容、形式也丰富多样。它对社会关系、社会生活、民情人事产生着深远的影响。中国古人在祝贺生育、寿日、婚娶活动中，都用大红来点缀和渲染热烈、喜庆、欢乐的气氛；白色是丧服、孝服的颜色，表示悲哀和悼念之情。但由于避讳的缘故，中国人把丧事也列入"喜事"之列，这样，婚丧就统称为"红白喜事"。

5.2.1 婚俗

古代的婚姻风俗纳入了礼制范围，有严格的规则和程序。从周代开始，从议婚到完婚，就有所谓"六礼"的规程。根据《仪礼·士昏礼》的记述，"六礼"如下。

（1）纳彩。即俗语说的"说媒"，开始议婚活动。一般情况是男方请媒人到女方家提亲。如果女家同意议婚，男家再去女家正式求婚。求婚携带的礼物比较讲究。有些地方携带的礼物是活雁。古人认为雁合乎阴阳，而且忠贞无二，可以作为理想婚姻的象征。

（2）问名。就是男家在女家答应议婚之后，再请媒人询问女方的名字和出生年月日时（八字）。问名后，则要请阴阳先生考查男女双方生辰八字，以定婚姻吉凶。问名、"对相"之后，还要进一步了解门第、财产、容貌等方面的情况。

（3）纳吉。就是在取得双方同意之后，由男方选好吉日，备礼通知女家，正式缔结婚姻关系。古代称为"小聘"，就是后世所称的"订婚"。订婚之日，男家送礼品给女家。礼品除了礼烛、礼饼、礼酒等象征性的成双成对的礼品外，还有装饰品，如戒指、首饰等。

（4）纳征。就是送大彩礼，叫作"大聘""过大礼"，常备有礼单，礼品装入箱笼，由媒人、押礼人护送到女家，女家受礼后也要有一定的回礼。近代以来的聘礼可以加上现款，或主要是现款。

（5）请期。俗称"提日子"，由男家征得女家同意后，选定成婚的良辰吉日，再通知女家。

（6）迎亲。指迎娶新娘的仪式。新郎在众人的陪同下，去女方家娶亲，讲究的有车轿马匹、鼓乐仪仗、鞭炮阵阵、唢呐声声，最为热闹。

古代婚姻，出于媒妁之言，受于父母之命，自由恋爱的机会很少。但也有男女青年之间自定终身的现象，当然也需要通过"六礼"途径明媒正娶，否则就是"私奔"，得不到社会舆论的承认。古代有以"信物定情"的习惯。男女相互中意之后互赠礼物，如香罗帕、戒指、凤钗、如意、荷包、罗汉钱等，以确定关系。送物时，通常说明信物来历以及与自己的特殊关系，使对方明白其中用意。信物表示情爱，有巩固关系、加深感情、交流信息的作用。

古代女子结婚时，要开脸换面，用两线相交拔去面部汗毛，要戴绒花，出阁上轿时，有妇人撒谷豆。到夫家后，有伴娘相随。新娘下轿时，用红巾盖头，称"障面"。新婚之日，新郎新娘要拜堂（拜天地），喝交杯酒。古人即有闹新房之俗。新婚之夜，花烛彻夜长明。何逊《看伏郎新婚》诗云："何始花烛夜，轻扇掩红装。"婚后三日，有开箱礼，由翁姑伯婶、亲戚友人进献礼物。婚后一段时间（三日或七日、九日）夫妇同往女家，谓拜门礼，俗称"回门"。

5.2.2 生育习俗

生儿育女，也有长期形成的风俗。十二生肖是中国传统的规定属相和计算年龄的方式。据说它是古华夏族与北部少数民族纪年方式结合的产物，也就是把十二地支和十二种动物相配合。汉代王充《论衡·物势》已对生肖的地支名、动物名及相应的五行有完整的记载。这个传统一直延续至今。

古时婴儿出生数日内，其父去岳丈家报生。报生时，提一把茶壶，生男者壶嘴朝前，挂两个红绳系的桂圆，壶嘴插红纸扎的香柏、万年青，壶内装酒。生女者壶嘴朝后，没有装饰。岳母收下酒，回一壶米和一双彩蛋。三日后，有"洗三"的习惯。清人崇彝《道咸以来朝野杂记》中说，"三日洗儿，谓之洗三"。有的地方还有讨百家饭、做百家衣的祝福活动。满月后，要给婴儿剃胎发，更要敬神祀祖，宴请宾客。古时给孩子命名也很讲究。有祖先选定的世代序名；有按五行规则命名的习惯，如八字中五行缺"金"，就命名为"鑫"，以为补缺；有以时、地命名或以丑名求吉利的现象。给孩子过百日，古称"百晬"，亲朋贺祝，开筵作庆。许多地方过百日时给孩子带长命锁。年满周岁，有吃"周岁酒"的习惯，除了举办酒席，还有"抓周试晬"的活动，把书、印、笔、墨、算盘、钱币、葱、芹菜、秤、土等物放到竹筛中或桌面上，任婴儿选择。古人认为，拿上印的做官，拿上书、纸、笔、墨的读书入仕，拿上算盘、秤的经商做买卖，拿上葱的聪明，拿上芹菜的勤勉，拿上土块的是地主。有些人家，还有给孩子穿虎头鞋和拜干爹娘的习惯，以求免灾除祸、吉庆安康。

古代男子20岁之前视为"童子"，即未成年者；到了十七八岁，就是"弱冠"时期；20岁举行冠礼，标志其已经成人，可择偶配婚。女子15岁举行笄礼，把头发簪起，表示已成人，可以结婚。

5.2.3 葬　俗

古代的丧葬习俗十分烦琐。对病危的人，要移到临时的床板上，叫"徙铺"。移后，着手留遗言，分配遗物。病人初死，家人拿着死者的衣服登上屋顶，面向北方大呼三声"复生"，这就是所谓的"招魂"。招而不复生，证明已死，就要将尸体移到铺草的地上，就是"落草"。这时，要向近亲、宗族、好友通报丧讯。有名望的家族还要印制讣闻，派遣专人通知相关人士。同时，门上要斜贴一白条，写上"严制"（父死）或"慈制"（母死）字样。门前摆桌放凳，置上香案香炉，插香秉烛，供人叩头吊祭。亲属需要穿起孝服，守灵居丧。古时有乞水和含饭的习俗。乞水是家人把铜币投入河中，"买"来水，请人为死者拭身。根据封建等级，给死者口中分别含璧、含珠、含瑁、含贝、含米，只有皇帝才能含玉。守灵居丧日内，正堂要设供桌，供上灵牌，以香火祭奠。入殓分为小殓和大殓：小殓是给尸体穿上衣衾，大殓是把尸体装入棺材。盖棺时，有"封钉"之举，请道士或和尚念经。出殡前，孝男孝妇围绕棺材走三圈，叫作"旋棺"，然后盖上棺罩。送葬中有撒纸钱，开路神，焚草龙，举孝灯、吉灯，乐队鼓吹，打铭旗、五彩旗，送挽轴、像亭、魂轿等活动。官宦和富贵之家，在送葬之途还有大规模的"摆祭""路祭"。落葬墓地一般由风水先生所择，棺木入穴安置时，讲究方位、方向。入丧时亲属男左女右而跪，号哭告别。封建社会对坟堆的高度，也按等级划分。随葬品可按不同的家庭而定，差别极大。入葬三日，由亲属圆坟（烧纸、封土），七日内要常看坟。每七日做一次哭祭和供奉，共做七次。一般头七、三七、五七、七七（奇数）是较大的祭祀。七七、一周年、三周年，还要请人念经、祭祀，为死者超度亡灵。古代守孝时间很长，有的要守两三年。

5.2.4 相见礼

古代的礼制中，既有官礼，又有俗礼；既有统治阶级规定的礼，也有民间约定俗成的礼。尽管两者有所差异，但又相互影响和渗透。民间礼经过综合提炼，可以成为上层的礼规；上层的礼规经过宣传教化，可以渗入社会底层，成为一种习俗。所谓"礼失而求诸野"的圣训，就真实反映了礼制的这种互渗情况。《荀子·修身》中说："故人无礼则不生，事无礼则不成，国家无礼则不宁。"《孝经·广要道》中说："安上治民，莫善于礼。"由此可见，在封建社会，从大到小、从上到下，都强调礼的社会制约作用。下面简单介绍一下古人的相见礼。

古人盛行跪拜礼。稽首是跪拜的一种，拜者跪在地上，把头低到地面，

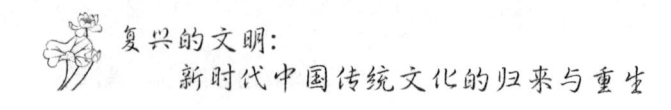

并稍作停留，再慢慢起身。这是下对上表示毕恭毕敬的大礼。这种礼上古时已很流行。《尚书·尧典》中已有"稽首，首至地，臣事君之礼"的说法。

顿首也是跪拜的一种礼节，头到地时随即抬起，属于地位相等或平辈相见的礼节。

空首礼也属跪拜，但仅两手拱于地，然后把手引到头部，头不触地。

拱手是野外、道路上的见面礼，两手合抱，向前举起。

长揖也是习惯的见面礼，拱手高举，自上而下。

鞠躬是表示敬意的礼仪，两脚并拢，两手下垂于股部两侧，弯曲上身。辛亥革命后，士人相见面，一度引进欧洲脱帽、鞠躬的礼仪。

妇女的见面礼是"道万福"，即两手的手指相扣，放到左腰侧，弯腿屈身以表示敬意，口中念道"万福"，表示祝福。

古人见面、寒暄往往有客套话，如"久仰久仰""幸会幸会"，初次见面时还有"请教台甫"（台甫指尊字、大号）、"敢问贵府"等。

小步快走表示谦敬。卑幼拜见尊长，不能大摇大摆或不紧不慢地走，要低头弯腰、小步疾走。走路时，要把尊长让到前边。

上古陌生人相见，如果彼此无恶意的就让对方摸手心，以证明手中无棍棒、石头等武器。后世握手即缘此而来。

5.3 传统习俗评议

5.3.1 习俗的功能

民风民习，是一种综合性的文化现象，其中包含了多方面的内容和功能。

从纵向的发展过程看，风习现象是历史的产物。它在历史上发生，在历史上积淀和沿传，在历史上变异和消失。中国几千年的历史上，风习在不断地积淀、延续，也在不断地变化、更新。风俗一方面体现出民族文化的相对稳定性；另一方面又体现出时代转移的变动性。

从横向的群体关系看，风习现象又是社会的产物。任何纯属个体的、个性的习惯行为，都不是民风民习。只有群众认同、社会接受，才能成为风俗习惯。社会化的生活、生产、交往及各种活动，自然需要群体的程序、联结、通融和调节，它可以表现为明文规定的礼制和法制，也可以表现为不成文法但众所公认的风俗习惯。

风俗习惯的形成，既有外在的客观现实性，又有人们内在的主观愿望性。生产活动、自然条件、物质材料等，对特定地域的风土人情的形成有着天然的支撑和制约作用。但它仅仅是问题的一个方面。另一方面，社会民众的心理愿望、心灵情绪对风习礼仪的形成也有着极为重要的决定性作用。所以，风俗习惯的综合性很大：既有历史积淀的因素，又有当时因时制宜的因素；既有民族渊源的因素，又有社会融合的因素；既有客观条件的因素，又有主观愿望的因素；既有生命实体的因素，又有超生命实体的因素。因此，讨论民情风俗时，不能把这种综合的、多极化的社会文化现象简单化、机械化、凝固化，而应当从历史人类学和社会文化学的开阔视野，去审视这一综合的社会现象。

风俗习惯的功能，主要体现为社会的功能和生活的功能，当然还有其他多方面的功能。礼节、礼仪、礼貌的功能，主要是调和社会关系，使社会生活有秩序、有条理，使社会成员之间和谐、团结、友好、文明，从而减少冲撞、斗争和摩擦。《礼记》中对礼的这种社会协调作用说得很明确。上层统治者，为维护自身的利益，同样力图通过礼制稳定社会、防止暴乱。民间约定俗成的风俗礼规，对社会关系、交往、活动及有关言行起一种规范、制约作用。例如，婚礼中的"六礼"程序，给婚姻规定了应当遵循的准则，比群婚、抢婚文明了许多。按照公认的准则办事，就能得到公众的承认，辨别是非也就有了一定的依据。

庆节贺喜活动，除了通融人事关系外，还能起到情绪宣泄、审美娱乐的作用。古代生产水平低下，文艺活动有限，娱乐活动就得借助节日和贺喜的热闹场面进行。祭天祭地、迎神打醮等宗教活动中也包含了一种追求宣泄、娱乐的因素在内。特别是在科学不发达的情况下，人们面对广漠神幻的天地万物和玄秘莫测的生死病老、日思夜梦，产生种种神秘感，于是，祈祷、愿望、忌讳等风习也就广为流行。求吉避祸是人们生来就具有的一种心理愿望，所以许多带有迷信色彩的风习都可以从心理学上得到解释。有些避忌，实际

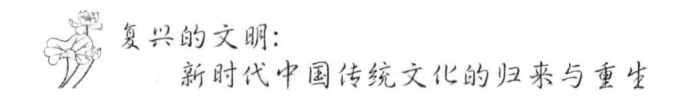

上是长期实践的经验总结，只不过借神秘文化的外壳体现出来。比方说，产房忌生人进出，实际上是防止冷风入室、防止外人将细菌带入产房，对弱不禁风的母、子构成威胁。南方对婴儿的"洗三"，实际上是清除脏污、讲究卫生。有些风俗、忌俗，是一种寻求借口、自我保护的曲折反映。古代的妇女，没有自由、地位低下，她们利用织女下凡的故事，为自己附会出一个"七夕乞巧"的"女儿节"。古代整个正月忌动针线，传说很久以前有一女子过了正月十五后，家里逼她干活，她编造了正月动针线有不祥事的留言，到后世就演变成为习俗。风俗习惯中含有多重功能，只不过人们未必觉察到背后的意义而已。

5.3.2 中国传统习俗的特点

1. 与北温带地域的农业文明相对应

社会的经济基础和生存条件，支配着风俗礼仪的运行。任何一个社区的风俗习惯和礼仪风范，归根到底是这个社会经济基础、生产关系的反映。它既是社会存在，又是社会意识；既表征特定的生活方式，又表征特定的关系方式。

中国古代的风俗礼仪，处处打着自然型农业经济的烙印和痕迹。传统的节庆、祭祀活动，根据农业生产的需要，大多数安排在农闲的腊月和正月。祭祀的对象，也与农业紧紧相关，如祭天祭地，祭日祭月，祭牛神、河神、山神、仓神、谷神、灶神、花神、龙王、虫王等。有的地方还为粪神、磨神烧香。其目的无非是希望风调雨顺、旱涝不作、虫病绝迹、五谷丰登。

"社稷"在古代作为国家的象征，显示了土地和谷物的特殊地位。时令节日本身就是为便于农业生产而制定的。尽管中国古代风习中不乏原始宗教的遗迹和封建迷信色彩，但同基督教、伊斯兰教、佛教、印度教等文化现象相比，有着鲜明的农业理性的精神。传统节日中的大节日年节，按时令计算，不同于宗教节日中的教主诞辰日和纪奠日。民间四季的节庆活动，总是围绕不同阶段的生产活动进行的。托夫勒在《第三次浪潮》中说，农业社会人们观察时间的方式是圆圈式的。这是受农业生产四季循环的影响而形成的。中国传统的节日也体现了圆圈式的致思特点。正月初一是年节,二月初二是龙节,三月初三是鬼节,五月初五是端阳节,七月初七是七夕节,九月初九是重阳节,象征"天地之数,始于一终于九"①,十月初一的寒衣节则象征着九九归一。

整个风俗礼仪中崇祖、尊老、重男的价值取向,也是封闭型农业经济的反映。在以血缘为纽带的宗法社会中,生产活动限于家庭、家族范围。人们依赖祖上留下的土地、房舍过活,祖先也就成了守护神。民间祭祀的主要对象是祭祖。古代生产方式,使农民只能以原始的劳动工具,通过繁重的体力付出同自然交换能量和物质。男性是主要的劳动力。因而在生育、婚姻等风习中,都是重男轻女。农业生产以经验积累为特征,年龄越大,经验越丰富,长、老的经验就越具有权威性。古代节庆、丧葬活动,总由具有影响力的老人主持,或以权威老头作象征性的代表。在乡饮酒礼规中,食器的级别、数量与年龄岁数呈正比。这正是尊老的表现。中国年节中,孩子们去为老人拜年,而西方圣诞节中,圣诞老人为孩子们送礼品。两种文化中,重老与重幼的思想,在一去一来中形象地体现了出来。

2. 与伦序化、等级化的社会关系相联结

自然经济基础上的生产关系,以血缘、族系为纽带。血缘关系经过氏族制、封建制的陶冶浸染,形成严密的伦序化、等级化的观念、体制和规则。

从政治生活到家庭生活,从刻石铭鼎的国法到不成文法的家法,从冠盖如云的宫廷朝见到穷乡僻壤的民间活动,无不注重等级的划分、伦序的安排、上下的定位和尊卑的区别。这让世俗生活染上浓郁的伦理色调。古代的人际关系强调主从,反对平等。所谓"上下有别""长幼有序""男女之分",就是不承认人格的对等。百业中就有"上九流""中九流""下九流"的划分。女性不能享有同男性同等的权利。女性一出世就受到冷遇,有所谓"生儿喜,生女愁"的俗话。在"报生"中,生男者则彩饰酒壶,生女则没有装饰。有不少地方,只给男孩过满月、过百日;女性则没有参与社会活动的权利。古代不仅在祭祀中排斥女性,而且在文娱活动中也排斥女性:戏班中的"旦"

---

① 《素问·三部九候论》。

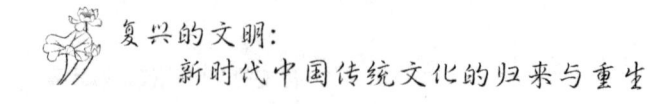

角，一般由男性扮装；乡间社火中的"船姑娘"，多由男青年顶替。"严父配天"和"夫唱妇随"使家庭生活生硬单调，弥散出一股衙门气。由于名讳、避讳的习俗，妻子不能直接称呼丈夫的名字；"家讳""亲讳"有时严格到连父名的同音也不能称呼的地步。这种禁忌常使人作难。东晋时的桓玄，被任命太子洗马官职时，有一批朋友来家祝贺。酒筵上，朋友因酒太凉，几次呼人温酒，却不意犯了"讳"，因为桓玄的父亲名温。桓玄当席哭了起来，客人们只好扫兴而归。

古人除了讲伦序、分等级外，还十分强调分亲疏、别远近。古代的社会关系以亲属关系为核心，一般的活动都在亲属圈子中展开。以血缘、亲戚为线索的关系称谓，也显得相当复杂：诸如甥、侄、堂、表、五属、六亲、五服、九族、宗兄、宗弟、嫡子、庶子、众子、连襟、妯娌等，意在区别不同的关系。

3. 在长期的历史积淀中出现模式化、形式化倾向

社会中存在的民俗、礼仪，作为一种综合的文化现象，是世代传承形成的惯制。中国传统文化素有"诺亚方舟""木乃伊""酒精瓶"之称，言其累积的时间特别长久。古代的民俗、礼规往往是经时间的风浪锤打铸陶出来的。政治舞台上的改朝换代从来没有间断，但都是同态反复、平面循环，根本不触及既定的习俗惯例。即使王法朝规有所改易，家法家规、族风村习也不会改易。家庭是贯彻风习的基层单位，宗系是维持风习的职能部属。家世家谱、家风家教、家长家属、家庙家祭，共同构成了社会风习的缩影。在长期的沿袭、积淀中，风习礼仪逐渐模式化、形式化。民间的节庆、醮会、祭祀，就像四季循环的农业生产一样，不停地循环，机械地反复，一年和一年完全一样。生寿婚葬的仪式，都形成了固定的圈套、程序、模式。烦琐的形式，呆板的套式在"礼"的天然、合法的外衣下不易改变。《礼记》中说，"礼必本于天"，"礼必本于太一"，是神圣不可触犯的，非人随便所能移制。繁文缛节妨碍了社会生产和正常生活，但历史的惯性仍然不易更弦改辙。不但五礼、六礼都很烦琐，就连简单的相见礼，也是枝枝蔓蔓、拖拖拉拉，主宾之间三让而后传命，三让而后入庙门，三揖而后至阶。礼仪空疏和烦琐，使形式和

内容的矛盾相当尖锐。

5.3.3 习俗文化的判断

从价值判断入手，我们大致可以把传统的习俗文化分为以下三种类型。

一种是中性习俗，即没有正、负价值区分的习俗。比如说，饮食习俗中有南甜北咸、东辣北酸的口味，这就是中性的习俗，它由地域、特产、习惯形成，无所谓孰好孰坏。中国人的节日、中国人的腰带与围巾装扮、中国人吃饭用筷子，这与西方人的节日、西方人的领带打扮、西方人吃饭用叉子比较，都是一种民族习惯，不存在优劣的差异。一般看来，对事物象征性的赋义，也是一种中性的习俗。中国人以见喜鹊为喜事，英国人以为见到单个的喜鹊运气不好；中国人把鹤看成吉祥物，把猫头鹰看成凶鸟，而法国人把鹤看成蠢汉和淫夫的象征，把猫头鹰看成是吉祥之物，这些只是不同的象征性的赋义，没有什么生物学意义上的依据。中国人以作揖、握手为见面礼，西方人惯于拥抱和亲吻，这都是约定俗成的文化行为，没有必要设置擂台，一定要争出个雌雄高下。

另一种是积极性的习俗，即整体上起着积极、进步的作用。古代习俗中，不乏积极的成分。春节前的清街扫院、整理房室，是一次环境卫生大扫除，对物质文明和精神文明都有意义。三月初三用香草水沐浴，五月初五喝雄黄酒，都有一定的科学道理。随着天气变暖，细菌开始繁殖，用香草水沐浴可防治皮肤病，药酒可以通活气血。正月十五河西有"打醋坛"的习惯，实际上是用加热了的醋熏房子，无意中起着一种消毒作用。花朝节栽花种树，表现了中华民族优化生态、种植草木的优良传统。孕期禁食生姜、辣物，有利于胎儿的正常发育。情人之间互送信物，有利于交流情感、巩固情感和传递信息。

当然，社会、历史都是一个变数，习俗的合理性受时代性的制约。在原始社会，兄妹婚姻是合乎当时道德的，但随着文明的发展，它就不合理了。许多礼规在文明初始时，针对野蛮蒙昧状态来说，是进步的，但当它变为人的枷锁时，进步意义就消失了。古代的墓葬有合理的一面，因为它把尸体还原于土地，有利于有机物质的生态循环。古代人口稀少，土地宽余，划出一

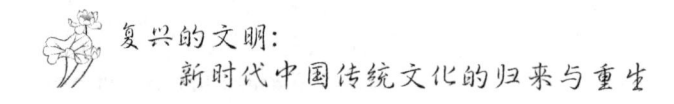

块块地关系不大。但随着后世人口的增多,坟地则有碍农作。古人通过祭祀来维系群体的团结,后世则通过科学精神和民主精神达到群体认同。哭婚在古代情有可原,因为当时交通不发达,远嫁就意味着生离死别,父母和女儿自然心情悲伤;后世随着交通业的发展,天阻地隔不再给人们带来遗恨,哭婚之习也慢慢被废弃。

  还有一种是在当时就起消极作用的习俗。传统的迷信习俗、祭祀习俗、禁忌习俗中,绝大多数都是愚昧的产物,起着消极的作用。比方说,孕期禁食肉,造成孕妇和胎儿营养不良。孩子过百日,有防止"百日官"摄去孩子灵魂的说法,期间把孩子捂得严严实实,往往会导致孩子缺氧,轻则面部发青,重则窒息死亡。戴长命索,给婴儿带上"枷锁",对发育无益,甚至会绞缠勒项,造成危险。古代的婚姻习俗中,愚昧落后的成分不少。婚配中的忌讳,如"猪狗不到头,白马怕青牛,金鸡怕玉犬,龙兔泪交流,蛇虎一刀错,羊鼠一旦休",全是毫无根据的欺人之谈、害人之说。"女子属羊守空房"的谬论,使一些女性仅因生相而受到蔑视、冷遇。至于童养婚、表亲婚、买卖婚姻、老郎少女婚等,都是冥顽、愚昧的封建婚姻的反映。重男轻女的传统积习,至今在农村还存在。婚娶嫁丧中的大操大办、铺张浪费,自古至今都是一种消极行为。在经济承受能力有限的情况下,过分操办就会劳民伤财、损多益少,造成债台高筑、青黄不接的局面。请客送礼在中国文化中有着伏根深远的传统。"礼"就是"面子",就是"关系"。送礼的恶性发展,就是贿赂,就是糖衣炮弹,就是开后门,就是营私舞弊。讲面子、拉关系、开后门之类的歪风邪气渗入政治生活、经济生活,必然带来腐败和堕落。因此,在现代生活中,对传统习俗的消极作用决不能忽视。

第 6 章
传统社会农民与士人的心态

6.1 农民阶层与士人阶层的地位

6.1.1 农民阶层在传统社会占据数量优势

中国古代的社会群体中，主要有三个阶层：一是社会底层从事体力劳动的农民阶层；二是社会中层从事精神文化活动的士人阶层；三是社会上层从事政治统治的官僚阶层。

介于士人阶层和农民阶层之间，还有一个工商阶层，但这个阶层的人数有限，因而他们的文化影响力也很有限。工商阶层中个体的地位差异也很大。周代的"百工"，主要是掌握手工业技术及管理工奴的人。周公不杀犯了酒禁的百工，可见其还是有一定的社会地位的。春秋以来，工商阶层有所发展，但始终未能发展成独立的社会阶层。大商人往往走入官僚阶层，或与官僚相勾结，秦相吕不韦就是当时的一个大商人。中国古代又有官商和私商的区别。官商和官僚没有根本的区别。至于小商小贩，实质上就是农民。

游离于农民、士人、官僚阶层之外的僧侣阶层，虽然是一个独立的阶层，但这个阶层专事宗教，在社会文化中的作用不是十分明显的。军士阶层是被征召的农民，可以不用看作一个独立的社会阶层。因此，只要说明农民和士人两个阶层，就能窥见古代社会的阶层概貌。

农民阶层，是古代人数最多的一个阶层。他们是古代文化主体的基本成分。从本源上讲，其他所有的阶层都是从农民阶层中分化出来的。官僚是进

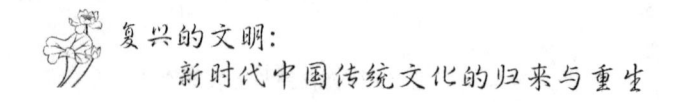

入政权机构的农民，士人是读书中举的农民，工商者是从事手工生产和买卖活动的农民，士兵是征召入伍的农民，僧侣是出家、"落发"的农民。

农民阶层中，按其对土地的占有不同，可分为地主、自耕农和佃户三种。佃户是雇农，是丧失了土地、从事雇佣劳动的贫民。自耕农是有一定土地、自食其力的农民，农民阶层中的绝大多数是自耕农。地主是拥有大片土地的农民。地主因占有土地，拥有经济实力，可能通过雇佣和高利贷赚取收入，而且可以同地方官僚勾结，所以是封建统治者在农民中的社会基础。丧失了土地的佃户、雇农，失去了人身自由，和地主的关系变为主奴关系，受经济和超经济的强制和约束。自耕农当土地不够时，可向地主租种土地，交付以实物为形式的地租，但以不失去人身自由为特征。

6.1.2 士人阶层是精神文化的主要创造者

士人是读书人，经科举入仕。士人阶层的人数虽然没有农民阶层多，但因为他们是精神文化的创造者、传播者和承接者，所以在文化史上占有突出的地位。

东周的士，既指政府中从事文职的小官吏、采邑官吏，也指依附豪强的食客，甚至还包括军队中的甲士。战国以来，游士剧增，养士成风，文士、武士都有。

秦汉以降，士人专指知识阶层。刘向《说苑·佾文》中的"辨然否，通古今之变，谓之士"，显然是指文士。这个阶层，由于没有固定的政治实力、军事实力和经济实力，因而缺乏独立性，需要依附于官僚、贵族阶层之下，才能生存。这就是有人说的"附在皮上的毛"。但是，士人们有其长处，没有他们社会文明就会失色。《礼记·儒行》中说"儒有席上之珍以待聘"，后世有"士乃国之宝，儒为席上珍"之类的对联。曾子强调说："士不可以不弘毅，任重而道远。"[①] 孟子进而指出："无恒产而有恒心者，唯士唯能。"[②] 士人这个阶层是社会文化系统中最活跃的一个阶层。他们握有知识、思想敏锐，

---

① 《论语·泰伯》。
② 《孟子·梁惠王章句上》。

可以通过占据教育讲坛、编造典籍书册、操纵舆论工具、充当参谋军师等，来左右政局形势，来发挥其在各个领域中的文化作用。

士人阶层中有一大批人进入了官僚机构，也有一批人自谋其生。他们的地位有很大的差异，政治态度和文化观念也有很大的差异。几千年的封建社会中，士人阶层基本上处于和统治者既合作又对抗的局面。他们既充当统治者的辩护士，又不甘屈从统治者的意志，始终存在依附和反叛双重性格。统治者对士人采取了既收买又镇压的手段。刘邦说，"贤士大夫有肯从我游者，吾能尊显之"，唐太宗要使"天下英雄尽入吾彀中"。从汉代尊儒到魏晋九品中正制，从唐代科举"赚得英雄尽白头"到明清八股铨选士人入官，都是收买和合作的表现；而从"焚书坑儒"到"党锢之祸"，从"东林党案"到清代文字狱，都是对抗和镇压的表现。士人阶层不仅是一支官僚后备军，也是多种文化职业的后备军：教师、医师、卜师、诗人、作家、文秘人员，主要来自士人阶层；史书、历书的修订，行政文书的书写，天文、数算等自然科学的研究，都由高级士人承担。

6.2 农民阶层的心态

长期的以分散的自然经济为特征的自耕农生产，既艰辛又单调，既依人力又仰天时，从而在自耕农的心理深层积淀下牢固的"农民意识"。"农民意识"主要体现为下述四个方面。

6.2.1 恋旧意识

农耕生产是一个缓慢的过程，其间，程式、方法等主要依靠渐次的经验积累、世代之间的依次递传，形成牢固的宗法关系。宗法关系十分注重谱系，祖宗崇拜和迷恋过去就成为农民的重要心理特征。

这种心理特征的惯性很大，要改变十分困难。小生产习惯势力中的因循守旧、安于现状、思想定式、排异拒变等意识，都源于迷恋往昔的心理基础。《韩诗外传》卷九有个故事说，孔子出游少源野外，发现一位妇女在泽中号哭，声音十分哀伤。孔子对此感到十分奇怪，便让弟子去问个究竟。原来，这个妇女因在割草时丢了蓍草做的簪子而大哭。孔子的弟子说："刈蓍薪而亡蓍簪,有何悲焉!"妇人回答:"非伤亡簪也,吾所以悲者,盖不忘故也。"这个"刈蓍遗簪"的故事,典型而又形象地展现了农民的恋旧意识。《庄子·天地》中有一个"汉阴抱瓮"的故事,说有一位老人用瓮从井中取水浇菜,子贡给他推荐一种名叫"槔"的抽水工具,以便用力少而功效多,老人认为机械是智巧机诈的产物,断然拒绝说:"吾非不知,羞而不为也。"这种心态,正是农民恪守旧规、反对更新的形象展现。

6.2.2 忠顺意识

中国农民,历来忠厚憨直、口讷心诚、待人诚挚、处世温顺、安分忍让、善良仁慈。道家的清静无为、与世无争的出世思想,对农民阶层的影响很大。各种道教流派,主要在农民中流传。佛教守道乐贫、随缘而安的思想,通过宗教传播渗入农村,成为农民阶层的处世哲学。

这种忠顺意识,使中国农民具有朴实憨厚的优良品质,可以与同类和平共处,避免争夺杀伐的恶性事件;但这也滋长了绝对服从、退避忍让的奴性意识,使之逆来顺受、任人摆布,客观上成了稳定封建专制统治的社会基础。中国农民,只要不被逼到食尽粮绝的地步,就绝不会铤而走险。佛学《涅槃经》上就说:"须菩提住虚空地,若有众生嫌我立者,我当终日端坐不起;嫌我坐者,我当终日立不移处。"《大珠禅师语录》中提出"忍辱第一道"的命题。唐五代名僧寒山和拾得的对话,典型地反映了这种"不争为上"的人生态度。寒山问,要是有人打骂我、欺侮我、讹诈我、用不堪忍受的态度对待我,我该怎么办?拾得回答说,应该躲避他、忍受他、尊敬他、害怕他、让他、随他的便,看他怎么办。[①] 封建时代的主流意识形态,也是赞赏忍让人格。相传尧时即有民歌"不知不识,顺帝之则"[②],颇有教民做"顺民"的味道。孔子的得意门生颜回"不迁怒",被后世推为至德。黄庭坚说过,"战百胜,不如一忍;万言万当,不如一默"[③]。明代学者陈白沙作有《忍守箴》,

---

[①] 褚人获:《坚瓠二集》卷一。
[②] 《列子·仲尼》。
[③] 黄庭坚:《赠张叔和》。

其中写道:"七情之发,唯怒为遽;众怒之和,唯忍为是;当怒火炎,以忍水制;忍之又忍,愈忍愈励。"古代的通俗小说,常以诗句及正反例证劝人含屈忍辱,如《警世通言》宣称"忍气饶人祸自消"。能"忍"的典范,也被史书所记载:"郓州寿张人张公艺,九代同居……麟德中,高宗有事泰山,路过郓州,亲幸其宅,问其义由。其人请纸笔,但书百余'忍'字。"① "百忍成金"的成语即由此而来。

这种包羞忍耻、苟且偷安的心理,表现为一种天真的自我逃避心态,一种消极的处世态度,其结果只能助长专制、剥削与压迫。中国民众"不幸"的生活现实和"不争"的忍让人格不无关系。

6.2.3 平均意识

古代农民意识中的平均思想十分突出,它是小农经济的必然产物,要求均调社会财富,损有余补不足,以便解决社会群体的生存问题。

历代的农民起义,总把"均田""太平"作为思想动员的号召。"太平"一词,实际上包含了社会安宁和财富均享两层意思。从黄巾军的"太平"到黄巢的"平均",从王小波"均贫富"、钟相和杨幺的"等贵贱"到李自成的"均田",从元末义军"杀尽不平方太平"到太平天国《天朝田亩制度》提出的均田纲领,都反映出农民要求经济平均的强烈愿望。农民的平均思想,在思想家那里也反映出来。早在《晏子春秋》中就有"权有无,均贫富"的命义。孔子认为,"闻有国有家者,不患寡而患不均,不患贫而患不安。盖均无贫,和无寡,安无倾"②。董仲舒主张"调均"土地,"限民名田",以解决"富者田连阡陌,贫者无立锥之地"的分化现象。一些进步的封建帝王,也往往采取措施均调土地、减免税役,以保证农民收入的均衡。周代的井田制按人口授田,北魏均田制和租调制以家庭为授田纳租单位。王安石变法中实行"方田均税法",明代清官海瑞主张"限田"和"均税"③。

平均既是一种合理的要求,又会抑制竞争和高效率发展;既是一种在一

---

① 《旧唐书·孝友传·张公艺》。
② 《论语·季氏》。
③ 《明史》卷二二六。

定程度上可以达到的要求，又是一种难以实现的理想境界。中国历史上的社会动荡，都是围绕土地集中和分散进行的，技术的应用和生产效率的提高都十分缓慢，有机的竞争机制也没有形成。绝对的平均，只能是一厢情愿的"理想"。例如，《天朝田亩制度》中虽然写上了"无处不均匀"的堂皇款条，可是，就拿供肉来说，太平天国规定，"天王"一日供肉十斤，以下诸王依次递减，至总制（相当于知府）每日半斤，总制以下不供肉。其他衣物室具，均无"均匀"可言。

中国农民在追求平均时，只着眼于物质、经济方面的平分均等，而没有顾及政治、法律、人格方面的地位平等。宗法制的存在本身是以人的平等地位的牺牲为前提的。平均意识只瞄准"田亩制"而屈从宗法制，从而容易使相对的平均成果得而复失。

6.2.4 务实意识

长期的农耕生产造就了农民的求实精神和现世态度。他们面向黄土背朝天，"所察在政事日用，所务在工商耕稼，志尽于有生，语绝于无验"[①]，勤勤恳恳，兢兢业业，没有奢望，不去幻想。他们知道，"细水长流，吃穿不愁"，勤劳与务实、俭朴与节用，是维持生存条件的唯一可选择的道路。非生产性的其他活动，也围绕生计这一主题展开。敬神、祭祖、醮会、社戏等宗教活动或娱乐活动，也都是祈求风调雨顺、五谷丰登、消灾除害、人畜旺盛。农民对山神、土地、财神、门神、灶神等"小神"的膜拜最为殷勤，也反映出他们关切现世生计的心理愿望。正如费孝通先生所说："我们对神鬼也很实际，供奉他们为的是风调雨顺，为的是免灾逃祸，我们的祭祀很有点像请客、疏通、贿赂。我们的祈祷是许愿、哀乞，鬼神在我们是权力，不是理想；是财源，不是公道；……一个跪在送子观音前磕头的妇女，她的心里绝不会有牺牲这两个字，她的行为无异于在街上做买卖，香烛和磕头是阴冥之间的通货。"[②] 这种现世的务实精神，奠定了中华民族质朴的理性文化。只要农民衣

---

① 章太炎：《驳建立孔教议》。
② 费孝通：《美国与美国人》，生活·读书·新知三联书店1985年版，第110—111页。

食尚可保证，任何宗教性的狂热、昏乱就不会发生。但事事务实的意识，也造成了一种目光短浅、只顾近期效应的缺陷：吹糠就要见到米、养鸡就要拾到蛋、送子读书立等中举成名。如果读书无望，还不如打柴挑水，立竿见影。这样，农民就自觉不自觉地放弃长远利益、未来"实惠"，从而难以跳出隔闭、贫困的栏栅。

总之，中国农民的心理结构是一个复杂的体系。传统美德在这里扎下了根须，思想桎梏也在这里布下了阵脚。

6.3 士人阶层的心态

士人和农民在致思对象上存在明显的差异，心态意识自然也不尽相同。耕地种田必然自食其力，不务实不行；而吃皇粮的寄生阶层，由于衣食无忧，因此可以想入非非。"读书入仕""科举成名"本身就意味着脱离农耕生产。于是，体力劳动和脑力劳动、物质文化和精神文化之间便出现了断裂和隔膜。

中国士人阶层在多方面的文化活动中，积淀出下述几个方面的意识心态。

6.3.1 道统意识

政治体系中的王法、王统主要由官僚阶层维系；而思想意识中的道统、圣统主要由士人阶层维系。

儒家塑造出纵贯青史的圣贤谱系和道统脉络。孔子梦周公，复周礼，就是寻找一以贯之的统序。他强调"谋道不谋食"[1]，"朝闻道，夕死可矣"[2]，表现出对道的服膺、向往和负责。孟子历数儒家圣人之统，提到尧、舜、汤、禹、皋陶、文王、伊尹、莱朱、孔子、太公望、散宜生等[3]。韩愈卫儒排佛，提出法统论，极力弘扬尧舜禹汤文武孔孟之道。程朱以正统传道人自居，大力阐发儒学文化的思想精义。

尽管道统和君主、官僚之间并非情投意合，对暴君权臣、贪官污吏也有

---

[1] 《论语·卫灵公》。
[2] 《论语·里仁》。
[3] 《孟子·尽心下》。

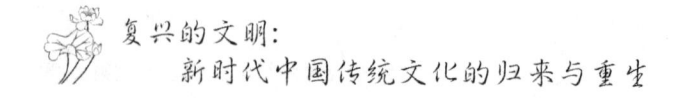

监督、制约的作用，但道统本质上是为统治阶级服务的。道统意识把士人捆绑在尊经征圣、卫道续统的柱石上，从而局限了其文化视野。"我注六经，六经注我"是士人难以超离的魔圈。引经据典、玄言空谈、脱离民众、鄙视实业，从而造成其只能动笔动舌的空想主义，实际操作能力却很差。每当社会变革之际，士人阶层中总有一批卫道士挺身而出，力图挽狂澜于既倒，有意无意地阻止、延缓了历史前进的步伐。

6.3.2 超越意识

古代士人的心理结构中，有一种儒道互补的调节机制：儒家思想占据显意识，道家思想占据潜意识。当高居庙堂时，更多地以儒家思想自我标榜；当流落山林时，又以道家逍遥放任的思想聊以自慰。这样，士人们既是现实中的人，又是超越现实的人；既是威武不能屈的阳刚硬汉，又有能屈能伸的阴柔之术；既时时思考着荣禄加身、功名进取，又不可回避退守山林、隐居田园的道路。

许多文人，在山林和庙堂之间变换着形象。他们往往面对无法克服的矛盾，又力图超越矛盾。当他们想做一番事业的时候，高唱"天生我材必有用""我辈岂是蓬蒿人"；当他们觉得面对腐烂的社会现实无能为力时，就失去了奋斗的信心，以高洁和清虚相标榜。"蝉蜕于污秽""出污泥而不染"，就是这种既不同流合污又不与之奋斗的心态写照；无生死、无是非，任纵自然、逍遥天外，就是超越矛盾的表现。面对政治风波的险恶、人情世态的复杂，他们往往会隐退田园、放情山水，与白云野鹤为伴，寻求一种心理上的解脱和平衡。特别是浪漫主义作家，把超越意识推向了极峰。魏晋名士借酒浇愁、狂歌当哭、热衷游仙、寄情山水，以排遣内心的苦闷；李白感到"人生在世不称意"的时候，发誓要"明朝散发弄扁舟"；苏轼面对悲欢离合交替互叠的人生，希冀"乘风归去"，遁入"也无风雨也无晴"的幻想世界。

由此可见，《庄子·应帝王》中提出的"游无何有之乡，以处圹埌之野"的精神超越，确也成了士人自我解脱的一条心灵途径。

6.3.3 忧患意识

中国古代的士人阶层，自始至终具有强烈的忧患意识。

《周易》的出世，被解释为忧患的产物。《易·系辞下》中就有"作易者，其有忧患乎"的话。孔、孟等早期儒家重要人物，有着十分鲜明的忧国、忧道、忧民的思想意识。孟子有名言"生于忧患而死于安乐"[①]。圣人们"慨然以天下为己任"，为了心目中理想世界的实现，东奔西走、席不暖暇、屈肱而枕，受尽各种苦难。他们为的是天下大事，不计较个人的利害得失。儒家的"君子"人格，就是言义而不言利、忧道而不忧贫、谋道而不谋食，食无求饱、居无求安，为了"大道之行"而甘于穷迫。

这种忧国忧民的精神情怀，成为中国士人纵贯千秋的优良传统。士人作为一个有文化的群体，有高度的社会责任感，有深沉的历史使命感，有强烈的使国家富强、民族振兴的愿望，有自觉的文化创造的内在驱动力。凭着这种文化良知，每当社会变化的汛潮来临时，士人阶层中的先进分子总是站在最前列。中国历史上大大小小的改良、变法活动，历来都是以文人集团为其核心的。

6.3.4 功名意识

中国士人，功名意识、名利思想十分浓厚和强烈。他们一生中把功名作为自我奋斗、自我实现的最终目标。力求跻身士林、高居庙堂，为的是"名"；挂冠而归、隐居山林，有时也是为了"名"。儒道互补在同一目标的"名"下，殊途同归，统为一体。

"春秋作而乱臣贼子惧"，就是建立在重名节的心理基础之上。孔孟之道的伦理原则、礼义规范，都是通过士人们重名的心理趋向来灌输的。这就是"名教"，而不是"刑法"。屈原在受到排挤和遗弃后，念念不忘的是"老冉冉将至兮，恐修名之不立"。后世的儒士，都将"名"看得十分重要，考场中举、金榜题名，就成了名扬天下、光宗耀祖的制高点。历史传统、文化氛围、

---

① 《孟子·告子下》。

民众舆论，都迫使士人去完善自己的"名"。这种"清名万世""留芳千秋"的心理向往，在一定程度上确也成了一种动力源，驱使士人修身养性、陶冶性格、完善品德、规范行为；然而过分地重名，也成了沉重的心理负荷。封建时代的名利观，是以封建正统思想为价值主导的名利观，它不可能真正地完善人格，使人得到健全的发展，而往往会把人变为封建制度的殉葬品。"忠""孝"就是"成名"的道德核心，它强化了既有观念，不利于开拓和创新。许多人在"名"的诱惑下盲目地"忠君"、愚昧地"尽孝"。"君子固穷"和"箪食瓢饮"的人格操守，在不少情况下，也成了攫取名声的自我安慰。结果，"文人多数奇"，"儒冠多误身"，由于对名的过分追求而丧失了对幸福的必要追求。

6.4 官僚阶层

居于农民和士人阶层之上的，是一个以皇帝为代表的官僚阶层。这个阶层掌握着国家的权力，不劳而食，靠剥削劳动人民过着富裕糜烂的生活。

官僚阶层的来源很复杂，有世袭的贵族，靠既定的禄位接替父辈进入政权机构；有庶族地主，通过征辟推举或科举考试取得官僚资格；有下层民众，通过军功等途径进入上层社会。官僚阶层是既得利益者，在维持反动统治方面他们的态度是一致的。他们为了保住自己已得的天堂，总是极力维护以皇室为核心的专制政权，维护正统的封建意识形态，为此想方设法、运用种种手法对付人民的反抗。

但是，在对待民众、对待文化、对待生产等问题上，官僚阶层又不是钢铁一块，而是态度各异、良莠有别。封建时代的官吏，大多腐朽昏庸、碌碌无为，但也不乏励精图治、政绩卓著的人物。被称作"清官"的那一部分官吏，往往能够做到公正无私、廉洁奉公、刚直不阿、为民请命。有不少官僚，在国家政治、经济、教育、艺术的发展中做出了成就。甚至一些封建帝王，也能够勤理政事，为社会文化的发展做出贡献。在社会危机爆发的时刻，官僚阶层中的进步派也往往能进行改革，以消除弊政、开拓新路，力图把国家、社会引向光明。由于当时的种种条件，历史上的改革运动，有的成功了，有的失败了。但不论结果如何，积极探索的进步行为应当予以肯定。

封建社会，是一个官本位的社会。"官"不仅是权力的象征，也是荣誉的象征。只要有了权，就有了一切。打天下不是为了救天下，而是为了坐天下；读书不是为了求得知识、发挥知识的价值，而是为了做官。就好像医生的医术高明、著述有成就，朝廷不是去肯定他的专职，而是给他封一个官号。至今人们仍把医生称为"大夫"，就是从"朝散大夫"的御封官号中沿用而来。官僚的高大和膨胀，是以其他劳动人民和精神创造者的卑下和缩小为代价的。在这样的社会价值观面前，科学、技术、艺术等精神文化就成了"雕虫小技"。封建时代的官修史书，基本上是帝王将相、官僚外戚的家史。文学艺术被纳入政治的轨道，失去了独立性；文字工作者也只能是官僚的附属品。许多不甘寂寞的文人，总觉得艺术活动是"儒冠误身""壮士不为"。于是，终军请缨、马援投笔，就成了少年壮志的佳话。"少小虽非投笔吏，论功还欲请长缨"[1]，因为刀笔小吏难以获得进身高官厚禄的资本。"行有余力则学文"，舞文弄墨是次一等的行为，几乎不能和官僚相提并论。毫无疑问，官本位意识是文化全面发展的一块绊脚石。

---

[1] 祖咏：《望蓟门》。

第 7 章
传统的审美情态

中国文化在几千年的演进中形成了自身特殊的艺术韵致和表现方式。面对中国传统美学的历史长卷，我们很难用有限的文字把它描述清楚。因此，这里只对其特有的艺术文化情态进行一些分析。

7.1 传统审美文化的发展

7.1.1 早发的艺术文化

一个民族、一个时代的精神文化，往往是通过审美文化集中地表现出来的。

中国先民的审美活动，萌发于旧石器晚期，形成于新石器中期。《山海经·海内经》中记述："帝俊有八子，是始为歌舞。"初始的审美形式是歌舞、口头诗歌以及神话传说等。《尚书》《吕氏春秋》等古籍文献记载了先民的歌舞盛况。尽管早期的歌、乐、舞现在已无法得知，但许多新石器文化遗址中都发现了陶埙、骨哨、陶钟等原始乐器。河南舞阳贾湖遗址出土了距今 8000 多年的骨笛，被称作"中华第一笛"。原始的歌舞、音乐、诗歌都结合在一起，没有形成独立的门类，歌曲的曲调也比较简单，以节奏为主，以发泄情感为目的，旋律性不强，舞蹈动作不求模式化，显得粗犷而质朴。

西周政权建立以后，随着礼乐文化的繁盛，音乐、舞蹈、诗歌等审美文化空前地发展起来了。

7.1.2 审美同人的生理功能相联系

审美活动的发展，就宏观看，总是朝着一定的目标前进。先秦思想家早已认识到，美音可以养耳，美色可以养目。

人的生理上的共同性，决定了审美机制的相通性。音量分贝超过人耳耳膜的负荷，就不是"美音"；光量的程度超过视网膜的负荷就不是"美色"。闷雷、炸弹会损坏听力，原子弹爆炸会损坏视力，自然就谈不上美。而柔和的音、光，对生命体的机能起着催生化育作用。当今人们已经发现，西红柿、番茄"听"了音乐长得快、长得大，奶牛、鸡"听"了音乐会多产奶、蛋。体质人类学的实验数据显示，不同民族的色觉及色彩欣赏有差异，都与该民族眼睛的生理结构相关。因为人的眼色受着地域、气候、水土、食品等的影响。

人类初始期的审美心理体验获得，往往来自生理机能的观感。因此，把审美起源看作嬉戏、看作宗教或看作模仿等，都未能揭示其内在的本源。审美的内在本源是生理机体完善的需要，即生理肌体合目的自生长系统的需要。

7.1.3 审美活动上升为心灵的需要

审美源于生理机能的完善，最终上升到心理层面。

上古时代，人们为了庆祝劳动收获，发泄、排遣各种情绪，自然会进行歌舞活动。歌舞活动是情绪发泄和交流的中介因素。《淮南子·道应训》中说："今夫举大木者，前呼邪许，后亦应之，此举重劝力之歌也。"《诗·大序》中说："诗者志之所之也，在心为志，发言为诗。情动于中而形于言，言之不足故嗟叹之，嗟叹之不足故咏歌之，咏歌之不足，不知手之舞之，足之蹈之也。"这种情绪表达活动，尤其在情爱追求中表现得最为充分。人在表述对他人的情爱时，借助于歌舞形式，在对歌、对舞中造成"情场"，完成信息的沟通和交流。《诗·小序》中说："风化之所行，男女弃其旧业，幽会于道路，歌舞于市井。"

从古代精神信仰的角度看，歌舞活动是原始宗教的一种仪式。宗教本身就是一种文化。先民为了祭祀，就举行相应的祭乐、祭舞活动。我国古代传

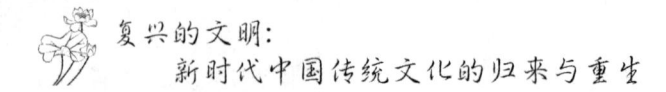

说的"敬天常"就是祭天之乐,"依地德"是祭地之乐,"载民""玄鸟"是祭祖、祭图腾之乐。《诗经》中的"颂",就是祭神祭祖的宗庙乐歌。图腾舞、傩舞都是宗教的产物:图腾舞用以祭祀祖先,傩舞用于驱鬼逐疫。初萌形态的审美文化,总是同原始宗教结合在一起的。从早期歌舞活动的表现形态看,其特别注重对自然现象的模仿。《吕氏春秋·仲夏纪·古乐》中谈到了古乐的来历:"帝颛顼生自若水,实处空桑,乃登为帝,惟天之合,正风乃行,其音若熙熙、凄凄、锵锵,帝颛顼好其音,乃令飞龙作,效八风之音,命之曰《承云》,以祭上帝。""昔黄帝令伶伦作为律。伶伦自大夏之西,乃之阮隃之阴,取竹于嶰溪之谷……以之阮隃之下,听凤凰之鸣,以别十二律。……帝尧立,乃命质为乐。质乃效山林溪谷之音以作歌,乃以麋革置缶而鼓之,乃拊石击石,以象上帝玉磬之音,以致舞百兽。"音乐源于模仿林风溪韵、鸟语虫吟,完全是可信的。原始舞蹈,模仿的是动物的动作。至于绘画,更是直接取材于自然,它同"观落叶以为舟""见飞蓬转而为车"的仿生性创造在致思方式上完全一致。汉字也源于"观物取象"。但是,模仿只是艺术外在的形式之源,不是内在的生命之源。

7.1.4 传统文学的发展

《诗经》是现存最早的诗集。相传周代有"采诗""献诗"制度,促进了诗歌的创作和收集。后经儒家删选编纂,《诗经》以305篇定型传世。《诗经》反映了当时的社会现实,"饥者歌其食,劳者歌其事",从多方面展示了当时的社会风情和审美情趣,为古典现实主义开了先河。《诗经》运用"赋比兴"的表现手法,这种手法成为古典诗歌的主要表现手法。

继《诗经》之后,诗歌在后代不断地发展、繁衍。战国时的楚辞句式长短参差,形式比较自由。屈原等人使用楚辞形式创作抒情诗,描绘出瑰丽奇特的幻想世界,闪动着迷人的浪漫色彩,具有很强的艺术感染力。汉代的文人诗和乐府民歌都有新的建树,并形成了整齐的五言诗句。汉赋是空前壮观的文学形式,它往往把散文句式和韵文句式结合起来,成为富有民族特色的文体。

魏晋以来,文学的审美思潮有了新的觉醒,诗歌中出现了超群脱俗的清逸境界。自然美作为一个重要的审美对象进入文学作品，玄言诗、游仙诗、田园诗等，表现出了多方面的美学意趣。

到了唐代，中国古典诗歌创作达到了高峰。唐诗题材广泛，内容丰富，形式多样，风格和流派出现异彩纷呈的局面。七言诗在唐代成为主要的诗歌形式，近体诗开始成熟和定型。仅据清代康熙年间所编的《全唐诗》，著录作者就达2200余人，诗达48900多首。唐诗意象雄浑、技巧高超、结构完美、词语流畅、形神兼备，达到了后世难以企及的地步。

在宋代空前繁盛的词，既是一种具有独特格律的抒情短诗，又是一种依赖于音乐、歌曲而存在的艺术样式。词的本名叫"曲子词"，是配乐的歌词，先有曲谱，然后"倚声填词"，目的是为了演唱和吹奏。宋代都市经济有了很大的发展，市民阶层空前壮大，这为戏曲的发展铺平了道路。当时的汴京等大城市，出现了繁华的都市文化，"新声巧笑于柳陌花衢，按管调弦于茶坊酒肆"①。为适应闲适的市民阶层的娱乐需求，词、曲在前代积累的基础上迅速拓展。词、曲的题材不断得以扩充，风格流派也趋于多样化。

到了元代，出现了完整的戏剧艺术。元杂剧主要流行于北方。它是在唐传奇、宋戏文戏曲、金院本杂剧的基础上发展起来的。元杂剧以系统表演故事情节为主。这种戏剧的出现，使曲艺艺术、表演艺术、文学艺术得到了综合利用，也使审美文化更具群众性、普及性。元杂剧从质量到数量，都取得了突出的成就。关汉卿等人的剧作，深刻地揭露了黑暗的社会现实，成为传统戏剧艺术中不朽的里程碑。与此同时，在南方兴起了与北方杂剧并存的南戏。南戏的主要来源是南方的民间歌舞小戏，在吸收民间技艺和杂剧的基础上不断完善。南戏多数描写爱情、婚姻及家庭生活，也有揭露现实、反映民生疾苦的作品。

在中国封建社会后期，除了戏剧艺术的发展外，白话小说开辟了审美文化的另一蹊径。小说的源头在中国很长：六朝时就有志人志怪小说；唐传奇是用文言写成的短篇小说；宋元话本是用以"讲""唱"的脚本，也可以看作一种小说；明清两代，小说空前发展。明清时期，文言文小说进入低谷，

---

① 孟元老：《〈东京梦华录〉序》。

白话作品进入高潮；除了许多短篇小说集子出世外，长篇小说开始涌现。长篇小说一般分章回，形成鸿篇巨制。其中，短篇小说集的最高成就，以《三言》①《二拍》②为代表。长篇小说的最高成就以《三国演义》《水浒传》《西游记》《红楼梦》为代表。由于明清小说多采用白话，通俗易懂，有一般阅读能力的人都能接受，所以社会影响大，加上内容的故事性强，适应口头传播，所以许多情节达到了家喻户晓的程度。

从上述简述中可以看出，上古时代的审美活动主要是歌舞活动，中古以来书面诗文创作成为一个重要的审美内容，近古以降，综合性的审美文化开始发达和普及。

7.2 审美活动中的主、客体合婧

7.2.1 古人对美感的认识

古人早已清醒地认识到，心灵中的风涛云影本是客观外界物质世界的投影："人心之动，物使之然也。感于物而动，故形于声。"③ "气之动物，物之感人，故摇荡性情，形诸舞咏。"④ 人是自然界的产物，人的情感有现实和生理的基础，而艺术则是人的情感的结晶。因此，艺术不是无源之水。无论是视觉艺术的绘画还是听觉艺术的音乐，无论是表演艺术的舞蹈还是语言艺术的文学，都把创作的对象对准生存的空间及生存的客体。"望秋云，神飞扬；临春风，思浩荡"⑤，绘画的题材，无不来自自然和生活；"净几横琴晓寒，梅花落在弦间"⑥，音乐在模仿林涛水韵，表现着草姿花态；"击石拊石，百兽率

---

① 《喻世明言》《警世通言》和《醒世恒言》。
② 《初刻拍案惊奇》和《二刻拍案惊奇》。
③ 《礼记·乐记》。
④ 钟嵘：《诗品·序》。
⑤ 王微：《叙画》。
⑥ 罗大经：《鹤林玉露·丙编》卷五，引杨简的诗。

舞"①，舞蹈的动作与人劳动的动作相联系；"山林皋壤，实文思之奥府"②，因而从事文学创作，需要江山相助。自然界的风声雷鸣、生活中的人情物态，从来是召唤美感的自由女神。从美感的诱发体"物"到表述中载体性的"物"，都表明客体在审美结构中的基础地位。

审美文化尽管包含了多重的价值属性，但它始终以美的发现、美的接收、美的欣赏为其价值的本位。所谓多重价值，就是说艺术活动从来不是一种单纯的活动。人们可以通过艺术审美来认识有关事物，可以通过艺术审美通融社会关系和弘发道德意志，可以通过艺术审美调和生理及提高智力，等等。但是艺术文化的多重价值功能，都是通过精神乐感、心灵体验这一途径实现的。

7.2.2 审美感受是主、客体相璧合的精神产物

人作为情绪化的动物，能够创造出情绪化的文化。审美的内在激素是情绪的躁动和激荡。无论是美的发现和美的创造，还是美的接收和美的再体验，都伴随着一种情绪流波展开。离开了真情实感，审美文化将不复存在。当然，生命本能的野性冲动和原生情绪，还不等于美的创造，不能称为真正意义上的艺术文化——艺术文化是生命情绪的艺术化创造。它是从美的规律出发，对原生情绪加以提炼抽象，使之符号化、结构化，即从内容到形式达到特定的美感赋予。

审美文化来自审美对象和审美主体的合媾。从美感的初始发生看，美的体验是心灵通过与外物同构、交合后完成的。造型艺术表现着主、客体在外在形态、结构造型、色彩装饰方面的联结；表演艺术表现出主、客体在描述对象和情感意蕴方面的联结。审美结构中的这种二项式联结，是不可分割和疏离的。在中国传统的艺术理论中，主、客始终是统一的。"天人合一"的致思方向，虽然在科学认知途径上表现出混沌模糊的缺陷性，在美学的认知途径上却表现出其特有的优越性。

---

① 《尚书·尧典》。
② 刘勰：《文心雕龙·物色》。

复兴的文明：
新时代中国传统文化的归来与重生

　　处于基础地位的"物"，只有经过处于主导地位的"心"的浸滤，才能勃发其相应的美感建构，才能出现美感定型，才会有活生生的审美趣味。古代的美学实践和美学理论，一般都不承认离开了人而单独存在的美。所谓"夕阳芳草寻常物，解用都为绝妙词"①，强调了主体心灵的"解用"功能，"解用"之后，才有美，才有艺术。美的价值在于精神乐感、身心健爽，在于生命自我的全面敞开，在于灵魂底蕴的真正洞察，因此，审美不能缺少人的合目的的愿望和追求，不能缺少"心"的统摄和调节。正因为如此，审美体验总是一种"心入于境，神会于物，因心而得"②的心理过程。真正的艺术，无不闪耀着心神的光华。绘画艺术的最高境界，就是"应目会心""应会感神""万趣融其神长"；书法这种符号性的造型艺术，要给人美感，就要重视"随意所适""意在笔先""聚意传神"；音乐的最终目的在于"声入心通""感动人心"；舞蹈的表演和欣赏，必须善于"游心无垠，远思长想"；文学的创作和接收，更要通贯心神的感悟和体验，这就是"心声只要传心了""文章得失寸心知""工夫深处心独知""迴肠荡气感精灵"。

　　尽管古代的艺术论点之间有差异，但在美的起源和构成问题上都遵循着一个共同的理论模式，即认为自然中周流着育化万物、滋润生灵的力量，这种力量被称之为"道"；"道"是天地大美，也就是万有生发的动力之源；但外物不能自成其美，必待"三才之秀"的人用灵秀的心去感知和体悟，才能认识和发现。《管子·五行篇》中对此说得十分清楚："人与天调，然后天地之美生。"意思很明显，审美主、客体没有形成相互关照、没有对象化之前，就不会有美产生。《庄子·知北游》中提到"圣人者原天地之美而达万物之理"，《乐记》认为"流而不息，合同而化而乐兴焉"，"乐者，音之所由生也，其本在人心之感于物也"，都把美感、乐感看成心灵主体和审美对象交合后出现的一种心理感受。后世的美学理论，对主、客相合的命题做了进一步的发挥。诗论家叶燮说："凡物之美者，盈天地之间焉是也，然必待人之神明才慧而见。"③这种天人交感、心物合一的理论，有着十分深刻的美学意蕴。

---

①　袁枚：《遣兴》。
②　王昌龄：《诗格》。
③　叶燮：《已畦文集·集唐诗序》。

古人在心生于物、心物同化的美学命题中，进一步升华出以美达道、以美通天的审美理想。这里的"道"和"天"，已不是一般的外在的物质实体，而是天地之大美的最高体现，是化育万有的宇宙精神。物之所以能动人心，因为物中有"天""道"、精气；心灵之所以宝贵，是因其能鉴证万有的精粹。白居易说："天地间有粹灵气焉，万类皆得之，而人居多。就人中，文人得之又居多。盖是气，凝为性，发为志，散为文。"① 这里，把人性中的灵性统一于天、道。宗炳论画说："圣人含道应物，贤者澄怀味象。至于山水，质而有趣灵。……夫圣人以神法道，而贤者通；山水以形媚道，而仁者乐。"② 由此可见，自然山水体现着天地之道，而画山水、观山水、赏山水的审美活动就是解悟天地之道的活动。

这种通天达道的追求，是高层形态的美，是超越现实功利的美，是恢宏而精深的美。因为在古人看来，大道意义上的人心物态无法分割。这就是"天，人也，人即天也；天，物也，物即天也"，即天人的密契和融解。要通过往返交织、循环不息的互渗互显，来认识、理解大道，"以知人知物知天，以知天知人知物"③。"发之于情思，契之于绡楮"的图画，在高层次上已不是模仿小技，而是"以一管之笔，拟太虚之体"④，追求师法天地、功参造化的境界。"吟咏情性"的诗歌，从深层的美学结构看，不是鸟语虫吟的嬉戏，而要体现精微奥秘的"天地元音"，描述化生万有的"天地之心"。

从这里可以看出，古代的审美主、客体理论，描绘出一个"三部曲"模式：第一部，美的发生，由"物"→"心"→艺术；第二部，美的创造，由"物""心"的有机融合结出美的果实；第三部，美的高层追求，由"心"→"天""道"，达到高妙境界。这种双向运动和三级循环的理论图式，深刻地提示了美感的结构规则和运动规律。以物感受人、心物同构、以心合天的美学命义，是古人对审美主、客体关系的总结和概括。它阐明了传统美学的基本性质和整体情态。这种体认，比西方美学理论中的"美在主体"或"美在

---

① 白居易：《故京兆元少尹文集序》，《白居易集》卷五十九。
② 宗炳：《画出水序》。
③ 王夫之：《庄子解·则阳》。
④ 王微：《论画》。

客体"的片面命义具有更强的理论涵盖性,也更具有实践的指导性。按照双向运行和三级循环的理论图式,人们可以从多方面去完善自身的审美才力,去建构整体的审美素质,诸如拓展生活见闻和生命运动的广度,强化心灵智慧和情感体验的深度,调节天人交感、心物转换的灵度,寻思结构组合、形式排列的力度,等等。

7.2.3 艺术意境的形神兼备

"气"的概念被广泛地应用到文学、艺术理论之中。"精气"指人的精神意识,"气韵"指文学艺术内涵的情趣性和灵妙度。古代文学理论中的意象说、兴象说、意境说、形神说等,都是讨论表象世界和情感世界的适调、融合问题。

古代艺术家把艺术结构分为两个相辅相成的方面:一面是审美对象外在的形、貌、象;一面是审美对象内在的神、气、韵。这种区别,尽管与主体、客体的概念有所联系,但它们已有很大的区别,不能等同,也不能对应。形、貌、象与神、气、韵都是审美对象的构成因素,双方同寓一体之中。古人强调和追寻的目标,不在于载体形式方面的形、貌、象,而在于内容实质上的神、气、韵。形、貌、象只是艺术文化走向美感效应的中介,而神、气、韵的获取才是艺术美感效应的归宿。因此,艺术创造的主旨就在于以象尽意、以形传神;艺术的接收同样在于瞻貌悟神、拟容取心。

"神气""气韵"的概念中,既包括作者的气质之气和精神之气,也包括作品自身内在的气势、力量和审美特征。古代的语言艺术和造型艺术,都十分注重"传神""写意",追求"气韵"。玄学中"言者象之蹄,象者意之筌"的命题,对于说明语言艺术十分恰切。语言是用以塑造形象的中介,形象又是用以传神写意的图式。"意象""兴象""兴托""意兴""兴趣""风神""境界"等概念,都立足于内在的传神写意。司空图《诗品·缜密》中说,"意象欲出,造化已奇",点明了意象的神奇奥妙。皎然把比兴取义和以象寓意贯通起来,认为"取象曰比,取义曰兴,义即象下之意"[①]。唐代意境说的

---

① 皎然:《诗式》卷一。

成熟，标志着古代取境写意、取象寓神的审美理论发展到了完善阶段。意境恢宏、气势磅礴的唐诗，即是融形、貌、象与神、气、韵于一体的艺术典范。

美术这种造型艺术同样把写意传神作为最高的追求。古人论画，无不推崇"气运"和"性灵"，无不讲究"传神"和"写意"。东晋顾恺之在《画评》中提出"以形写神"，要求面有所对、神有所往，注重表情动态和内心活动的相应性。他"传神写照，正在阿堵中"[①]的说法，成为后世艺术创作的名言。南朝宗炳《画山水序》主张绘画当以"应目会心""万趣融其神思"，在"不违天励之丛，独应无人之野"的前提下，通过"披图幽对，坐究四荒"，来达到"畅神"。明代王登《吴郡丹青志》以气运、性灵为画品。清代石涛《画语录》提倡"墨海中立定精神，笔锋下决出生活，尺幅上换去毛骨，混沌里放出光明"。清代黄钺《二十四画品》将"气韵""神妙"作为画品风格上乘。在画论家看来，只要善于挥毫运墨，万事万物都可以表现出特有的神情韵态。"盈天地之间者万物，悉皆含毫运思，曲尽其态。……世徒知人之有神，而不知物之有神。……故画法以气韵生动为第一。"[②] 书法艺术则以笔画、结构、章法来显示"气韵"。古人论书法，强调藏锋以包其气，露锋以纵其神。所谓"笔意"，就是通过笔的艺术功力和匠意经营表现出雄浑的意境和深厚的功力。

7.2.4 艺术创作中的空灵玄妙

传神写意的艺术旨趣中包含了一种"空灵""玄妙"的审美追寻。意象说、意境说是古代艺术文化审美取向的主旋律，它把形、貌、象和气、神、韵两极合为一体。但是，两极不是并列关系，也不能平分秋色。古人在强调意与境合、形与神并、情与景融的同时，更强调了寓意、取神的重要性。

受玄学、佛学的影响，古代的意境美趋向"空灵"和"玄妙"。《二十四诗品》从风格入手，把一种空灵、玄妙的致思倾向贯穿到文学本体论、认识论和现象论之中。所谓"著手成春"，所谓"由道返气"，所谓"妙契同尘"，

---

① 刘义庆：《世说新语·巧艺》。
② 邓椿：《画继》卷九。

都说明品格之美来自无形的"道";而"清露未晞""大风卷水""奇花初胎",又说明品格之美融于物象之中。这里的关键在于用人的"性情"发现万物中灵异玄妙的美,"素处以默,妙机其微","虚伫神素,脱然畦封","体素储洁,乘日返真","惟性所宅,真取弗羁","性情所至,妙不自寻",等等,都在说明美感体验中的空灵、玄妙。

王士禛的神韵说与司空图的韵味说一脉相通,王氏推崇司空氏"不著一字,尽得风流"八字概括出了诗之妙境。神韵说在表述上要求自然、含蓄,极妍尽态,字字写生,从而达到意境清幽、超尘脱俗的境界。王士禛在《池北偶谈》中引用孔文谷的话说:"诗以达性,然须清远为尚。言'白云抱幽石,绿筱媚清涟',清也;'表灵物莫赏,蕴真谁与传',远也;'何必丝与竹,山水有清音','景昃鸣禽集,水木湛清华',清远兼之也。总其妙在神韵矣。"他认为"牛渚西江夜,青天无片云"(李白)、"挂席几千里,名山都未逢"(孟浩然)等诗,色相俱空,如羚羊挂角,无迹可求,是画家所说的"逸品";至于"池塘生春草""清晖能娱人""手挥五弦,目送飞鸿"是"妙在象外";"蝉噪林愈静,鸟鸣山更幽"则为"文外独绝"。袁宏道、袁枚的性灵说,同样尚真主变,强调主体情性的真实与灵妙,可以看作传神写意的另一种表述概念。神韵侧重艺术思维的特殊性,性灵侧重艺术情感的真实性。它们在传神写意的灵悟方面从不同角度切入,殊途同归。

"空灵"的美感情趣,往往表现为对现实的超越。人按自身的"悟性"去感触艺术的"神妙"之处,用超世的情绪去理解艺术的"气韵"。因此,它不要求客体意义上的写真描态。王士禛在回答别人"有志于诗,而未知所学"这一问题时,要求"伐毛洗髓,务得其神,而不袭其貌"[1];苏轼论画马说,"观士人画如阅天下马,取其意气所到"[2];张怀瓘学书时主张,"深识书者,惟观神采,不见字形"[3]。传统的木雕、盆景等工艺,都追求空灵玄妙的造型设计。国画一般不反映对象的完整空间,不把整个画面画得严严实实,而是突出机趣、留下空白,造成一种空灵、缥缈的景象。徐谓的一首《题画

---

[1] 王士禛:《然灯记闻》。
[2] 《东坡题跋》卷三。
[3] 张彦远:《书法要录》卷四。

梅》诗,恰如其分地刻画出这种审美机趣:"从来不见梅花谱,信手拈来自有神。不信试看千万树,东风吹着便成春。"这就是不拘泥于对象自身、不就事论事、不求客体形貌的细腻与逼真,只求情真意切、韵到神凝。

艺术创造要达到这种出神入化的境界,主要依靠人的灵感和妙悟;按照逻辑思维去推理不一定能得到,需要用形象思维的方式去感悟。袁枚说,"鸟啼花落,皆与神通;人不能悟,付之飘风"①,精辟地指出了以顿悟沟通物态、人心的作用。书、画、诗、艺,在空灵境界的追求方面又都统一到禅道的思维方式上。严羽诗说,"禅道唯在妙悟,诗道亦在妙悟"②;虞世南论书说,"书道玄妙,必资神遇,不可以力求也;机巧必须心悟,不可以目取也"③。妙悟体现着艺术创造的才力,它不同于知识积累的学力。

7.3 传统艺术表现的方式

不同的艺术品种,有着不同的表现方式;同一艺术品种,又有不同的具体方式;但一种民族艺术,在总体上又往往有着普遍性的表现方式,广泛地应用于不同的艺术品种之中。下面,就中国传统艺术中具有普遍意义的表现方式作一提示性介绍。

7.3.1 寄寓象征的方式

古代的审美文化在几千年的接续和嬗变中,积累了丰富的表现方式和方法。寄寓象征的方式,是多种艺术中普遍使用的一种方式。

早在文学的源头——《诗经》的时代,诗人们就开始托物寓意、拟容取心。其中,"比兴"与"兴托"是最常见的寄寓方式。明代李东阳认为,比兴就是寄寓,"所谓比兴者,皆托物寓情而为之者也。盖正言直述则易于穷尽而难于感发,惟有所寄托,形容模写,反复讽咏以俟人之自得,言有尽而意

---

① 袁枚:《续诗品·诗悟》。
② 严羽:《沧浪诗话·诗辨》。
③ 虞世南:《笔髓论》。

复兴的文明：
新时代中国传统文化的归来与重生

无穷，则神爽飞动，手舞足蹈而不自觉，此诗之所以贵情思而轻事实也"①。传统文学理论中的"比兴"概念，意指比较宽广，它既包含作为整体表现方式的托物、象征，也包括作为语言使用中的修辞手法、修辞格式。托物之"物"和象征之"体"是客观存在的具体事物，作者在抓住该事物的某些特征的基础上，进行铺排描写、开拓升华，使之人格化、情感化，使之理想化、哲理化，从而表现人们内心的情感、愿望。比如说，《诗经》中的《螽斯》通过繁殖极快、家族极大的螽蝗，反复吟咏"宜尔子孙"，从而暗寓人们多子多孙的含义；《硕鼠》则借耗费民粮的老鼠来鞭挞不劳而食的贵族阶层。

修辞上的拟人拟物，当然也是一种比兴寄寓，但属于局部的语言表达问题。《乌鹊歌》中有这样四句："乌鹊双飞，不乐凤凰。妾是庶人，不乐宋王。"前两句就把起兴和比喻两种修辞格糅合在一起了。古典诗歌中的"比体"方式异常丰富，借代、夸张、衬托、移觉、通感、仿拟、对照等修辞方式，都以"比体"为基础。就"比喻"这种修辞方式而言，还可以细分为许多类型，诸如明喻、暗喻、借喻、博喻、倒喻、曲喻、反喻、缩喻、扩喻、较喻、回喻、互喻，等等。古典诗文中的借景抒情、情景交融的表现方式，虽然并不像托物和比拟那样具有寄寓、象征色彩，但它本质上仍然是拟容取心、借形寓情的手法，致思的方向和表现的力度是完全相同的。文学中不存在与人无关的"景"。"景乃诗之媒，情乃诗之胚，合而为诗。"② 文学作品中山川草木、自然环境的描写，都是为特定的审美情趣设置的，同时寄寓、包容着特定的思想情感。这就是王夫之在《姜斋诗话》中所说的"情景虽有在心在物之分，而景生情，情生景，哀乐之触，荣悴之迎，互藏其宅"，"情景名为二，而实不可离。神于诗者妙合无垠，巧者则有情中景，景中情"，"不能作景语，又何能作情语耶？古人绝唱句多景语，如'高台多悲风''蝴蝶飞南园''池塘生春草''亭皋木叶下''芙蓉露下落'，皆是也，而情寓其中矣。以写景之心理言情，则身心中独喻之微，轻安拈出"。显然，景是一种形、象、貌，用来托显心灵深处的情、神、意。

---

① 李东阳：《怀麓堂诗话》。
② 谢榛：《四溟诗话》。

如果说，文学以事物描述寄寓特定情感、象征特定旨意的话，那么，艺术则用实物、形体来寄寓心志、象征所思。中国的汉字，如同八卦一样，来源于"观物取象"，具有模仿、借形、会意、象征的意义。所以，书法艺术中充满了象征造型的手法。书写者通过笔势、行迹的起伏续断、运笔的抑扬顿挫、笔迹的粗细变化和所用之笔的大小配合，可以模拟突兀的山脉、奔流的江河、飞舞的鹰鹤、蜿蜒的龙蛇。缘此，人们常把潇洒流畅的草书称为"龙飞凤舞"。早期舞蹈中的"百兽率舞"，就是人模仿各种飞禽走兽的行态动势的动作；相传华佗曾创立"五禽戏"的气功，用以防病治病；中国拳术中就有蛇拳、鹤拳、蛙拳、熊拳、鸡拳、猴拳等依照动物动作而成的拳式。绘画以自然和生活为题材，自然是物态人情的艺术化描摹。国画重在"风骨"的追寻和精神的品尝，而不在形体的复杂宏厚和色泽的富丽堂皇。传统的花草画中，文人们最喜爱、最欣赏的是梅、竹、松、菊，即所谓的"岁寒四友"。这四种植物能受到非凡的青睐，是因为它们的"精神"可贵，即它们孤芳自立、清瘦劲削、岁寒不凋、傲岸凌霜的生性与品格正直、洁身自好的文人十分合拍，所以它们被人格化、象征化了，被赋予了人的气质、情操和精神。陶渊明人格正直，不为五斗米折腰，毅然弃官归田，躬耕自食，悠闲自得地歌唱"采菊东篱下"。郑板桥一生愤世嫉俗，性格怪僻，擅长画竹，从诸如"咬定青山不放松，立根原在破岩中""老老苍苍竹一竿，长年风雨不知寒""写取一枝清瘦竹，清风江上作鱼竿"等题竹诗中，可以看出他的情趣和寄托。南宋诗人兼画家的郑思肖，以兰竹墨画寄寓故国之思。在元朝取得统治地位后，他愤然隐居吴下。当本地官僚知他才艺不凡，求他献艺时，他怒斥道："头可得，兰不可得！"他常画露根的兰花，有人问他为什么不画土，他回答说："土为番人夺，忍著耶？"这位耿直爱国的画家，曾经画了一幅丈余长的墨兰画卷，题诗道"纯是君子，绝无小人，深山之中，以天为春"，用以寄寓隐遁深山、不与元朝贵族同流合污的情操。

特别值得一提的是，在传统的建筑艺术中，象征的意味也十分浓厚。当然，建筑中的象征色彩主要反映在王室宫殿之中。《周礼·考工记》中说："明堂五室称九室者，取象阳数也。八牖取六甲也，取象八风。三十六户牖取六甲之爻，六六三十六也。上圆象天，下方法地。八窗即八牖也。四闼者象四时、四方也。五室者象五行也。"秦灭六国后，于都城咸阳营建天朝，引渭水象征银河天汉，修驰道象征"阁道"，建阿房宫以为"离宫"，分三十六郡以示群星拱卫北极，形成以咸阳为中心的"紫微宫"。据《三辅黄图·咸阳故城》记载，秦始皇"筑咸阳宫，因北陵营殿端门四达，以则紫宫，象帝居。引渭水灌都以象天汉，横桥南渡以法牵牛"，"更命南信宫为极庙，象天极"。汉唐宫殿建筑都是沿袭秦法，竭力追求人间与天宫的对应。现存的明清故宫，更细致、具体地追求天地法则、日月运行、五行八卦的象征构置。有人指出，"整个北京城又是一个周天二十八宿——紫微宫——北极星的天体模式的人工再造"[1]。

寄寓象征，既是一种艺术思维的特性，也是一种艺术表现的途径；既是一种超越现实的方式，又是一种委婉避害（在专制暴力下不能直言）的方式。这种方式在传统艺术中表现得如此广泛突出，是由中华民族文化的特性及历史境遇所决定的。

7.3.2 骈偶对称的方式

传统审美文化十分注重骈偶对称美。

自然造化的对称启迪了人类的骈偶追求。日月合璧、昼夜往返，使人感到阴阳的对称交替；叶芽的双瓣、蝴蝶的双翅、人体左右的对称，都使人感到均衡的天然。先民们把对称这种天地造化的奇功引入审美创造活动，有意无意地追求并列、对称、骈偶。

大地湾遗址中的房室，已经清楚地看到建筑布局中的对称性。许多新石器时代遗址中的陶器图案，已经明显地注意了均衡对称。八卦图式，非常对称，阴爻与阳爻对称，乾卦与坤卦对称，六十四卦中有相应相称的卦，变卦也有对称性。在古典文学中，对偶、骈对、联句成为富有中国特色的表达方式。《诗经》中的多数诗属于民间的口头创作，但对偶排比的句式已经很多。比如说，"昔我往矣，杨柳依依；今我来思，雨雪霏霏""出自幽谷，迁于乔木""诲尔谆谆，听我藐藐"等句式，对仗十分工整。楚辞中的对仗句式已经

---

[1] 陈江风：《天文与人文》，国际文化出版公司1988年版，第141页。

十分普遍。骈文在先秦已经萌芽，至魏晋六朝发展到全盛阶段。这种文体以词句骈偶和音律谐调为主要特征。它以四六句骈偶为主要句式，当然还穿插了三、五、七、八、九骈句或骈偶长句，在整齐的语言形式中突出辞藻华丽，追求形式之美和结构之美。辞赋中的俳赋和律赋，就是采用骈文的形式写成的。唐代，律赋和律诗都发展到了成熟阶段。对仗是律诗的一个重要因素。律赋和律诗是唐代科举选士中应制、试帖的主要文体。律诗和律赋中的对偶方式很多，分得也很细。作家诗人通过骈对来显示其构思的匠心和与众不同的才力。就对仗名称而言，有辞性上的工对、略对、数对、名对等，有辞义上的正对、反对、字面对、意对等，有材料上的一事对、典故对、色彩对等，还有句式排列上的扇对、借对、平对、流水对、句中自相对、隔句对等。为了作诗吟赋的方便，还有"对韵"的一类书籍产生。唐末五代，又有"对联"这种装饰性的文体出现，广泛用于宫观园苑、庙堂寺院等场所及民间节庆等活动之中。骈文在宋后逐渐衰微，但也不绝如缕，清朝中叶出现过骈文"中兴"现象。事实上，单音节的方块汉字，提供了语言骈对的天然材料。民间许多歌谣、谚语、格言等，也常采用对偶形式。

　　骈对形成和谐、平衡、匀称。中国古代文化贵中尚和，并把这一价值追求贯彻到审美活动中，如天人合一、情景合一、心物合一、知行合一等，为的都是和谐与平稳。《乐记》中说，"乐者，天地之和也"，即音乐如同溪韵鸟鸣，要和谐动听，有损于生命肌体的天崩地裂之声，就不是"和声"，也就不成音乐。儒家要求文艺表达人的情志时，要以"中和"为原则，即《中庸》中所说的"喜怒哀乐之未发，谓之中。发而皆中节，谓之和。中也者，天下之大本也。和也者，天下之达道也。致中和，天地位焉，万物育焉"。对称、骈偶总是与中和之美结下良缘：语言的骈偶也好，物体的对称也好，同性的平列也好，反义的拼接也好，都能铸陶出和谐、均衡的美学意境。格律诗，就是以工整、方正、均衡、对称取胜。对联既是一种文体，又是一种装饰艺术，全靠上下联间的骈对形成匀和之美；倘若一面字多，一面字少，那么这种匀和之美就会被破坏。古人在文学语句的对偶中，更加推崇"反对"，即所谓"反对为优，正对为劣"。其原因在于反意的骈偶，更能造成和谐之美。事物之间的相反相成，导致了语词配合中的相反相成。红花绿叶造成草木之美，白云赤霞造成天色之美，雌雄阴阳造成生命之美，音符的高低长短造成乐曲之美。这就是古希腊哲人赫拉克里特所说的"互相排斥的东西结合在一起，不同的音调才能造成最美的和谐"①。中国古代文学家深知此中奥秘，积极调用形象思维，通过"反对"来争奇斗彩，诸如"雁引愁心去，山衔好月来""江碧鸟逾白，山青花欲燃""朱门酒肉臭，路有冻死骨""万木沉酣新雨后，百昌苏醒晓风前""无边落木萧萧下，不尽长江滚滚来"，等等，都是"反对"中的佳句。传统建筑中的对称和谐，遍布于宫馆楼台及民室民屋；室内的桌凳摆设、墙画字幅，也都讲究对称性，这都是为了匀称和谐。

　　对称除了产生和谐感外，还能以互衬、互照的功能产生出系统性新质，从而获得美感的升华和质变。艺术创作中，对称画面的合规律的排列组合，不是简单、机械的数量增加，而寓含着一种系统新质的特殊效应。这一点，在电影镜头的蒙太奇剪辑中表现得较为清楚。电影理论家爱森斯坦指出，"两个蒙太奇镜头的对列不是二数之和，而更像二数之积"②；巴拉兹在《电影美学》中说了同样的话，"上下镜头一经联结，原来潜藏在各个镜头里的异常丰富的含义便像火花似的发射出来"。电影、绘画、雕塑、建筑等艺术，都呈现于人的视觉。人们可以通过对称部件的拼接、连通去审思美感意蕴，去感悟、想象更多的情趣。作为语言艺术的文学，虽然不能直接作用于视觉，但同样可以通过意会还原为视觉形象。这就是古人说的"默识于心，闭目如在目前"③。这种意觉形象，自然不同于视觉形象，因此被称为"意象""意境"。意象中同样存在着画面拼接产生新质的艺术效应，而且这种效应比外视的效应更浓烈、更丰富、更神奇。意象派理论家休姆宣称，两个意象形成我们可以称之为视觉的弦的东西，联合起来提示一个与两者都不同的意象。诗人正是利用这种意象组辑产生新质的效应，创造脍炙人口的对称名句。如"弓抱关山月，旗翻渭北风"，两句合拼，铺开广阔的战场，托出雄威的军容；"红颜弃轩冕，白首卧青云"，"醉看风落帽，舞爱月留人"，不仅弥散着弃俗超世的美，也流动着画面对称的美、激荡着文字洒脱的美，还包容着旋律和谐的

---

① 《古希腊罗马哲学》，生活·读书·新知三联书店1957年版，第19页。
② 《爱森斯坦论文选》，中国电影出版社1994年版，第349页。
③ 陶宗仪：《南村辍耕录》。

美；"吴楚东南坼，乾坤日夜浮；亲朋无一字，老病有孤舟"，天地自然与人心世态相对照，太空间的浩渺无垠与主人公的孤独病老对比形成巨大的落差；如果我们将"鸡声茅店月，人迹板桥霜"两句分开，那么就只有一种外界景色的描述、反映，就不会得到"道路辛苦，羁愁旅思"的意蕴；"楼台夜雪瓜州渡，铁马秋风大散关"，纯系名词组合，但上句是作者所在地之景，下句是作者悬思地之景，在组辑中表现出作者对边关重地的心往神驰。骈接的艺术方式，不正从这些名句中显出特殊的功效吗？

7.3.3 立脑帅群的方式

中国古人以"气"解释宇宙万物和人的精神现象，认为在宇宙的生成过程中，清气上升变为天，浊气下沉变为地；在人的生成过程中，血肉之气成为身体的生理组织，性情之气成为精神意识。这种气化论对审美文化同样产生了影响。古人把艺术形体看作一种形质之气，把艺术美感看作一种神明之气。神用象通、拟容取心的命义已经从内容和形式关系上体现出气一元化的致思，在结构的布局设置上也体现了气一元化的构思，这就是以脑帅群、以纲统目、众星捧月、烘托垫铺的表现方式。

《吕氏春秋·用民》中说："一引其纲，万目皆张。"这是说，要抓中心，抓主要矛盾。只要抓住中心、抓住主要矛盾，其他问题便易解决。这种理论对于艺术创作也是适应的。郑玄在《诗谱序》中说："举一纲而万目张。"文学的材料不是实物，而是事件、典实、信息。古文论家一致指出，面对写作题材、材料，首要的任务是"立主脑""立意"，即确定核心、主旨。王充用植物和禽鸟的外形与内核比喻文章的外在结构与内容实质：

> 有根株于下，有荣叶于上；有实核于内，有皮壳于外。文墨辞说，士之荣叶皮壳也。实诚在胸臆，文墨著竹帛，外内表里，自相副称，意奋而笔纵，故文见而实露也。人之有文也，犹禽之有毛也。毛有五色，皆生于体。苟有文无实，是则五色之禽，毛妄生也。[①]

苏轼也用比喻的方式说明"立意"在为文之道中的重要性：

[①] 王充：《论衡·超奇》。

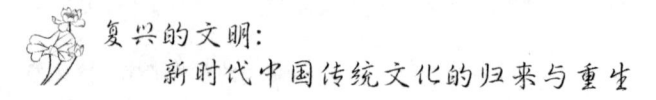

复兴的文明：
新时代中国传统文化的归来与重生

儋州虽百家聚州，人所需取之市而足，然不可徒得也，必有一物以摄之，然后为己用，所为一物者，钱是也。作文亦然。天下之事，散在经子史中，不可徒使，必得一物以摄之，然后为己用。所谓一物者，意是也。不得钱，不可以取物；不得意，不可以用事。此文字之要也。①

由此可以非常清楚地看到，文学创作总是从某一题材、某一角度的特定"区间"切入，去艺术地反映生活。没有"主脑"、没有"纲"，就无法选择材料，就无法谋篇构局。"无帅之兵，谓之乌合。"② "苟意不先立，止以文采词句绕前捧后，是言愈多而理愈乱，如入阛阓，纷纷然莫知其谁，暮散而已。"③

众星捧月、垫铺陪衬是以脑帅群的另一种表现形态。古代的大型建筑群，往往有一个居中的核心建筑物，其他建筑围绕这一核心鳞次栉比地展开。在故宫中，太和殿就成为中心，四周建筑形成烘云托月的势态。即使民间一家一户的四合院中也有主室，主室两侧建有厢房，形成雁展双翅的格局。古画把表现的重心放在最突出的地位，然后在周围用次要的事物加以渲染、垫铺和陪衬。特别是在那些反映宫廷生活的人物画中，众星捧月的用意几乎到了夸张的地步。帝王、将相不仅被画到了画面的中心，而且画得异常高大，和周围的宫女、侍从失去了正常的比例。这种情况，显然不是画技的拙劣，而是有意突出、显露核心人物。书法艺术也常用到这种垫铺衬托的显形方式。有些字画，通幅只写一个或几个字，浓墨酣畅，笔势奔放，以展示其"特写"形象，然后在两侧写上陪衬的小字。不少草书和行书往往利用疏密搭配、大小参差来达到相互突出、相互辉映的效果。古典小说中的人物描写，也时常利用这种众星捧月、以此垫彼的表现方式。《三国演义》极力刻画刘备的"仁绝"、关羽的"义绝"和诸葛亮的"智绝"，于是，曹操的不仁不义和诡诈多端恰好成了"三绝"的陪衬。在赤壁之战中，集文韬武略于一身的曹操遇上了足智多谋的青年将领周瑜，一筹莫展，大败而逃。然而年轻气盛的周瑜，

---

① 苏轼：《韵语阳秋》。
② 王夫之：《夕堂永日绪论》。
③ 杜枚：《答庄充书》。

在神机妙算的诸葛亮面前又是一筹莫展，最后在"既生瑜，何生亮"的悲叹中含恨而死。这层层的垫铺，烘托出诸葛亮超人的智谋。毛宗岗早已看到了这种衬托垫铺的表现艺术。他说："文有正衬，有反衬。写鲁肃老实，以衬孔明之乖巧，为反衬也。写周瑜乖巧，以衬孔明之加倍乖巧，是正衬也。"①

7.3.4 画眉点睛的方式

古代的艺术文化以传神写意为追求。在艺术形象的设计和表达中，除了立象尽意、拟容取心、借景抒情这些表现方式外，还有画眉毛、点眼睛的点染方式。

晋代王浮《神异记》中记述了一则"画龙点睛"的故事："张僧繇尝于金陵安乐寺画四龙而不点睛，云'点之则飞去矣'。人以为妄，固请点之。须臾，雷电破壁，见二龙飞去。未点睛者如故。"这个故事显然是虚构的神话，然而画龙点睛却成为艺术手法上出神入化的代名词。要反映高超的艺术境界，就要有生动的艺术形象。善画眉毛、善点眼睛，既借助于作为载体的形色或语言，也超越了载体的形色或语言。把握传神之笔，既要通过人的感官，又要由感官升华到精神境界。

画眉点睛，要抓住关键部位，画在传神之处，点在节骨眼儿上。《世说新语·巧艺》中记述："顾长康画人，或数年不点目睛。人问其故，顾曰：四体妍蚩，本无关妙处，传神写照，正在阿堵中。"这说明，眼睛是传神写照的关键部位，只要点好眼睛，神气就会产生，作品就会一下子活起来。国画素有"点染"的技术，用富有功力的笔触，勾勒出精妙生动的形态。建筑艺术中的点染，就是用精巧的结构、明丽的色泽勾勒出妙趣横生的境界。传统的亭、台、阁、榭，一般都显得小巧玲珑，用来点缀景致；依山傍水的曲栈回廊，也有绝妙的点缀渲染景物的作用。所谓"万绿丛中一点红，动人春色不须多"②，就典型地说明了艺术创造中画眉点睛的作用。

---

① 源自毛宗岗对《三国演义》第四十五回的批语。
② 王安石：《石榴》诗。

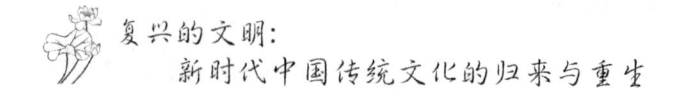

复兴的文明：
新时代中国传统文化的归来与重生

画眉点睛的表现方式，也被吸收应用到文学创作之中。古典诗论、文论、艺论中，非常讲究"诗眼""文眼""结穴""警策""妙语""戏眼"，等等。尽管此类概念、名词各异，但实质上都是一回事儿，就是通过艺术聚集，找到神韵、意境的聚焦点、爆破点，从而形成光彩照人的语言精华。诗眼一般表现在字、词的巧用、活用上，散文的文眼一般用在描绘意境或情思的精警语句上，小说的文眼一般体现在情节、场面的点染上，戏剧的戏眼一般产生于扣人心弦的事件、行动或巧妙的悬念设计上；从文法的角度看，点睛之笔具有精练、通畅、韵美、含蓄的特点。从所含信息意义看，点睛之笔或深含哲理、点透真谛，或情思洋溢、富有诗意，或揭示内义、强化主题，或形象生动、天然成趣。有了诗眼、文眼，就打开了艺术审美的天窗，整体作品也就熠然生辉。古人说，一字出奇七字奇，一句出奇八句奇，就是强调点染之笔在整篇中的统调、烛照作用。人们阅读文学作品时，如果一旦发现精妙的画眉点睛之笔，就会大大提高兴致，有的人甚至会击节吟咏、拍案叫绝。相传王勃以少年之才自负，毛遂自荐，接受了草拟《滕王阁序》的任务。主人阎公以为他年轻狂妄，有几分瞧不起，就派人看他写些什么，当人报到"落霞与孤鹜齐飞，秋水共长天一色"时，阎公不禁叫绝，彻底为王勃的文才所折服，这就是文眼妙语的作用。正因为这样，古代的诗人墨客十分讲究"炼字""炼辞"。用皮日休《皮子文薮》中的话说，就是"百炼成字，千炼成句"。许多诗人，用尽毕生精力，苦心孤诣地咀嚼吟咏、千锤百炼，力求造出不袭他人、精妙传神的诗句。诸如"吟成五个字，用破一生心"（方干）、"两句三年得，一吟双泪流"（贾岛）、"为求一字稳，耐得半宵寒"（顾文炜）、"吟安一个字，捻断数茎须"（卢延让）、"为人性僻耽佳句，语不惊人死不休"（杜甫）、"典尽客衣三尺雪，炼精诗句一头霜"（杜荀鹤）等，都反映出古人对炼字炼意的执着追求。几千年的文学史上，留下了不少推敲妙词精语的佳话。那些精警诗文，光照千秋，生命长驻，也正是诗人们废寝忘食、呕心沥血创作的结果。

7.4 艺术生发、运演的条件

7.4.1 经济因素

艺术文化的产生、发展和运演，归根到底受着经济基础的制约和影响。

精神文化总是建筑在物质文化的土壤之上。原始社会零星的、随机的审美活动，也受着物质的制约和影响——插花戴贝、歌舞狂欢，只有在饥寒得到解决之后才能进行。至于后来出现专门从事艺术活动的职业，那更是生产得到发展，有了剩余劳动成果之后的事情。几千年历史过程中，每当社会经济有了较大发展之后，随之而来的就是艺术文化的较大发展；反之，每当社会经济遭到大规模破坏或出现全国性萧条之后，随之而来的就是艺术文化的冷落和凋敝。

西周时期，国家空前统一，社会经济有了大幅度的发展，王朝也就建立了礼乐文化的雏形。春秋战国时期，由于耕畜和铁犁的广泛使用，提高了社会生产力，物质财富比过去有所增加，这个时期的艺术文化也有了起色。自秦以降，汉唐两代是最强盛的王朝，我国的艺术文化在这两个朝代的成就也最为突出；而汉唐两代，恰恰是社会经济发展最繁荣的时代。由于这两个朝代国力强盛，开拓了边境，扫除了边患，百姓得到休养，生产得到发展，出现了仓廪充盈、经济繁荣、社会稳定的景象。这无疑为艺术文化的发展铺平了广阔的道路。汉代壁画、石刻、雕塑、音乐、舞蹈、漆器、陶俑等，都达到了时代的新水平；琵琶、箜篌、羯鼓、羌笛等外族乐器在西汉时期传入中国；宗教艺术空前兴盛，诗歌辞赋光照文坛。唐代文学大发展，除了彪炳青史的唐诗外，出现了传奇、变文、杂记、词曲等；音乐舞蹈方面广泛地吸收西域乐舞和民间乐舞，汇成了蔚为壮观的乐舞波澜；绘画在吸收和创新中出现五彩缤纷的时代景象；雕塑留下了风骨清健的作品；书法艺术中出现了许多大家，把书艺推向历史的高峰。正因为这样，"汉学"成为中国学的代称，"盛唐之音"成为中国传统文化的象征。历史证明，经济繁荣时期，通常是政治开明、思想活跃时期，也正是艺术文化获得发展的时期。

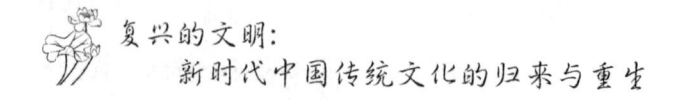

经济垫铺艺术发展之路，当然是从宏观视野着眼的，即就总体趋势而言。它并不意味着二者完全对应。我们知道，物质文化和精神文化的发展之间，既有一致性，又有不一致性；既有平衡性，又有不平衡性。"关于艺术，大家知道，它的一定的繁盛时期绝不是同社会的一般发展成比例的，因而也绝不是同仿佛是社会组织的骨骼的物质基础的一般发展成比例的。"① 经济只是艺术的外在条件，并不是艺术自身；艺术还有自身特殊的规律和机制。经济的蓬勃兴起，不一定就有随形附影的文艺高潮。"唐太宗致治几乎三王之盛，而文章不能革五代之余习，后百有余年，韩李之徒出，然后元和之文始复于古。唐衰兵乱，又百余年而圣宋兴，天下一定，晏然无事，又几百年而古文始盛于今。"② 唐代古文运动出现在经济由盛而衰的中唐，宋代文章发达期也是在内外危机并发的北宋中期。特别是文学，"歌其事，歌其食"，"感于哀乐，缘事而发"，社会危机和矛盾反而会激发作者的创作欲望。安史之乱，使社会经济遭到大破坏，这一时期却产生了影响深远的诗篇。因此，古人早有"国家不幸诗家幸，话到沧桑语始工"③ 的感叹。

7.4.2 社会政治因素

自从有了国家，有了政治体制之后，一切文化活动都受到了政治的制约和影响。

文学艺术，无论是微波还是狂澜，只有通过政治的闸门，才能走向社会。一个时期的体制、典章、政策以及统治阶级的好恶，和该时期的艺术文化息息相关。有一个适应艺术发展的政治环境，艺术就有了繁荣的外在空间条件；政治气候恶劣，艺术的生长便失去了外部空间条件。秦统一中国后，政治上实行严酷的文化专制政策，"史官非《秦纪》皆烧之；非博士官所职，天下有敢藏诗书、百家语者，悉诣守尉杂烧之；有敢偶语诗书者弃市，以古非今者族"，进而坑杀儒生、毁灭文化，所以这一时期基本上没有什么艺术的创造。唐代统治者尊重文化、倡导文艺，文禁较宽，人们相对有自由创作的机会，

---

① 《马克思恩格斯选集》第2卷，人民出版社1972年版，第112页。
② 欧阳修：《苏氏文集序》。
③ 沈雄：《古今词话》。

因而文化艺术空前兴隆繁荣。不难看出，古代统治者全揽生杀予夺的一切权力，可以居高临下地控制文化艺术。刘邦"乐楚声"，曾亲自创作《大风歌》。在他的倡导和推动下，西汉楚声短歌广为流行。唐太宗喜欢诗歌和书法，能够附庸风雅吟弄诗句，还能挥洒自如地写出漂亮的书法。相传他还费尽心机将王羲之《兰亭序》真迹弄到手，而且留下遗嘱，将这珍贵的书法陪葬昭陵。唐代诗歌的大兴和书法的隆盛，与太宗等最高当权者的爱好、推崇不无关系。据《宋史·乐志》记载："真宗不喜郑声，而或为杂剧词，未尝宣布于外。"看来，宋代杂剧是从宫廷中首创出来的，统治者爱好的，就予以宣传提倡，并予以财力人力的支持，自然会发展壮大；统治者反对的，则以种种借口加以限制，自然就萧条冷落，登不上大雅之堂。

当然，富于艺术生命力的东西，即使遭到专制铁蹄的践踏，虽会一时沉寂，但不会彻底地销声匿迹。许多被当权者视为"郑声"的民歌，总是在民间流传。《西厢记》《红楼梦》等作品问世以来，遭到专制者三令五申的清扫查禁，但历史终究会给它们以应有的地位。

7.4.3 宗教、哲学的影响

古代社会中，宗教文化是生活的重要组成部分，而且哲学和宗教往往凝结于一体，对艺术的产生、运演有着巨大的影响。

原始时代的许多歌舞都是用来配合原始宗教活动的。先秦的道家，到汉代以后转化为道教；东汉以后，佛教进入中国；明清以来，又有西方宗教传入。宗教既依靠信仰维系，又依靠艺术手段来表现。宗教建筑中的祭坛、寺院、庙宇、塔、石窟等，是最典型的建筑艺术，其壁画、塑像、雕刻、楹联等，往往代表、荟萃了一个时代美术、工艺的最高成就。诸如敦煌莫高窟、龙门、云岗、麦积山等处的壁画、雕塑、石刻，都是古代工艺美术的宝库。古代一大批艺人，借助宗教文化而生存。宗教文化的存在和发展，促进了艺术的探索、收集、创新和贮存。变文这种文体，就是宗教故事的通俗传播形式。古代各种富于地方特色的戏剧，一般都借庙会、祭礼、迎神打醮的机会来演唱、传播。

宗教和哲学的思想方法，也给审美活动以多方面的影响。中国古代的美学理论，就是建筑在儒、道、佛三家的学说之上的。儒家的比兴美刺、温柔

复兴的文明：
新时代中国传统文化的归来与重生

敦厚、以礼节情、文以载道、尽善尽美、文质并重等命题，从来就是正统艺术的指导思想。道家和玄学主张以自然之道为本体，立足于朴素的人性，使用美与信、言与意、形与神等相对相依的思维概念和方法，推崇超乎言象声色、把握本体真谛的审美观。这对古代的文学家、诗人产生了深远的影响。魏晋文学的"觉醒"，道家思想起了重要作用。从陶渊明的"久在樊笼中，复得返自然"到李白的"谁挥鞭策驱四运，万物兴衰皆自然"，都可以看到道、玄意识的跃动。禅宗对传统的审美理论，特别是诗歌美学的影响非常深广。"以禅喻诗""以禅论诗""以禅入诗"，集中地体现了禅学认识论、方法论对艺术思维规律的启示。正如汤显祖所言："诗乎，机与禅言通，趣与游道合。禅在根尘之外，游在伶党之中，要皆以若有若无为美。"[①]

一个时代有一个时代的审美主流。社会生活构成艺术的现实对象，时代主潮凝聚为艺术的价值走向。《文心雕龙·时序》中指出，"歌谣文理，与世推移"，"文变染乎世情，兴废系乎时序"。这一观点揭示了艺术的发展规律。古代的艺术，特别是民间艺术，总是以社会存在、世俗生活为反映的对象和基本的题材：从两周民歌到两汉乐府，都是"饥者歌其食，劳者歌其事"的反映。民间的年画、风筝、花灯、剪纸、皮影、泥塑、刺绣、编织、木雕、漆器、陶瓷、木偶等五花八门的艺术创造，总是散发着浓厚的生活气息，凝聚着鲜明的时代色彩。生存环境的构成与造化、风土人情的形态与特征、社会大众的心理与追求，共同构成了时代艺术的本质属性。每当社会生活、历史发展到一个新的阶段，艺术文化便有了新的内容，新的内容不断产生出新的形式。历史上每一审美思潮的产生，都不是偶然的现象，都有着社会文化、社会心理的广阔背景。《诗经》中对天地的崇拜和"天命靡常"的感叹，源于原始宗教的延伸和动摇；春秋时期的"百家争鸣""处士横议"，无疑由于一统天下的瓦解和新兴生产关系的出现；魏晋名士的飘逸洒脱、向往自然，在于传统礼教的松动与失落；宋元以来，都市的繁荣、市民阶层的空前壮大，导致了曲艺杂剧、瓦肆勾栏、院本话本等文学艺术的出现和普及……由此可见，一个时代的时尚、风气，就形成了审美的主流与中心走向。中华几千年波澜迭起的审美浪潮，汇成了博大雄浑的艺术海洋，为后世留下了宝贵的财富。

---

① 汤显祖：《如兰一集序》。

第 8 章
传统宗教文化的功能

8.1 宗教的概念与性质

8.1.1 宗教的概念

宗教是人类文化肌体中的有机组成部分，是精神文化的重要体现形式。按《辞海》的通行解释：宗教是社会意识形态之一，相信并崇拜超自然的神灵，是支配人们日常生活的自然力量和社会力量在人们头脑中歪曲、虚幻的反映。按《韦氏新世界辞典》的解释：宗教即把一个信仰形式所表述的神或上帝的崇拜或服务，把遵循神的安排、寻求处世之道看成真正的信徒义不容辞的职责。

人类自从脱离低等动物进入原始社会后，宗教即应运而生（产生于原始社会后期的说法不确切）。在阶级社会出现前，宗教已捷足先登。固然，宗教往往为统治阶级所利用，但这不能证明宗教是阶级的产物，也不能证明它会随着阶级的消亡而消亡。宗教曲折地体现了人的灵魂深处的一种企盼和追求，这种隐藏于心理空间的神秘意识，超越了阶级的界限。

8.1.2 宗教的性质

1. 宗教是社会性的

宗教从来作为社会观念和社会行为而存在，具有群体性、社会性、历史

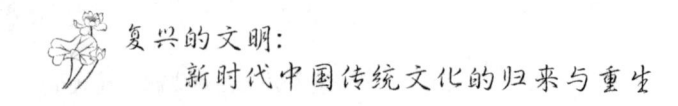

性、国际性等特征，不是个体性的思想和行为。凡是不具备这类现象特征的思想和行为，都不能看作宗教现象。宗教是社会的产物，在社会上传播，起着社会性的功能。一个正常的社会，不能没有宗教。没有宗教，社会就会失去心灵深处的自制力，失去群体关系中的消毒剂、润滑剂和黏合剂，社会便会出现燥裂，各种冲突就会不断上演。

2. 宗教是精神性的

从本质意义看，宗教不能靠外在的强力来维系，而要靠内在的信仰来维系、靠精神力量驱动、靠情感认同来造就群体的价值取向。信教意味着虔诚，即和超验的崇拜对象发生情感关系，和超自然的、异己的力量保持心灵沟通，从而产生精神寄托，生活在一种神圣感中。美国爱因斯坦医院心理学博士郝涅克说，迷信可以叫人安心，减少疑惧，消除忧虑。另一位美国民俗专家汤普森说，人们在万圣节谈鬼、装鬼，可能想与另一个世界对话，也可能是寄托活人的某种情感。在中国社会中，有这样一种说法："理智尽处是信仰。"说宗教一点儿也没有理智，未必符合事实；但说宗教世界诉诸情感，是符合实际情况的。康德就认为，虽然理性与信仰相抵触，但感情与信仰相一致，因此，在信仰问题上我们不妨从理性转向感性。

3. 宗教是结构性的

宗教的产生、存在和发展有社会心理基础，是社会群体无意识而合目的的产物。它是社会心理结构及社会文化结构的组成部分。神未必存在于现实的物质世界，但存在于群体性的心理世界。过去，有一种说法是"弱者需要宗教，愚者接受宗教"。"弱者需要宗教"是符合事实的，凡是弱势群体更希望得到神的救赎；但"愚者接受宗教"的说法显然不符合基本事实——许多大科学家，如爱因斯坦、牛顿等也是宗教徒，但能说他们是"愚者"吗？

任何宗教，一旦形成自身的体系，并能在社会上传播，就形成了相对完整的结构状态。一种宗教需要具备五个条件：有崇拜对象（教主）、有理论说教（教义）、有戒约（教规）、有机构或组织（教阶）、有信徒（教徒）。任何宗教，都在精神上表现为信仰性的心理期盼，而在组织上表现为结构化的社会实体。

8.1.3 宗教产生的必然性

法国启蒙思想家、哲学家伏尔泰有一句名言："即使没有上帝，也必须捏造一个。"宗教中的天堂世界是虚幻的，然而宗教的社会心理又是现实的、存在的；灵魂上天是想象的，而观念、思想、言论、行动及相关的一切宗教文化又是现实的、存在的。

宗教的产生有其社会历史意义上的必然性。原始宗教是先民不自觉的、集体无意识的创造结果，它体现了一种必然性、普遍性的历史走向。从人类文化的宏观前景着眼，可以发现，宗教合乎社会规律和人的目的，是既合规律又合目的的文化演化现象。虽然文明起源于宗教的说法未必准确，但宗教与早期文明同步是被考古学证明了的事实。人类思想、人类社会的逻辑潜力在指向物质文明的同时，也必然指向艺术、哲学和宗教。在一定的意义上讲，宗教是人之为人的一个标志。一切神的问题终归为人的问题。考古学显示，几乎所有的原始人类埋葬时，都有信仰崇拜观念。没有宗教意识的原始部族，至今还没有发现。到了科学昌明的现代，宗教的势头并没有衰减。现代神学家认为，对神的态度与对人的态度是一个硬币的两个面，谈神的问题就是谈人的问题。哲学家蒂里希说，上帝的问题，就包含在人的问题中。德国基督教光照会创始人 A. 韦斯豪普特说："如果想弄清神的奥秘，那就先探求你自己的灵魂深处吧！""上帝死了"和"宗教终将消亡"的断言，在特定的时期有消解宗教异化的意义，但未必能言准社会发展的必然性。近、现代科学的发展并没有使宗教衰退。苏联解体后，东正教在俄罗斯迅速发展。在世界 50 亿人中，有神论者占 35 亿，达 70%。据联合国预测，至 2025 年，全世界基督徒将由 2000 年的占总人口的 33.4% 发展到 35.5%，不是减少，而是略呈上升趋势。不论穷人还是富人，不论智力发达者还是智商低下者，不论大科学家还是文盲，其精神生活都有可能受到宗教的支配。这种支配，不能简单地解释为对自然的无知，也不能简单地解释为"骗子骗了傻瓜"。

因此，对待宗教问题，不能简单化，要把它纳入社会文化的范畴分析研究。在康德哲学中，纯理性批判中被否定的神学权威，到实践理性批判中又复活了，就是因为其看到了人的复杂性和社会文化的多样性。

8.2 宗教产生的原因

宗教产生的原因大致可以归为以下四个方面。

8.2.1 认识局限的产物

人不是万能的,所以才创造文化。如果人是万能的,一切创造都会成为多余。宗教是一种文化,自然是人创造的。无论到了什么时代,人所面对的认知对象都是无穷无尽的,而人的认知能力总有不可逾越的局限。对于生命个体的人来说,从生存到认知的时空范围十分有限;即使对于人类而言,认知始终也是可知与不可知的统一。就某一时空范围来说,是可以认识的;就无限的时空范围来说,是不可认识的。布鲁诺曾用幽默的语言说,面对无限,人只不过是一只"蚂蚁"。宇宙的无限性决定了认识的无穷尽性,认识的无穷尽性决定了宗教意识的恒存性。人想填平可认识与不可认识之间的鸿沟,于是就借助想象,赋予对象神秘性,进而做起天国迷梦。当科学的逻辑的叩问不得其解时,人便自觉或不自觉地导向宗教的叩问。从这个意义看,宗教是对不可认识现象的猜测,是对神秘的宇宙人生的叩问。就是说,想找出答案而找不出答案的时候,天帝神灵就成了唯一的答案。这就是所谓的上帝是原因的原因,唯独上帝自身却没有原因。用臆猜和想象跨越现实的栏杆是人特有的功能。这正是牛顿和爱因斯坦最后投入上帝怀抱的重要原因之一。

8.2.2 生命痛苦的产物

人生存在世界上,"欢喜之意有限,悲感之意无穷"[①]。生命的生物性存在决定了痛苦的不可避免性。任何生命只有摄取营养才能生存,而营养只能来自外界。要摄取营养,就不能回避劳作、运动和必要的争夺、抗拒。这个过程是痛苦的过程。即使作为高级生命的人也不例外。生中有苦,死中有苦,矛盾中有苦,竞争中有苦,疾病是苦,战争是苦,失落是苦,孤独是苦,瞻

---

① 谢榛:《四溟诗话》。

前有苦，顾后有苦……可谓"苦海无边"。良辰美景如同过眼云烟，顷刻而消；而肉体和心灵的痛苦，如同驱不散的阴影，跟随人的一生。从捡煤渣的老太婆到开交易所的资本家，苦恼同在，不过内容不同罢了。

法国有条谚语说，"患难教人祈祷"，可谓言简而意赅。从一定意义上讲，神是人间痛苦的产物。人类造神以求自身得救，这正是费尔巴哈所说的利己主义是宗教"最终极的主观根源"。苦与死在所难免，然而人的价值指向并不在于苦和死，而在于超越苦和死。宗教中的吃苦是为了换取来世的不吃苦或灵魂上天。彼岸的设想，在于泯灭苦乐的对立、消除生死的界限、解开是非的纠缠。即使空洞的设想，在特定的意义上也能安慰被世间苦难踩躏得伤痕累累的心灵。古人诗云："一生几许伤心事，不向空门何处消？"① 正是从这个意义上说，哪里有人，哪里就有苦难；哪里有苦难，哪里就有神。没有宗教这座苦难历程的丰碑，人不知道怎样解释苦难和对待苦难。人既需要现世的关怀，也需要来世的勖勉；既需要生活的供给，也需要心灵的慰藉。神性是人性的需要，是人性的一种表达方式，这便是俗话中的"人心有佛心，佛性在人心"。人的心灵深处存在一种超现实的依赖感。费尔巴哈认为，人面对自然，一方面是恐惧之感，另一方面是感恩之情，于是产生了依赖感，依赖感是宗教的起源。这种依赖感来自人的需要，是利己主义本性的表现。詹姆士在《实用主义》一书中这样写道："上帝这个名字至少给你一种精神上休假日的好处。"一切虔诚和笃信的人，生活在神的规定中，便会获得信仰的支撑、灵魂的勖勉。这样一来，生活在现实中的人，又生活在自己的假定之中。自己编织的幻境给自己一种慰藉。如果不顾人类心灵世界的复杂性，用强力砸破幻境，那么就意味着人的希望破灭，希望的破灭带来的是情绪失落。

8.2.3 精神超越的产物

人只能利用有限的生命，而无法占据永恒的时光。人如一缕游丝，如一粒尘埃，漂浮滚动于茫茫红尘之中，经受着风雨的冲刷和浪涛的袭击，在极有限的时间中消失得无踪无影。"年年岁岁花相似，岁岁年年人不同"（刘希

---

① 王维：《叹白发》。

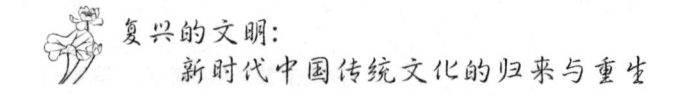

夷），"唯有门前鉴湖水，春风不改旧时波"（贺知章），自然的永恒与人生的短暂形成了鲜明的对照。从汉武帝《秋风辞》中的"少壮几时老奈何"到毛泽东的"人生易老天难老"，都反映出人面对生命有限的慨然感叹。但感叹不足以消解"人生无常"的遗憾，于是，就有了超越有限的遐思、天国美景的设定，期盼走出时间的限制而实现永恒。彼岸世界正好适应了灵魂不灭的幻想，这就形成了生于现世想来世、立于此岸望彼岸的期待。当心灵的扁舟摇摆在惊涛骇浪中时，人总盼求在神圣而美好的港湾靠岸。科学的陈述，永远不能实现灵魂的超越。科学可以发现人体而不能发现人心，或者说只能解说人心而不能安慰人心。这就是人除了关心锅碗瓢盆之外，还需要聆听教堂钟声的原因。精神的超越，意味着心灵的自由。斯宾诺莎认为，幸福和自由应寄托在对神的恒久的爱上；人越是认识神的本质、越爱神，就越不受恶劣情感的困扰、越不怕死；心灵只有返回到神，才是人的自由。

8.2.4 关爱众生的产物

人是群体生存的动物。人除了自身关爱，还存在群体关爱，即渴望、盼求人间的净化与众生的觉悟。如何使人间净化与众生觉悟，是宗教情怀的终极价值所在。用现代术语表达，就是终极关怀。孔子讲的"祭神如神在"、老子讲的"道法自然"、庄子讲的"天地与我合一"、马斯洛讲的"高峰体验"、汤英比讲的"人生态度"、蒂利希讲的"终极关怀"，等等，都包含了这种救世情怀，即由个体内在超越的情感体验的成功来涤除人世的精神污垢。

从广义的社会文化着眼，没有必要证实彼岸世界是否存在，而只要发挥宗教文化的社会调节和心理调节功能就算达到了目的。而要达到这一目的，外在的学术化的表述无能为力，内在的神灵化的表述才能奏效，这就是宗教组织、神职人员存在的原因。

宗教既是信仰与理想，又是现实与规范。它以信仰的追求和理想的期待来获得现实的规范，来完成对人心的抚慰和对社会关系的调整。宗教从最后的追求看是指向天国，其实质的影响却弥漫于人间。

8.3 宗教与其他文化的关系

宗教文化既有其相对的独立性，但又同其他文化分支之间存在着千丝万缕的瓜葛。这里作一简要的说明。

8.3.1 宗教与科学

宗教与科学是两种不同的认知方式和思维方式。科学致思于物质本真，立足于思维内容的现实性和思维形式的逻辑可靠性；宗教体现超越的人性，思维对象具有超现实性，思维形式具有非逻辑性。科学开创人生的现实道路，宗教塑造人生的精神境界。二者分属于事实范畴和精神范畴两个不同的领地。宗教不需要科学化、实证化，但需要学术化。学术化有利于宗教的纯洁，即分清正教和邪教。用宗教思维代替科学思维，会造成科学的灾难；用科学思维代替宗教思维，会断送宗教文化中有价值的东西。

宗教和科学既有对立的一面，又有相互补充和促进的一面。

从发生学意义看，宗教与科学起于同一源头。上古时代的内外科医生来自巫师，驱邪术是早期形态的医术，故古代巫医合称。原始时代的神职人员是最早的知识分子，他们不仅胜任部落祭祀大典活动的祭师，还承担着天文观测、地理勘探和建筑设计工作。天文学发轫于占卜星相，地理学起源于风水堪舆，巫术操作法是实验演示的原始萌芽。

从人的理想追求看，科学和宗教可以并行不悖地统一在同一个人的意识之中。如牛顿和爱因斯坦都是虔诚的基督教徒，英国科学家培根是天主教会的僧侣，开普勒是职业的占星术师，德国物理学家魏伯与现代进化论的联合奠基人之一的华莱士都是热心的招魂术师，哥白尼和布鲁诺既是宗教的受害者又是基督教教士。科学家常从宇宙的物理秩序中寻找神的自然真理。爱因斯坦一生不断阅读《圣经》，用"超然者"和"化身"谈论时空背后的"宇宙知者"，他说，"没有宗教的科学是没有说服力的，而没有科学的宗教是缺乏判断力的"，进而认为宇宙的宗教的经验，来自科学的天空背后，是最强有力、最崇高的经验。牛顿对自然现象有两种解释，一为科学的，一为宗教的，因而他对科学锲而不舍，对宗教孜孜以求。美国社会学家默顿说：新教伦理学与资本主义精神一样，能推动科学的发展。

站到人类文化的整体构架上看问题，就会发现，宗教和科学犹如人的两只耳朵，从不同的方向倾听着万物发出的声音。二者既不能混淆，也不能相互代替。

8.3.2 宗教与政治

人类社会需要制度文化以维系其正常的秩序。宗教组织促进了社会世俗生活的制度化，形成了思想上的价值认同系统。这是宗教对政治所起的奠基作用。在宗教文化体系内，既存在情感上的认同，又存在行为上的限制（戒律），后者就是一种制度。从表现形式看，政治指向人间的秩序，宗教指向超人世的彼岸，但实质上都在调整社会关系，因而具有同一性。但二者以不同的方式发挥作用，不能重合或置于同一层面。因此，政教合一的模式不可取。政治的宗教化会失去政治理性，宗教的政治化会使宗教变形异化。由于不同的文化背景和社会制度，政治和宗教的关系呈现出不同的形态。在有些时期或有些国度，政治的合法性需要宗教确定和认可；而在另一些时期或国度，宗教的合法性需要政治的确定和认可。中国传统的政治，不是宗教政治，但渗入了宗教因素。"文革"时期的政治风潮近似于宗教狂热。政治崇拜，以及政治上的造神运动，实际上是宗教缺失的表现。政教合一的政体模式，在早期的人类社会中难以避免。但进入文明社会后，这种模式的弊病越来越明显，故为文明社会所不取。

如何处置好政治与宗教的关系，对于一个社会的文明进步关系重大。应当说，政治与宗教的合理处置，有赖于民主和法制的健全与完善。

8.3.3 宗教与哲学

宗教与哲学的关系显得颇为复杂。二者处于一种可分离又可合一的纠结状态。从狭义的哲学来说，宗教教义不是哲学；但从广义的哲学来讲，宗教中的教义也算是一种哲学，因为宗教是对世界、人生的一种解释、一种看法、一种说教。西方中世纪经院哲学的代表人物托马斯·阿奎纳在其代表作《神学大全》中提出"所谓其他科学，都是神学的婢女"，他的继承者又概括出"哲学是神学的婢女"这句话，企图将哲学纳入神学的轨道。但托马斯本人也承认，哲学以理性、"自然"为研究对象；而神学以"启示""信仰"为对象。中世纪爱尔兰哲学家、神学家伊里吉纳主张在神学的形式下用人的观点对哲学进行独立研究，使哲学从神学中分离出来。他把理性思维提到了与宗教信仰同等的地位，认为宗教教义是理性发现的，接受宗教教义，也得依赖理性。出于这一缘由，哲学与宗教、理性与信仰归于同一，上帝不是哲学的禁区，而是哲学研究的对象。于是他断言：真正的哲学就是真正的宗教，真正的宗教就是真正的哲学。他还喊出过这样的口号："不借助哲学，谁也进不了天堂。"伊里吉纳这一说法，虽然是从宗教的视点看待哲学的，但他强调了哲学在宗教中的地位。在现代学科分类中，将宗教学列入哲学社会学科，就证明了伊里吉纳的主张有先见之明。

按照罗素的说法，一切确切的知识都属于科学，一切超乎确切知识之外的说教都属于宗教，而介于这两者之间的则是哲学。宗教和哲学都在解释宇宙和人生。然而，哲学和宗教毕竟不是一回事儿。哲学只是一种理论、一种学说，不像宗教那样构成教阶、教团的社会组织体系。按黑格尔的说法，哲学以"概念"形式表现理念，宗教以"表象"的形式表现理念。哲学始终是人的表述，而不是借神的权威来表述。因此，我们可以把神学看作广义的哲学，而不是狭义的哲学。当然二者可以相互影响和借鉴。

8.3.4 宗教与道德

道德用以谐调社会关系。宗教提倡善，在人类最高价值的起点上否定了恶，用以洗浴世尘、感召人心。

原始道德是作为神的秉性而降临人间的。早期的伦理，实际上指的是宗教的道德化。宗教把道德原则看作人改变自身、脱离苦难的唯一手段，其本质在于劝善惩恶：无论是灵魂升天的诱导还是打入地狱的惩罚，都是为了导善。善是人性中才有的概念，低等动物无所谓善。宗教通过克己奉外、排忧遣郁的自律精神，以达到道德提升的目的。这种内在的道德自律比起物质奖赏、思想教化和舆论导引，有更潜在的动力，其功能更为深固和持久。敬神利于律己，律己利于迁善。因为政治教化会受到政治集团变动的冲击，加上它带有明显的功利性、目的性和世俗性，容易空疏、泛化以至流变和破灭；而宗教道德较少受时政、世俗变故的干扰而相对稳定。政治教化体现为"礼法"，而宗教劝善体现为"心法"。心法有自身的特殊规律，外力难以轻易地代替。暴力只能使人口服，不能使人心服。外在的暴风骤雨只能扰乱灵魂，而不能使灵魂处于安宁。这就是所谓的"心病还须心药治"，"神道设教而天下服"。宗教道德的企求虽然不同于世俗道德，但又可以转化为世俗道德。早在20世纪初期"反封建"的浪潮中，有识之士就发现，宗教文化不可缺失。如章太炎，就主张用宗教发起国民信心，增进国民道德。梁启超在《救亡论》中说过几句很有见解的话："神者，在若有若无之间而不可无者也，不明鬼神则陋民不悟，故先圣以神道设教……一知半解者妄欲废神道去迷信，则奸人益横肆而无所忌惮，复何所不至哉？"理性原则难以抗拒世俗诱惑，榜样引路的功能也极其有限。世俗道德教化不能代替宗教道德。一个真正笃信神灵的人，是不会去偷盗抢劫、杀人放火的。柏格斯在《道德与宗教的两个来源》中认为，宗教的第一个作用就是维护和加强社会的要求。

虽然，中外都有人否定宗教的道德作用，如18世纪法国启蒙思想家、哲学家培尔，就认为宗教信仰没有起到纯化道德的作用，并设想过由清一色的无神论者组成道德社会的可能性。但实践证明，宗教的道德功能是不可轻易否定的。

8.3.5 宗教与艺术

原始宗教是文学艺术的源头。诗、歌、舞、戏等艺术品种都肇始于宗教祭祀，后世独立的文学艺术品种便从颂神、敬神的宗教文化中嬗变而来。艺术是宗教的传播工具，而宗教的传播使得艺术不断得以发展壮大。教堂、寺庙、道观等宗教场所，就成为民族文化的窗口，也成了历史和艺术的博物馆。而且，审美意识往往同宗教意识相互包容渗透，形成复杂的同构关系。人对大自然的神秘感和敬畏感中，总是把宗教体验与审美体验融为一体的。求"圣"不仅是宗教的主题，也是高层次的审美追求。中国传统的禅诗，就把佛家的精神境界和文学的审美意境非常和谐地统一在一起。佛空道无的思维方式，从来就是文学创作中诱发灵感的电光火石。僧达观所撰惠门《石门文字禅序》中说："禅如春也，文字则花也。春在于花，余花是春，花在于春，余春是花。"从中可见，宗教与艺术，存在着相互包容渗透的关系。

8.4 关于儒家是不是宗教的问题

8.4.1 中国宗教文化有自身的特殊性

中国上古时代的原始宗教，属于一种泛灵崇拜。其中有图腾崇拜、土地崇拜、天体崇拜、祖先崇拜，等等。中国人把祖先当作自己的守护神，这使得汉民族的宗教情绪是泛化的、松散的、世俗化的。

道家学说被后世宗教化。《道德经》更多地体现了一种哲学思想，但它的宽泛性、模糊性和神秘性为其宗教化留下了空间。汉代后，道教演化为实用宗教，并在民间广为流传。经天师派的改造，道教侧重于符箓咒语、占卜算命、镇魔驱邪、巫医方术、谶纬之学，等等。道教经典有：《阴符经》——战国末期成书，阐发天人合一及修养炼丹；《老子化胡经》——传为晋道士王浮著，扬道而贬佛；《黄庭经》——南北朝时流传，用七字歌诀形式谈养生之道；《太平经》——内容庞杂，涉及天地阴阳五行干支神鬼灾异及封建伦理等；《道藏》——初修于宋代，金元明都有编纂，内容庞杂，现存为明代所修，5686 卷；等等。

8.4.2 佛、道是宗教

佛教于西汉末东汉初传入中国。东晋僧人法显费时 14 年，游历 13 国，带回许多佛经。南朝各代都推崇佛教。北魏开凿石窟。隋文帝多次下诏兴建寺院。唐代时，玄奘西游印度，带回大量佛经。佛教在传入过程中，同我国本土的政权结构、儒学思想、世俗文化之间发生过冲撞，有过曲折的历史。其中，影响较大的斗争有"三武（北魏武帝、北周武帝、唐武宗）一宗（后周世宗）法难"，以及著名的韩愈谏迎佛骨事件等。前者属于政治强力行为，后者只表现为意识形态领域的争持。宋代以后，儒、道、佛在思想上完成了

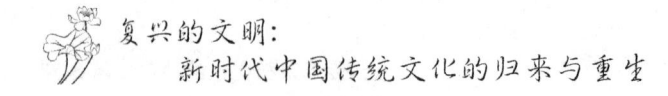

融合，即所谓"三教合一"。

佛、道两家是宗教，没有疑问。儒学是不是也属于宗教，人们的看法不尽相同。其中，四大宗教文化圈把儒学看成宗教，而李约瑟《中国科学技术史》认为儒家思想的特点是"重今世""没有造物主概念"，国内主流学术观点同样不以儒家为宗教。

8.4.3 儒学在发展中染上宗教色彩

前面我们说过，一种宗教需要具备教主、教义、教规、教阶、教徒五个条件。在儒学中，孔子并没有以教主的身份出现，他的学生也没有以教徒的身份出现，而且儒家没有教阶化的组织结构。儒家致力于此岸的人事，对来世和彼岸并不感兴趣。《论语》中明载："子不语怪力乱神"（《述而》），"未知生，焉知死""未能事人，焉能事鬼"（《先进》）。儒家文化有清醒的理性精神，他们是学术团体、文化团体。但是，儒家又相信天命，仍未摆脱原始宗教中的天地崇拜，进而把天道宗法化、伦理化、神秘化，并形成执着的信仰。儒家的"天"，具有人格神的性质和功能。儒家主张以虔诚的心灵对待祭祀，如"祭思敬"（《子张》）、"祭神如神在"（《八佾》）。儒家的伦理教条和宗教戒律相类似，力图以先验的道德精神导引心灵的内在超越。从这一角度看，儒家文化事实上发挥了一种宗教功能，是蒂利希终极关怀、汤英比人生态度意义上的宗教。宗教思想理论化后，就有哲学色彩；哲学思想教条化后，就有宗教色彩。事实上，后世对圣人的立庙、祭祀、跪拜、点烛、烧香等活动，与其他敬神并没有多少区别。儒学在历史上确也起到了安身立命、灵魂救济和终极关怀的宗教功能。

归纳起来就是，儒家不重神灵，但又为敬神留下了心理空间；重视现实人事，但又有宗教意蕴；自身不是宗教，却起到了宗教的作用。从严格的宗教定义看，儒家不是宗教；从泛宗教意义看，则是宗教。先秦时，儒学只是一种学术；汉代以后，其宗教色彩就不断浓厚起来。董仲舒将儒学神学化，宣讲"天人感应"和"灾异谴告"；宋明理学，从思想内核上使教化之教的儒学接近宗教之教；近代康有为、陈焕章等人提出了建立孔教的设想；当今东亚地区，孔教的说法极为流行；现代新儒家也体认到宗教文化在人类思想资源中的地位，开始阐发儒学内含的宗教意蕴，揭示出天道理论形而上的生命观具有内在于人生的主客不二的特性、天地人神合一的伦理道德中的宗教精神有普遍的现代价值。

罗素认为，儒家伦理作为宗教的替代品统治了中国士大夫的心灵。从宽泛的宗教意义着眼，说儒家是一种宗教也未尝不可。好在儒学有包容性，既不与其他宗教作对，也不与自然作对，这就使得中国多种宗教可以并存。

8.5 宗教的异化

8.5.1 宗教中的异化现象

激进的思想家把宗教称之为麻醉人民的精神鸦片和精神上的劣质酒。异化的宗教，确是如此。

宗教从萌发之日起，就用非逻辑、非理性的神秘主义观念看待世界，带有虚幻色彩的价值肯定形式，因而对世界的认知带有盲目性。原始宗教是宗教文化的初级形态。原始人相信存在一种超人类的另外境界和力量，主宰着自然和人类。于是，他们生活在恐惧、敬畏和崇拜的心理阴影中。阶级社会出现后，宗教又往往被统治者所利用。

宗教妨碍了科学的发展。对神灵的依赖和畏惧，使人的主观能动性得不到及时、充分的发挥。随着宗教的延展和僵化，虚幻的价值肯定日益他律化，教条和戒律变为人的枷锁，人生活在异化了的神的规定之中，变成了崇拜对象的牺牲品、殉葬品。灵魂上天是一张无法兑现的空头支票。"割肉喂鹰""舍身饲虎"，已不能看成对生物的关爱，其实质上是人的自残、自戕行为。为"福田"而用自己的鲜血写经，表明人成了神的附庸，神的无限高大是以人的无限缩小为代价的。某些来路不正的宗教，还会要求教徒们以身殉教。例如，1978年11月18日夜，南美洲圭亚那丛林中，发生了900多名"人民圣殿"教的教徒集体自杀的事件，成为震惊世界的消息。1986年11月1日，日本"真理之友教会"的7名教徒集体焚身自杀，原因是该教会的教祖前一天病逝，这些教徒决定随教祖乘鹤西归。特别是宗教一旦恶性发展，出现群体性的宗教狂热，垄断和代替了政治、法律之后，就会出现灾难性的后果。残酷的宗教战争和宗教审判，就是出现在这样的情况下的。在西方社会的中世纪，教规、教法成了天经地义的法律，科学的萌芽遭到无情的摧残。这个历史时期，欧洲教会烧死了500万人，其中不少是因为传播或接受科学思想而遇难的。比如说，1327年，意大利天文学家阿斯阿利的齐柯因认为地球另一面有人居住，被教会用火烧死；西班牙医生塞尔维特因认为"灵魂本身就是血液"，被控亵渎了"灵魂不死"的神条，被新教以异端的罪名烧死；1600年，布鲁诺在罗马鲜花广场被焚；1663年，伽利略在罗马宗教法庭被宣判。

由此可见，宗教情绪极易走向极端，导致盲目地排他。世界范围的宗教冲突至今错综复杂，恐怖分子正是利用宗教煽动仇恨。从这一视角看，"上帝死了"和"宗教灭亡"的呐喊，其意义不在上帝的死活与宗教的存亡，而在于人的精神和对宗教意识板结的解构。

8.5.2 宗教中的矛盾

宗教之所以容易异化，是因为它自身包容了一系列矛盾。

1. 既想解开宇宙人生之谜，但又无法解开

在认识方式上，宗教采用幻化的形式，用想象与虚构编织神话。它把自然人格化、意识化，超越了对客体的物质结构及运动形式的本真考察，对科学认知造成迷障，妨碍了人们用科学手段解决人与自然的矛盾。例如，宗教对疾病的解释阻碍了病理的探究和药理知识的传播，影响了疾病的预防和治疗。

2. 力图超越世俗又难免世俗化

企冀超离世俗，但一切从事宗教活动的人都不能超离人间的物质生活。不管宗教团体的理论主旨如何，都是以社会实体组织的形式存在的；在处理人际关系时，总是以人的身份或社会团体的身份参与世事；其生活用品还得依靠劳动民众；宗教社团内部，实际上仍然是一种社会组织结构模式；不食人间烟火，对于以肉体存在的生命来说，是做不到的；止息心灵妄动，以至万念俱灭，对于生命体来说，总显得玄而又玄；人与生俱来的欲望有合理的

一面，要人六根清净，事实上是办不到的；"本来无一物"，对有血有肉的人来说，只能是一种理想中的境界。

同时，宗教家倡导的"忍"，虽然有克己益群的作用，但又存在助长世俗恶势力的副作用。要人一味地忍让，也包含了一种弊端，即忍让助长了恶势力膨胀。为维护人民的合法利益，不能光依赖"忍"，必须还要有公正的"法"。

3. 倡导普度众生，却无法根除苦难

宗教中的救世情怀不容怀疑和否定，然而人不能只生活在幻想境界和道德律令之中。至善的愿望和救世的动机并不能使人得到现实的拯救。宗教的救世情怀大多流于愿望和理想。李商隐的两句诗，形象地揭示了这种矛盾：

欲就麻姑买沧海，一杯春露冷于冰。（《谒山》）

前句可以看作人心中的超越追求，后句可以看作人无法超越现实的存在。人想神能满足自己一切理想的期待，然而盼来的只是一杯冷露。人间的困境与苦难、人间的矛盾与冲突不会消解于宗教家美好的主观祈祷之中。祈求与现状之间的鸿沟，是神的法力无法填平的。

4. 主张以情导善，又易情绪化而盲目排他

人不能没有"情"，但又不能放纵"情"。宗教是情绪化的文化，能导人向善。问题在于，情绪一旦偏激，就会失去理性。宗教狂热就是失去理性的表现。这时，就容易把残暴当成正义。

宗教是立体的文化结构中的一个组成部件，不能单一地包打天下，不能代替科学和民主。科学、民主和宗教是人类不同向度的三个避难所，三者需要兼顾。科学是对抗自然异己力量的有效工具，能把人从自然的奴役和重压下解放出来，如药剂消灭病菌的道理一样；民主是社会公平原则和制度合理化的体现，能把人从人的奴役和重压下解除解放出来；宗教则体现着人的心灵世界的某种愿望和企求，能给人提供灵魂归宿的港湾。三者不处于同一维度，错位、代替、互换、绝对化或非此即彼，都会导致整体的文化生态的失衡。

8.6 中国的宗教前景

8.6.1 中国社会中的泛灵论

汉人的宗教意识中充斥着泛神崇拜色彩，保留了原始宗教的痕迹。民间的神系很杂，如龙王、山神、土地、娘娘、关帝、东岳、三王（马、牛、药），以及灶神、家神，等等。佛道中的诸神也能坐进民间的土祠。这在世界范围看也比较特殊。多数汉人对神鬼的态度是徘徊于信与不可全信之间。中国民间的宗教意识基本处于迷信的层面，是一种实用化的宗教，超越精神、彼岸理想不鲜明。

在中国历史上，宗教是政治附庸，神权始终受制于王权，神权只有在王权许可的前提下才具有合法地位。

8.6.2 中国的宗教现状

20世纪的社会变革使中国宗教出现畸形裂变现象。"文革"也许是我国历史上最大的法难，其间，三教合一的格局被破坏。改革开放以后，宗教从法律上被重新肯定，但在舆论上还处于劣势地位，无法与政治、经济、哲学、艺术并列，给人的印象是"合法不合理"。宗教场所确实不少，但净化人心的职能仍极其薄弱。据统计，现在宗教场所8.5万余处，教职人员30多万，宗教团体3000多个，主要宗教有佛教、道教、基督教、伊斯兰教、天主教等。其中，藏传佛教活动场所1700多处，住寺僧尼5万人；清真寺3万多座，教徒1800多万；基督教近10多年来发展很快，教徒达2000多万；至于汉民族中信佛、道教的人有多少，就难以统计了。

现阶段，神职人员的素质高下不等。如何提高教职人员的素质，如何发挥宗教的社会教化功能，是需要认真研究的问题。

8.6.3 儒、道、佛有历史和社会的基础

发挥宗教道德教化功能，是社会现实的需要。当代中国，社会在向人口

高峰期演进，巨大的人口压力、激烈的生存竞争，形成了干裂而躁动的心灵流沙。处处可以听到人们对他人、对社会的埋怨，如同空石磨（中无粮粒时）发出的声音一样令人忧虑。面对这种社会现象，灵魂自律和心法约束、精神觉悟和良性修持、青灯黄卷的滋润、祥云慈雨的洗浴，就变得尤为重要。灵悟不是叫人完全地超尘脱俗，而是在物欲横流中保持不染污浊的贞节。人的生活是多元的，只有商业炒作和世俗享乐，而没有宁静和肃穆、慈祥和善良、理想和超越，那么，就难免让人感到单调乏味和烦躁不安。宗教情怀中的终极探险，对于滋润干裂的人际关系和躁动不宁的人心不无作用。

三教在中国有深厚的文化土壤和社会思想基础。中国未来的宗教，只能走儒、道、佛合一的路，这是历史格局所决定的。这不能仅仅理解为理性上尊重民族的历史文化和宗教情感，它是群体认同形成的一种难以逆转的走势。儒以治世，佛以治心，道以治身，三教各有所用。当然，有容纳精神的中国文化，也不排斥其他宗教。

第 9 章
传统思维的特点

9.1 思维能力与文化发展相辅相成

人与低等动物区别的外在特征是具有直立行走的生理功能,而内在特征是具有发达的思维功能。在万类纷争的大千世界中,人之所以能卓然超越于一切动物世界,成为大自然的主宰,全赖其得天独厚的思维能力。在一定的意义上讲,人类文化的历史,是人类思维发生、演化和拓展的历史。

"思维"一词,有广义和狭义的区分。广义思维,指人的全部的精神活动、意识活动,它和物质现象相对应;狭义思维,指人脑对感性材料进行加工、制作的程序和行为。我们这里指狭义思维。思维方法是思维活动中所使用的具体的程序和法则,思维形式是指思维结果得以实现而采取的概念形态和中介式样,二者统一起来叫作思维方式。

人类文化本质的追求在于,通过实践创造符合自己要求的世界。思维是沟通主体与客体的高层媒介。人只有通过思维这个高层中介,才能使认识的对象意识化;反过来说,思维这个中介又可以使抽象的意识对象化,即合力创造新的自然。说思维是主、客体之间的高层中介,是同感知功能和体力功能相比较而言的。感知功能依赖五官,体力功能依赖四肢,而思维功能依赖大脑。五官的感觉功能只是了解外界客体的信息,四肢体力功能只是用生物性能量作用于客体事物,而大脑思维功能则可以更本质地认识客体,更有效地协调人的各种功能,进而改造对象世界。人类思维本质上离不开主客体之间的双向运动,离不开特定社会、特定文化的实践活动。文化的发展,必然促进思维方式的深化；思维方式的深化，必然推动文化事业的进一步发展。思维与文化的这种相互渗透、制约和促进，实现着人类社会文明成果的不断增殖，并谱写出壮丽的史册。科学革命的爆发、文学艺术的突进、思想意识的变革、哲学命题的刷新，无不是"思维—文化"相互作用的成果。从文化萌生期的理性觉醒到近代非理性主义思潮，从原始的宗教信仰到近代人文主义思潮，从阴阳五行学说到当代系统理论，从敬天保民的思想到历史是人民创造的观点，都是依靠特定思维得以完成的。

当我们考察特定社会背景之下的文化模型时就会发现，思维方式总是以经络的形式贯穿于文化的各个肌体、各个部件之中。有其文化的特色就有其思维的特色，不同时代的文化，呈现出不同的思维特征。"每一时代的理论思维，从而我们时代的理论思维，都是一种历史的产物，在不同的时代具有非常不同的形式，并因而具有非常不同的内容。"[1] 我国古代社会，就具有那个时代的思维方式。

9.2 传统的思维方式

9.2.1 取象法

早在文化萌动期，古人就已经开始建立符号体系的探索。这种探索，表现出思维方法的更新。古人面对浩渺的宇宙、神奇的自然和不可思议的生命本体，开始用"观物取象"的方法建立思维的抽象模式。这种模式通过符号形式体现出来。《易·系辞》中说：

> 古者庖羲氏之王天下也，仰则观象于天，俯则观法于地，观鸟兽之文，与地之宜，近取诸身，远取诸物，于是始作八卦，以通神明之德，以类万物之情。

八卦是否为伏羲（庖羲氏）所画，因代远年湮、史料奇缺而无法得知，然而八卦使用"观物取象"的方法获得模型体系、符号体系已为后人的广泛

---

[1] 《马克思恩格斯全集》第3卷，人民出版社1972年版，第465页。

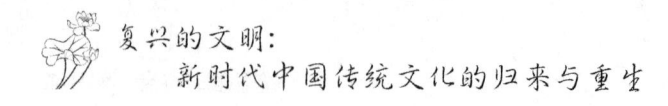

研究所证实。

八卦用蓍草或竹签代替时，是一种模型；用刻痕、画线代表时，则是一种符号。八卦中最基本的构成元素是阳爻和阴爻。阳爻的符号为"—"，阴爻的符号为"– –"。这些符号就是"象"。《易·系辞》中说，"易者，象也；象也者，像也"；"夫象，圣人有以见天下之赜而拟诸其形容，象其物宜，是故谓之象"。"—"这个符号，从"远取诸物"看，是天的外观表象的模拟（天象浑然一体）；从"近取诸身"看，则代表了男性的生殖器官。"– –"这个符号，从"远取诸物"看，是地的外观表象的模拟（江河从中流过，把大地一分为二）；从"近取诸身"看，则代表了女性生殖器官。这就是初始的抽象方法，即把自然形体用一种模型或符号代替，表明人的思维活动开始发生了一种质的突变。"象"不再是自然物，而是渗入了人的观念和意识，目的在于"立象以尽意"。这里的思维程序是：物—象—意。汉字的产生，同样使用取象、模拟的方法。所谓造字六法，以"象形"为基础，所以汉字是象形文字。

取象法是一种认识事物和拓展思维的有效方法。它以媒介的形式沟通了主体和客体之间的联系。一个民族、一种文化，在初始时使用的思维方法，对其文化类型的形成和日后的发展影响甚大。在中国，由于使用取象方法，建造了阴阳五行的系统理论；在西方，早期文化的初始思维即用分析法，分析法建造了原子学说；从古希腊米利都学派的元素论，到留基伯及伊壁鸠鲁的原子论，都具有明显的分析特征。中国的阴阳五行学说显示了农业文明的根须，而西方的原子学说埋下了工业文明的种子。由此可见，一种文化的思维特征，在初始时就已经形成基因、胚胎。这种基因和胚胎，是经客体条件和主体心智的合力铸陶而就的。

令人遗憾的是，观物取象获得的成果，并没有在继承和扬弃的交替环节中健康地发展下去。农业社会的闭塞、封建思想的僵滞、专制体制的绝对，使阴阳学说变成凝固的教条。本来可能向"模型意识"和系统思维转化的取象法，在古老的树杈上逐渐干枯：八卦被政治化——引入君臣之道，伦理化——引入父子、夫妇之道，神秘化——变成算命的工具。八卦图形在莱布尼兹手中，启示了二进制计算机的产生，在它的本土上却被看成玄秘的偶像。

9.2.2 模比法

这种方法不再局限于符号的抽象,其功能就是利用万事万物之间的类同性、相近性、相似性和相异性,进行有机联系的对照和比附。这种模比的范围十分广泛,可以是特殊事物对特殊事物,也可以是特殊事物对一般事物。它通过直观认识局部现象、获得特殊知识,以类比普遍的事物或事理。

这种模比的方法,被广泛地运用到哲学、文学以至医学理论、自然科学等各个领域。郑玄说的"比者,比方于物也",是指比喻;挚虞说的"比者,喻类之言也",指类比;皎然说的"取象曰比,取义曰兴",指文学的形象思维;郑玄在另一处讲的"比,见今之失,不敢斥言,取比类以言之",则指文学中的象征、暗示、寓意等手法。

《尚书》中已有成熟的比喻、类比说理形式。《诗经》中的"比体"笔法应用十分广泛,王夫之在《姜斋诗话》中指出,"小雅鹤鸣之诗,全用比体,不道破一句"。先秦的诸子著作,几乎都以善用比喻、善于托物、长于类推而著称。孔子的"能近取譬""推己及人""举一反三"等,都指运用比证和类推方法而言;《孟子》全书凡261章,有159处用了比喻和类比;《墨经》提出"知类""以类行之""异类不比"的原则,指的就是逻辑类推的思维形式;《易传》主张"以类族辨物";《内经》提出了医学研究中"别异比类"的方法;《荀子》重视"以近知远,以一知万"的类证推演方法。另外,汉代的王充提出了"方物比类"的方法,宋代的沈括提出了"比类相观"的方法。这都是从不同的学科领域对模比思维加以应用,并加以概念化和理论化。

在模比思维中,类比、比喻和对比有异。类比是逻辑上的类推,它要求比证的双方是同类的事物,在比证中要求得出同样性的结果。如,"邹忌照镜"就是类比思维,邹忌用妻爱、妾怕、客人因求他办事而都说他漂亮的事实,说明作为国君,有人爱、有人怕、有人要利用,因而都会赞誉这个道理。这两件事,都是同类事物。

比喻的方法在论证问题时,只是为了通俗明了地说理。作比的双方在某一角度、某一视域上是相通的,但不一定是同类事物,也不一定是生活中真的发生过的事物。比如"刻舟求剑""揠苗助长"等,都属于这种求明的说理形式。在文学创作中，比喻就成为一种设象寓意的修辞手法和表现手法。如关雎和鸣与男女相恋类似、硕鼠耗粮和贵族寄生相通，故见于《诗经》；香草美人可以褒扬仁人君子、恶禽臭物可以贬斥奸佞小人，故见于楚辞；"记得绿罗裙，处处恋芳草"，因恋人到恋绿衣，因恋绿衣到恋芳草，形成回环连锁的曲喻；"江河曲似九回肠""碧玉妆成一树高"，本意在以河喻肠、以玉比树，但又巧妙地以反比的形式表述出来；"焚书早种阿房火，收铁还留博浪锥"，比喻中有夸张，夸张中有比喻，外在的同型，内在的相通，通过诗的语言有机地联系起来；"自在飞花轻似梦，无边丝雨细如愁"，超越了外在形似的比拟，已进入到神韵相通的心灵感受。

至于对比，就是把同类的两种事物，在同一标准的前提下加以对照比较，以找出它们不尽相同的地方，或者鉴别出它们的优劣好坏、是非长短。古代儒家和法家对"礼"和"法"的辩论，就是一种对比思维的应用；"华夷之辨"也是一种对比；"异常不比"的原则，只就求同的类比思维和求异的对比思维而言，求明或寓意的比喻思维不受"异类不比"原则的限制。

模比思维既有可行的一面，也有不足的一面。把它大量地使用于逻辑论证的时候，就显露出其难以避免的缺陷：类推和比证的结果，只具备或然性，不具备必然性。古文中有些论证，缺乏严密的逻辑序列，用寓言、故事、奇闻轶事作论证的论据，有些近乎文字游戏。为了证明或反驳，那些策士谋臣和纵横家们，往往违反"异常不比"的原则，把不同的事物牵强附会到一起，捕风捉影、移花接木、张冠李戴，有明显的不周延之处。至于那些谶纬学、象数学之类，更是以猜测、想象进行比拟类推。所以王夫之说，象数学"两片四片之说，猜量比拟，非自然之理也"[①]。

9.2.3 对应法

中国古代的对应思维从对称—对应—天人对应的思路中发展而来。

大地湾遗址留下了中国最古的建筑文化痕迹，可以看出当时的建筑设施和布局已经开始注重和讲究对称性。晚于大地湾遗址的红山遗址，则留下了

---

① 王夫之：《思问录·外篇》。

最早的宗教文化的遗物。该遗址的女神庙中有圆形祭坛和方形祭坛，用以象征天圆地方。这是上古人有意追求宗教场所和天地法则的对应关系。

后来，中国医学又进一步认为人的形体和天圆地方的法则也有一定的对应关系。《内经·灵枢·邪客》中说："天圆地方，人头圆足方以应之。"后世的宫殿、器物都讲究与天地法则的对应。据《三辅黄图·咸阳故城》记载，秦始皇"筑咸阳宫，因北陵营殿端门四达，以则紫宫，象帝居。引渭水灌都以象天汉，横桥南渡以法牵牛"，"已命南信宫为极庙，象天极"。汉代长安中心的"紫微帝宫""斗为帝车""璇玑玉衡，以齐七政"等，都追求地宫与天宫的对应。直到明清留下的故宫——紫禁城，也有许多对应天地的布局。正如研究中国建筑史的何汉南所言，"天地对应，人神一体。这是我国古代神权统治思想的核心，也是城市设计思想的根源"①。圭，是古代的一种玉器，作信物、佩带物使用。《说文》释圭为："瑞玉也，上圆下方。"段玉裁注："上圆下方，法天地也。"铜币的外圆内方，筷子的前圆后方，都是同一用意。"天似穹庐"的宇宙意识，渗入了民族的日用心理。古代人就这样"冠圆冠者，知天时；履方屦者，知地形"②。这种对应法则，同样上升到精神文化之中。阴阳、五行、八卦等概念，都被层层对应到万事万物中去。直到清末的康有为、谭嗣同等人，还深受对应法则的影响。康有为用力学的机械运动解释事物发展变化的规律，把人的精神意识活动等同于物质的"电"流。谭嗣同也认为精神意识活动同机械运动相对应，认为"脑为有形质之电"，在论证社会问题时，用代数方程式印证、比附"平等"问题。

对应法则自然不是无稽之谈。对应是自然造化的一种表现形式。人作为自然的一部分，在很大的程度上体现出同自然之间的必然联系。不仅人的生理现象同自然密不可分，而且人的心理与自然现象有着千丝万缕的联系。格式塔心理学派研究了心物关系，提出了"心物同构""心物同型"之类的命题。这些命题揭示了心理同物理之间的对应关系。古人建立的阴阳五行理论，正在于说明天人的必然联系。它以事物的相联系、相同一为基础，借助于分

---

① 《唐代文史漫论》，陕西人民出版社1986年版，第48页。
② 《庄子·田子方》。

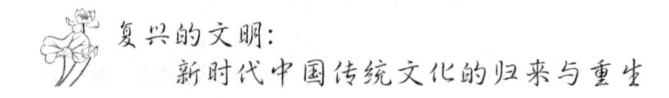

类、排列、配偶形成序列。这样，天、人、社会，都被塞进一个阴阳五行的理论框架之内。限于古代的认识水平，加上主观随意性的猜想，对应法则超出了一定的界限，走向了极端，并在滚雪球般的扩展中形成死板机械的思维模式。

事物与事物之间，既存在着共同性，又存在着差异性；既存在着有序性，又存在着无序性；既存在着持续性，又存在着间断性；既存在稳定性，又存在着非稳定性——表现出普遍与特殊的复杂联系、确定与相对的辩证统一。用现成的、凝固的、纯形式的概念，去套用无穷无尽发展变化的事物，难免出现以偏概全、以点代面的错误。《内经·灵枢·邪客》中讲天人对应时，作为直观的对应数目，还没有大错，如"天有日月，人有两目；地有九州，人有九窍；天有风雨，人有喜怒；天有雷电，人有声音；天有四时，人有四肢；天有五音，人有五脏；天有六律，人有六腑"等；但讲到不能直观验证的对应数目时，就不免出错了，如"岁有三百六十日，人有三百六十节"。董仲舒把阴阳五行理论系统地贯穿到人伦政治中之后，其错误的成分就增大了。董仲舒讲"官制象天""人副天数"，把方位、时间和阴阳五行相配合，五时（春、夏、季夏、秋、冬）和五方（东、南、中、西、北）对应着五行，四季代表四志（爱、乐、严、哀），"圣人副天之所为政"，所以庆、赏、刑、罚四政副四时中的暖、暑、凉、寒。这就是"以类相应也，如合符"，"天有四时，王有四政，四政若四时，通类也，天人所同有也"[①]。这种借天威以寄存和张扬王道政治的用心，显然出自人为的杜撰，没有什么实在的根据。董仲舒又说："天地之符，阴阳之副，常设于身，身犹天也，数与之相参，故命与之相连也"，"唯人独偶天地，人有三百六十节，偶天之数也。形体骨肉，偶地之厚也。上有耳目聪明，日月之象也。天以终岁之数成人之身，故小节三百六十六，副日数也；大节十二分，副月数也"[②]。这些层层对应的论调，千百年来很少有人怀疑。直到近代西方生理解剖学传来，中国人才知道人的大小骨节总共加起来才有206块（节）。诸如此类的主观随意性和人为选择

[①] 董仲舒：《春秋繁露·四时之副》。
[②] 董仲舒：《春秋繁露·人副天数》。

性，不符合事物在本体意义上的必然联系。从形式看，是"天数"决定着人事，但实质上是人事在寻求着"天数"——人在利用"天"的权威为自己寻求理论根据。"天"是无所不包的宇宙空间，有广阔而无尽的参数，人可以根据自身的需要去发挥。当要论证君主制的天然性时，就说"天无二日，土无二王，家无二主，尊无二上"；当要论证等级制的合理性时，说"天有十日，人有十等"；当要论证朝廷政令的永恒性时，又说"天有四时，王有四政"。天就成了万能的"变形金刚"，任人按需所取。这都表现出了古代对应思维的主观性特征。

9.2.4 演绎法

古人在认识外界事物和论说社会现象时，习惯于使用经验外推和直接演绎的方法。老子的"人法地，地法天，天法道，道法自然"，就是由自然法则向人事的一种直接推演。《荀子·非相》中说，"欲观千岁，则数今日；欲知亿万，则审一二"，这是以已知推论未知、借经验求证超验的思维方式。这种直线类推的思维方式，经过天长地久取得稳定的理论成说之后，就被当作固定的标准去审定一切事物，于是在思维方法上就不再是类比思维，而成了演绎思维。阴阳派生、五行生克、八卦分衍的理论，作为工具性的哲学概念系统，被直接演绎到一切领域。

本来，理论成说总是从现实中提炼、归纳、抽象出来的，总是或多或少地具有客观依据性和现实针对性。但问题在于，任何成说的提炼、归纳和抽象的范围都是有限的，因而它们的准确程度和涵盖面总是有限的。这是其一。成说在形成的过程中，往往渗入人的主观部分，特别是会被人的某种既定目的、功利心所左右，从而偏离了客观真实性和必然规律性。这是其二。人们在建构理论和原则时，又不可避免地受着当时认识水平、范畴的局限，容易为表面现象、局部现象所迷惑。这是其三。由于这些原因，如果把演绎法推向极致，就会造成僵化自封、自以为是的心态，阻塞和延缓文化发展的步伐。

圣训观念早在先秦时代已经产生了。荀子提出了"明道—宗经—征圣"三位一体的方法论。他说："圣人也者，道之管也。天下之道管是矣，百王之道一是矣，故诗书易礼乐之道归是也。"① 中国文化雏形期的西周时代，已开始盛行援书引诗的活动，到东周时代更为盛行。当然，当时的引经据典，除了作演绎的前提性依据之外，还有夸奇斗彩、显示博学的一面，即刘勰所说的"酬酢以为宾荣，吐纳而成身文"②。这种情况在公众聚会场合和外交场合更为突出。真正的依经据典、祖述圣训、唯书唯上，开始于汉代以后。汉代从政治上树立了儒家的绝对权威，强化了圣人经典的地位，同时随着经学的空前兴盛，祖述经文、引证圣训作为一种演绎方法也开始流行起来。从此以后，"子曰诗云"就成为百代不衰的传统。这种带有神化色彩的方法，将已有的认识铸陶成混凝土式的结板层，以"先天图式"的绝对权威，使精神创新活动失去了弹性和活力。

9.3 传统的思维形式

9.3.1 整体把握的形式

传统思维的整体性，在先秦已经奠定，后经汉唐诸代的不断强化和历史积淀，到宋明时完备起来。

这种整体的或以主要部分代替整体的思维形式，注重从事物相互联结和作用的层面理解对象世界，把宇宙看作由某种机制统一起来的有机系统，思维主体力求从宏观的角度和视域去把握这一系统。老子把万物解释为各种对立因素结成的统一体，荀子把宇宙看作客观规律支配的自然界体，孔子认为天道是一种无形的、超时空的主宰力量。儒家的尊天命、循天道，就是综合地全面地把握世界。董仲舒把天地万物、人类社会纳入一个阴阳五行运演的系统体系；理学家把社会人生编织在一个"理一分殊"的先天本体结构中。中医学理论成功地运用整体的观念把握病情和治疗的原则。中医气论可以看作一种模糊的统一观：身心是对立的统一，天人是对应的统一，疗养是有机

---

① 《荀子·正论》。
② 刘勰：《文心雕龙·明诗》。

的统一，病在阴阳失调，治在促使阴阳平衡。这就说明了人的生理现象同天地自然的关系，说明了生物同生态环境的协调，说明了人的生理现象同心理现象的交织渗透。它还以日月为参照，将人体之气分为阴阳两类，阳气随太阳方向转移，有年节律、月节律、日节律、超年节律的不同；阴气随月亮的圆缺盈亏呈现消长盈虚。就这样，中医在论证生理功能、疾病诊断、处方用药、针灸配穴、养生延年时，莫不以这种天人整体观作指导。

思维的整体化形式，比较接近全面性原理和系统性原则，可以减少认识的机械性、割裂性和片面性。中国古代思维的整体形式，不仅对创造宏博圆厚的古代文化起了重要作用，也为当代的、未来的文化创造提供了启示。耗散结构的创始人普利高津说过，中国传统思维着重于研究整体性和自发性，研究协调和协同。他预言：西方科学技术和中国文化对整体性、协同性理解的很好结合，将导致新的自然哲学和自然观。现代综合学科、横断学科，就是运用整体思维来认识对象世界。无论是自然学和大系统工程学，还是历史人类学和文化生态学；无论是作为"老三论"的信息论、控制论、系统论，还是作为"新三论"的耗散结构论、协同论、突变论，都注重从整体功能出发来研究问题。

但是，必须说明的是，中国古代的整体思维，不等于现代科学意义上的整体思维，它建立在印象把握、直觉体悟的基础上，具有不可克服的抽象性、模糊性缺陷，过于笼统和宽泛，大而无当，轻视精密和分析化，容易走向空洞玄秘，妨害认识的精确和深入。魏晋玄学和宋明理学，是运用整体思维的极致。"有"与"无"本体论，就是从最高的抽象原则上把握世界。"理"是超时空的宇宙万物的主宰，"理一分殊"就是一个系统分衍，人伦礼序都是天理、天德这个母系统的具体分衍。玄谈清议之风和道德性命之谈，都借助于整体观思维而展开；老道佛禅诸学中的基本概念，都具有整体意义上的超象性和模糊性。诸如"道""仁""气""性""空"等概念都有玄秘的泛化的色彩，使人难以确切地理解。这种思维形式，应用于审美活动中，能够增进心理体验的丰富性。诚如康德所言，模糊语言比清晰语言更富有表现力。古典文学中的"文气""气韵""水中之月、镜中之花""象外之象，景外之景""只可意会，不可言传"等，都具有朦胧模糊的情趣体验、艺术感悟的意味，成为传统审美的一个重要特征。但把它使用于科学研究时，就会带来语义无限泛化的不良影响。古典经籍没有定义界分的习惯，语词的内涵和外延因此失去了应有的界域，哲学命题也往往具有诗歌语言般的弹性，读者要理解其中深奥、玄秘的思想，只能透过设象寓意的外帐，在整体的融合贯通中加以把握。这也是多种解释、多种注疏、多种引论产生的一个重要原因。

9.3.2 直觉体察的形式

人的思维来源于直觉体察，古人限于当时的科技水平，必然更多地借助于直觉来进行思维推导。早熟的中国文化带有早熟的直观思维。

直观思维的主要特点是主体渗入客体，客体直接融入主体，主、客体达到对接与合一。非理性主义的老道庄禅，都把直觉思维运用到精妙自如的程度。老子的"玄同"、庄子的"坐忘"、禅宗的"通禅"，都是直觉思维在主体意识中的升华。就连理性主义的儒家学派，也十分注重在考察外界对象时使用直觉体察。如果说老道庄禅是内向型直觉思维的话，那么，儒墨学派使用的则是外向型的直觉思维。孔子倡导的"九思"，即由外在事物的视听向心理体悟的过渡。墨子的"下察"与荀子的"征知"，王充的"任耳目"与"开心窍"，都是指通过感觉器官去了解外物，然后用心去理解、衡度。

古代的哲人和诗人，都善于从具体物象的外观形态及运动形式中作直观的体悟，把握高妙深奥的宇宙之理，并借助于形象、寓意、联想表述这种体悟。八卦结构，是农业经验积累的产物，具有直观演示的特点。五行论从感性入手，把经验理性糅合到直观系统之中。庄子用"庖丁""秋水""大鹏"等直观事例来托寓其深奥的哲理。中国的方块汉字，本身具有以形知意的功能，会给人一种直观的感受和体悟，尤其是在文学作品中，可以借形来传意。例如，"巉峭岭稠叠，洲萦渚连绵"（谢灵运），字迹形象上构成重峦叠嶂、山复水重的外观，强化了作者郁塞的心境；"涉淮淮水浅，沂溪溪水迟"（梅圣俞），一串滴水旁的字，给人一种溪环水绕、波流不尽的感觉。汉字的这种"依类象形"，本身就具有描绘、装饰色彩，从而构成其独特的功能。

佛学传入中国以后，在坐禅中简化了原有的许多烦琐的仪程，主张用直觉与佛对话，以达到"通禅"的境界。中国禅宗的宗教体验和中国美学中的审美体验，在直观体悟的前提下形成同构。"学诗浑似学参禅"（吴可），宗教启示了文学；"万物兴衰皆自然"（李白），主体对客体运动予以直觉的把握；"万物静观皆自得"（程颢），是客体对象的高度人化；"寒光照烦襟，景寂心自圆。……对之不敢动，相望两俱禅"（文同），缘外物而参验，借助时空氛围而达到主、客体融合为一的境地。在修佛者的眼中，"青青翠竹尽是法身，郁郁黄花无非般若"①，神秘的知觉体验，能从一切具象的事物中看到抽象的"妙道"和"真如"。

直觉思维，把认识主体和认识客体对象结合起来，找到了认识发展的必要途径，有其积极性和可行性，包含了朴素、实在的倾向。这种倾向，从王充到王夫之的古典哲学认识论中反映得十分明显。但是，作为思维形式的直觉，还不同于认识的直观。佛学的唯心论，就渗透着直觉思维。禅宗用神秘的直觉主义进行修炼。法相宗提出了"唯识无境"的命题。直觉思维往往跳过概念元素的分解和组合阶段，超离思维运动中的中介阶段。因而它本身有很大的局限，容易引起错觉，容易为情绪、人文意识左右。人们每天看到日出于东海、落于西山，然而事实不是太阳围绕地球运转，而是地球围绕太阳运转。直观感悟事物的奇情妙理，可以进入宗教幻境，可以进入审美意境，但未必能认清物质本体的结构存在和运动规律。道家的"自然"、理学家的"万物"、李白诗中的"自然"，都不是自然科学意义上的"自然"。儒家的直觉主义认识方式，近乎宗教的认识方式。它是用意念把握客体，而不是从本体意义上把握客体。中国古代文化尽管很发达，但系统的逻辑学一直没有出现，先秦名家的逻辑探索在初萌状态中就夭折了；后世逻辑规则虽在应用，但无理论上的概述。这是由文化机制内在的直观、直觉思维决定的。科学哲学家波普尔在《无穷的探索》中深刻地指出，没有直觉不行，但直觉多半会把我们引入歧途。

9.3.3 内省冥证的形式

传统的思维结构向"内"倾斜。它致力和追求一种空灵玄妙的内心冥证，

---

① 释道原：《景德传灯录》卷六。

复兴的文明：
新时代中国传统文化的归来与重生

用"自思""自讼""自省""内求"的形式进行心理猜度和心理判断。而内省和内求，是为了达到"内仁""内韧"和"内乐"。

道家主张离开尘世樊篱和文化负重，进行"静观"和"玄览"式的心理解悟。庄子提倡用一种超越功利的自由精神去到遥远天际遨游。儒家从完善理想人格的角度出发，要求勤思勤察，三省吾身。"我欲仁，斯仁至矣"，是自我修养、自我省检的直接表述。"尽心养性""反求诸己"，就是自思自问、自我完善。到了理学家那里，内省冥证被当作修养的唯一形式。"以心知天""格物致知""无物不诚""存天理，灭人欲"等命题，标明了"内省"在灵魂拯救中的巨大作用。朱熹主张"专用心于内"，"紧紧闭门，自就身上细体认，觉得方有私意便克去"；陆九渊主张"心即理"，认为"宇宙是吾心，吾心是宇宙"；王守仁干脆认为"心外无物""心外无理"，物也是人的感觉，"外吾心求物理，无物理"，因此，"穷理"就是内心的"致良知"。禅宗的修炼也是内心的自我觉悟。"禅"，音译为"禅那"，意译则是"思维修"或"静虑""禅定"，就是安静地坐下思虑。"顿悟"，不是对事物质能的发现，而是心灵窍道的豁然开朗。神秀的"身是菩提树，心如明镜台，时时勤拂拭，勿使染尘埃"，指的是一种渐悟；慧能的"菩提本无树，明镜亦非台，本来无一物，何处惹尘埃"，则是指一种顿悟。儒家的"内省"和佛学的"禅悟"，在内心追求这一形式途径上达到了契合。

内省是一种思维形式，也是一种心理功能。它也有重要作用，不能笼统地加以否定，但传统的"内省"走过了头。德国哲学家恩斯特·卡西尔在《人论》一书中说："我们可以批评或怀疑纯粹的内省观察，却不能取消它或抹杀它。没有内省，没有对各种感觉、情绪、知觉、思想的直接意识，我们甚至都不能规定人的心理学范围。然而必须承认，单靠这种方法是绝不能全面了解人的本性的。内省向我们揭示的仅仅是为我们个人经验所能接触到的人类生活的一小部分，它绝不可能包括人类现象的全部领域。"[①] 这段论述对于评价中国内省的思维同样适合。古人的自思和冥证，往往以牺牲身体力行的实践为代价。老子主张"塞其兑，闭其门，终身不勤"，并认为"圣人不行

---

① 恩斯特·卡西尔：《人论》，甘阳译，上海译文出版社2003年版。

而知"。这等于取消了观察、行为、实践。孟子认为,"尽其心者,知其性也;知其性,则知其天矣。存其心,养其性,所以事天也。夭寿不贰,修身以俟之,所以立命也"①。就是说,心、性、命三者相联结,只要人发挥自身性能,向内求索,就能认识天道;修存本心,涵养善性,天德、人性就能通融交感、合二为一。

这种神秘主义的主观内求,把天作为人的对应物,作为主体完善的外在根据。主、客观联系的二维结构形式是具备了,但这种联结只在主体心神内进行,缺乏实践的验证和检测,最后流于主观臆幻,成为不切实际的空想。自我完善中的天理,不是自然本体的天,而是情感的义理的天。这种内心冥证,往往是在已有的、封闭的圈子中自己印证自己。

9.4 传统思维的几点明显特征

9.4.1 思维进程的经验积累性

农业社会,经验的积累十分重要。这使得传统思维具有经验积累的特征。这一点,在古代科技文化中表现得十分明显。

早发的科学技术,无一不来自实践经验,如金属的冶炼技术,即通过经验渐次积累出来的。春秋晚期,中国人就已能够冶炼生铁。在国外,铁的生产长期停留在块炼阶段,欧洲14世纪才出现生铁。在其他科技方面,中国也走在前列。北宋贾宪发现的二项式系数法则,早了德国数学家阿皮亚纳斯600多年。贾宪还发明了增乘开方法,英人1819年才找到与此法大致相同的算法,时差800余年。祖冲之将圆周率精确到小数点后第7位,这个记录西方直到十五六世纪才打破。中国是声学方面第一个发现共振现象的国家。指南车、记里鼓车、地动仪、水运仪象台等,也都属历史首创。喷水鱼洗和透光镜是举世惊叹的"千古之谜"。中国古代的科技成就,在许多方面对世界科技的发展起了导示和催化的作用。二进制计算机受到八卦卦爻的启发;中医、

---

① 《孟子·尽心上》。

气功、针灸给全世界人民驱疾治病带来了福音。李约瑟说，西方的自动化技术与计算机等同中国古代文明有关；中国的气化说传到欧洲，可能影响笛卡儿以太说的形成；中国的四大发明对欧洲资本主义社会的来到起了催生助产作用。马克思在《机器·自然力和科学的应用》一文中指出："火药、罗盘针、印刷术——这是预告资产阶级社会到来的三项伟大发明。火药把骑士阶层炸得粉碎，指南针打开了世界市场并建立了殖民地，而印刷术则变成新教的工具，总的来说，变成科学复兴的手段，变成精神发展创造必要前提的最强大的杠杆。"[1]

古代科技的发展，主要依靠经验的积累。无论是冶金、机械、建筑、水利工程、纺织、化工、造船等实用性学科，还是天文、地理、声光等理论性学科，都依据直观的经验积累以获得知识。这种经验积累是一种点滴增殖的过程。古代从数、理、化到天、地、生，都是零星的发现、感性的片断，散见于不同的领域。自然性的经验积累，随着"日出而作，日入而息"的缓慢节奏进行。这必然使得科学技术在早发性前提下出现滞后性，容易过分依赖业已取得的成果，不思如何改进和弃旧图新。

经验积累性必然导致思维取向上追求实用性。法国哲学史家罗斑在《希腊思想和科学精神的起源》中指出，就我们所知，东方的科学在它存在的许多世纪之中，甚至于和希腊科学接触后，都从来没有超出实用的目标，以达到纯粹的思辨和演绎普遍原理阶段。古代的天文学，中心不在弄清天体本身的结构存在及运动规律，而在用于现实的需求。一方面，观测天象是为了制定历法，以供生产、生活实用；另一方面，仰观天象、俯察地理，是为了"以察时变""以定人道"，即看上天对人间有何祥兆或警告，从而采取应付的措施。八卦图象虽然带着高度抽象的色彩，但它是宗教性的实用工具，用以推测、演算天事和人事。数学是严密的计算，研究数学问题无不导源于实际应用，即针对着路程测定、土地丈量、粮仓设计、工程计算、商品交换、实物统计、军事计量、天文推测，等等。研究磁性，是为了制造指南针，供人们辨别方向。沈括继《墨经》后对光的成像的研究，为的是解释和改进铜

---

[1] 《马克思恩格斯全集》第47卷，人民出版社1972年版，第427页。

镜工艺。

由此可见，古代的科学技术，基本上都属于经验科学和应用科学。而现代意义上的一个完整的学科，包含了原理论、方法论和工程论这样三个层次。古代只有少数学科，如中医学，才具备这样三个层次：有阴阳五行气化论的基本理论，有诊断、医治方法及药物炮制方法，有"君臣佐使"的配方系统工程、迎随补泄的针刺操作方法等。其他许多学科，没有或不全有系统的理论和整体结构框架。有的只有定量的数据，没有定性的论述；有的只有定性的论述，没有定质的研究；有的虽有定质的研究，却没有提升到理性概括阶段。这种状况，就成为中国文化中的一种奇异现象：社会学科的高度整体、抽象，自然学科的高度分散、具象；哲学思维时显得笼统、模糊，科学思维时显得具体、求实；政治领域小视生活日用，科学领域不能超离人生日用。这种以经验、日用为特征的思维活动，总是处于直观感知的认识和创造阶段。

9.4.2 思维结构的单维性

农业社会的大一统和单一化，限制了思维结构的立体发展。古人崇尚一体，保持单维，排斥思想的多样化。在这种趋向之下，"一"是权威的标志和神圣的象征，"多"是混乱的代称和可怕的现象。"数起于一"成了思想单一、思维单调的根据。万事万物都起源于"一"，于是就要寻找"一"的归宿点。《荀子》讲"隆一而治，二而乱"，董仲舒《春秋繁露》讲"一而不二者，天之行也"。这些反映到思想领域，就是只允许一种权威性的思想永远合法地统治世界。大一统的意识、标准化的语言、规范化的准则，与单一化的思维相辅相成。这种单维型的思维取向，在解释万事万物时，都以单线分衍和单因单果为程式。太极是浑然一体的，太极生出两仪，两仪生出四象，四象生出八卦，八卦分衍为六十四卦……单线辐射致使数量不断扩大。

崇一的观念和单维的思维结构，经过运演发展，化育出"合二而一"和"一分为二"相交织的"二值"逻辑。"合二而一"是简单的综合，"一分为二"是简单的分析。从老子到王夫之、方以智，都以二值逻辑的思维框架论证万事万物。老子认为"万物负阴而抱阳"，《周易》说"一阴一阳之谓道"。阴阳这一对哲学概念，既包含了一分为二，也包含了合二为一。中医把生理、病理、药理都分成两个相对立又相统一的概念。如脉象中有沉浮迟数，病情中有虚实寒热，药性中有凉热甘苦，针刺中有迎随补泄，等等。古人论证政治、思想、人格、道德问题时，也都有相对立的概念，如贾谊《新书》将人的品质分为五十六对相反的范畴。

二值逻辑的产生，使古人对对立统一的规律有了感性的认识。但在古代的认识条件下，二值逻辑中的对立与和谐都被绝对化，从而在一定程度上又给认识活动和思维活动套上了枷锁。二值逻辑中的对立性被绝对化以后，即产生出非此即彼、舍彼即此的思维习惯。儒家的义利之辨、德财之辨、华夷之辨，都是一种非此即彼的表现。朱熹和"二程"把非此即彼的选择论发展到了高峰。朱熹宣称，"天理存则人欲亡，人欲胜则天理灭"，"此胜则彼退，彼胜则此退，无中立不进退之理"；"二程"声言，"不是天理，便是人欲"，"人欲肆而天理灭矣"，"灭私欲，则天理自明矣"。这种绝对化的思维，显然不符合复杂的矛盾运动法则。对立的事物，除了排斥性的一面，还有共容性的一面。恩格斯在《自然辩证法》一文中指出："除了'非此即彼'，又在适当的地方承认'亦此亦彼！'"[①] 爱因斯坦在回答一位朋友关于波粒二象说的问题时说："为什么不可以既是这个，又是那个呢？光即是波，又是微粒；是连续的，又是不连续的，自然界喜欢矛盾。"矛盾的复杂性、相对性在自然界和人类社会都普遍存在。正确和错误、真理和谬论、先进和落后、善美和丑恶，都是相对立而存在，相斗争而发展，相互牵制而转化，在一定的条件下具有同一性。

在把二值逻辑中的对立性绝对化的同时，古代人又把二值逻辑中的同一性绝对化，变演出"中庸"论。在儒家理论中，凡是涉及善恶、是非层面的对立概念，如义与利、德与财、理与欲、礼与非礼、仁与不仁等，都是采用非此即彼的一点论处理；凡是涉及两极性层面的对立概念，则采用致中和的两点论处理。比如说，"过"和"不及"，虽然都是对立的两极，但这两极无所谓善恶的区分，都是极端的表现，应当把它们的两端同一折中起来。对于"情"，儒家也不彻底否定，情和理的关系就不是义和利的关系。但是，"情"

[①] 《马克思恩格斯选集》第3卷，人民出版社1972年版，第535页。

要有一定的限度，文学艺术在表达"情"的时候，就要"发乎情，止乎礼"。乐而不淫、哀而不伤、怨而不怒等，都体现出这种守和持中、不偏不倚的特征。这种折中求和的思维倾向，固然可以为人们的行为提供一个"保险系数"，避免极端化现象，但不能说明和解释矛盾的多样性和复杂性。

虽然古人早已认识到"声一无听，物一无文，味一无果，物一不讲"[①]，但由于小农经济的视野限制，加上皇权政治的压抑，古代单维型的思维结构，在几千年中没有从根本上改弦更辙，许多复杂的问题都处理得过于绝对化和简单化。

9.4.3 思维路线的循环性

托夫勒在他的《第三次浪潮》一书中指出，农业社会的人用来观察时间的路线是圆圈式，工业社会的人使用直线式，信息社会使用的是网络式。农业生产从播种到收获，都随天时运转进行，每年都有一个春耕夏耘、秋收冬藏的循环，第二年周而复始。这种同态反复和周期巡行，不仅影响到了人们观察时间的方式，也影响到了人们整体的思维走向。

古代哲人，不乏对立和辩证的思想，也不乏赞育、化生的思想，但他们的这些思想都被统辖到机械的、平面的轨迹中，思维路线难以超越同一层次的缠绕循环，归宿点往往又回到出发点，未能形成比较完整、系统的质变思想、突变思想和转化思想。

《周易》以降，中国哲学多以变易为万物之常规，可惜讲变时，只着眼于时空的转移和数量的增减，没有嵌入有机进化的内容。从《周易》所讲的"无平不陂，无往不复"、《老子》所言的"大曰逝，逝曰远，远曰返""周行而不殆"，到龚自珍的"初异中，中异终，始不异终"，常把世事、万物描绘成去而复返的同形循环。孟轲大讲"五百年必有王者兴"，邹衍首倡"五德终始"说，董仲舒高谈"三统之变"论，直到中国古典哲学的最后一个集大成者王夫之，还起劲地论述"动静无端""始乱循环"。这样一来，政治历史就纳入了"分久必合，合久必分""一文一质，一治一乱"的简单图式。太极

---

① 《国语·郑语》。

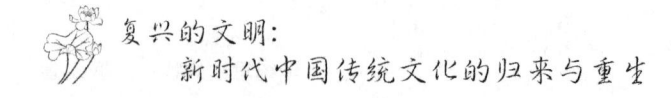

复兴的文明：
新时代中国传统文化的归来与重生

图、八卦图都被画成一个圆环。五行生克用以说明事物之间的联系、生殖与矛盾、制约，其循行路线典型地反映出一种循环序列。一切活动，从发展到末尾，就会重复上一轮的开端。用《荀子·王制》中的话说，就是"始则终，终则始，若环之无端"。佛学中"生死轮回""因果报应"的思想，和中国哲学中"阴阳交替""沧桑轮回"的思想十分契合。在印度有一种古老的理论，说世界在"婆罗门日"与"婆罗门夜"的交替循环中。事实上，循环论体现出人类早期思维上的共同特征。古希腊哲学家赫拉特里特就把事物的运动理解为一种圆周式的循环过程，在这个过程中，"起点和终点是重合的"；另一古希腊哲学家恩培多克勒同样认为宇宙万物处于永恒的周而复始、不可动摇的循环之中。

中国古人循环往复的思维路线，除了受到农业生产自然性循环现象的影响之外，还深受政权兴衰的社会性现象的影响。皇权专制统治，建立在军事暴力的基础上，内部自我适调的能力极差。每朝的开头强盛，旋即开始腐败，矛盾发展到爆炸性阶段，就被另一种暴力推翻。政权变换、江山易主，构成了政治结构上的同态反复。这种现象，加固了文化主体思维中的循环路线，把周转轮流现象推向本体化、规律化的高度。反过来，循环型的思维路线强化了社会文化各层领域的平面巡行，阻碍了文化的解构重建和化育发展。

循环论既没有指出关于事物宏观发展的走向，也没有赋予事物变化时螺旋递进、层叠上升的意味，更没有涉及质变和进化，因而只能造就政治观念、思想意识中"听天由命"的观念。机械循环的"变"，只承认数量的增减和位置的变换，不承认质变和突变。这是一种闭塞的流变系统。这种思维局限，在物质文化中同样显示出来。我国古典建筑中的楼阁亭台都呈现出层叠平面结构，很少有螺旋结构，古代机械文明中一直没有使用螺母、螺钉、弹簧之类的东西。我国古人早在旧石器时代就已知道了利用物质的弹性。旧石器遗址中出现石镞，说明已发明弓箭；《易·系辞》说黄帝发明衣服舟车弓矢；《山海经·海内经》载有"少皞生般，般是始为弓矢"。弓箭使用之早，毋庸置疑。但是，古人只从半圆伸直的角度去使用物质弹性，并没有从螺旋的角度使用物质弹性。直到清代出产的铜锁，还是只利用直线分叉的几根铜条的张力起弹性作用。

9.4.4 思维进程中的惯性力

由于农业文明的发达，中国古人很早以前就产生了华夏正统的文化观念，给自己的思维园地布上一圈精神樊篱。《尚书·禹贡》中有邦国"五服"的提法；虽指封国区域，但暗含了华夷界限之意。《周礼·职方》扩充"五服"为"九服"，九服中的第五服之外，已属蛮夷。蛮夷被看作不开化、无礼义的人，甚至有时把他们称为"鴂语"之人。"夏夷之防"的心理障碍，形成了文化形态上的排斥机制。"非我族类，其心必异"，情感上的距离，使得文化交流的难度加大。

排异性不仅表现在夏夷之防方面，也表现在学术派别、文化主张不能自由争驰、不能宽容异己方面。法家主张施用权术和刑法对待不满统治者的人；儒家学派相比之下较具有宽容风范，但范围十分有限。儒家对不符合自家文化主张的言行，特别是违反礼义的言行，总是不能容忍。非礼的东西，不能看、不能听、不能言、不能动。"道不同，不相为谋"，只要主张不同，就不与之合作。孔子的学生因和孔子的政见不同，被"鸣鼓而攻之"。孔子诛少正卯虽系悬案，但也符合儒家排除异己的性格。少正卯的罪名，诸如聚众结社、邪说惑众、淆乱是非等，正是儒家攻讦政敌常用的语言。从孔门师徒到董仲舒，从朱熹到清末的徐桐等顽固派，都有寻求政治靠山以诛灭异己的动机或行为。从文化本位主义的对外排异到不容百家并存的对内排异，在思维机制上是出于一辙的。

排异和拒变往往是一对孪生兄弟。封闭的思维系统，既要排异，又要拒变，排异为的是正统的纯真，拒变为的是正统的延续。农业社会的文化心理总是不易改变的，再加上宗法社会的毛细网络和皇权政治的钢铁栅栏，已有的价值坐标就成了凝固的图式，使大多数人失去了应变的机敏性。即使初始的假定、初始的理想和愿望，也会被当成永恒的真理。宗法血缘关系上的情感认同，使人们对古圣先王充满了虔诚和敬意。恋旧和复古成为拒变的心理基础，不变和守旧被演绎成美德。《管子·形势》中说："天不变其常，地不易其则，春夏秋冬不更其节，古今一也。"思想成说被包上了天的外壳，就像天的"法则"一样永恒不变。到了董仲舒，又提出了著名的"天不变，道亦不变"的命题。

统治阶级看到不变论对稳定政治有好处，就全面地接受了它。拒变的论

复兴的文明：
新时代中国传统文化的归来与重生

点，从哲学命题泛化为一种社会舆论——谁要是非古言变，那就是大逆不道。社会上层和社会下层，由于对社会财富占有的巨大差距而都怕变：上层的官僚和贵族怕在变动中失去他们的地位、财富，失去他们作威作福的天堂；下层的贫民、劳工怕在变动中出现兵荒马乱，自己最低的生活水平也难以维持；中层的士人也怕变，怕在变动中丧失自己仕进的机会。每当迫不得已的变革风潮吹卷而来的时候，就会立即在社会上引起惊恐的波澜，旧有秩序的动摇引起道德意识的崩塌，经济秩序的紊乱带来生活水平的起落。这使得心理的和物质的承受能力都十分有限。特别是那些封建顽固派、卫道士们看到变革的星火徐徐燃起时，就如丧考妣、忧心如焚，或挺身而出，挽狂澜于既到；或暗中破坏，蛀蚀变革成果。中国历史上大大小小的"新政""变法""改制""维新"运动，无不受到顽强且惊人的阻力。尽管变革阻力来自多渠道，但一个重要的方面，就是以宗法为纽带的农业文化所铸造的定式思维，以无形的惯性抗拒着必要的除旧布新。

　　思路的循规蹈矩，必然导致思维的定式。宗经征圣、唯书唯上，是思维定式形成的重要原因。环境的封闭、参照系的有限、视野的不广，是思维定式产生的客观因素。既得利益者，总是将自家仅有的一把老琵琶看成世界上最优质的乐器，似乎一切最美的音波都从它的身上发出。这种现象，在越是悠久的文明中越易出现。中国古代文化，到了封建后期，确已年迈气衰、老态龙钟。它历尽沧桑，经过了无数次的重复性行为，功能难免退化，思维定式也就不足为奇。以正统的纲常礼义为标尺，判定李贽的"君臣、官民、男女平等"思想是"敢倡乱道，惑世诬民"，判定"兴民权、倡西学"的维新运动是"纪纲不行，大乱四起"，是排异拒变的必然结果。清末顽固派说得十分清楚，"必核乎君为臣纲之实，则民主万不可设，民权万不可重，议院万不可变通"[①]。即使当时主张改良、兴办工商的王韬，其思维也脱不开传统定式，他声称"盖万世而不变者孔子之道也"[②]。正因为如此，在文化发展中要切除保守僵化的肿瘤，就不仅仅立足于思想的启迪与思想的批判，还要注重思维方式的革命。

[①] 王仁俊：《实学平议》。
[②] 王韬：《易言跋》。

第 10 章
传统文化的价值观

10.1 文化的价值追求

10.1.1 价值的概念

"价值"一词的使用频率很高，是人所共知的概念。在不同学科中，"价值"的含义也不尽相同，如经济学中的"价值"指财物意义，美学中的"价值"指精神意义。当然这仅仅是由于所述对象不同而形成的差异，在赋义的角度和关系组成方面，则没有本质的不同。我们这里所谓的"价值"，是指文化的价值，即广义文化的价值，包括人类创造的各个方面。

概括地说，文化的价值，就是文化对人的可用程度或积极影响。文化的存在、作用及其变化对于一定主体人需求的满足，就产生了相应的价值，即正面价值；文化不能满足主体人的需求，或对人的生存和发展构成危害，就等于无价值或产生了负价值。人是一切文化价值的主体，文化的价值以人的需要为先决条件。物质文化主要满足人的生理性需要，制度文化主要满足人的群体性、社会性存在需要，精神文化主要满足人的心理性需要。满足的程度就等于价值的程度。

由此可见，文化的价值，在于人的物质和精神需求的满足，在于人得到智慧、效益和幸福，从而推动历史的进步和发展。当然，文化价值的实现，是一个不断清除愚昧、清洗错误的过程，是一个充满曲折和反复的过程。这个过程中，逆流、旋涡、恶浪、腐渣泛起等现象的出现在所难免。文化的负面价值往往会阻碍社会的发展，掩蔽人性的光辉。愚昧压抑文明、少数人的利益损害多数人的利益、旧文化给人们套上枷锁等现象，都是文化实践中负面价值的表现。因此，正义的斗争和对抗必然成为人们走向自由王国必要的手段。特别是精神文化，需要在历史风云的撞击中不断清除负面的杂质，不断增加人文的精神和内涵。

10.1.2 文化创造要有价值目标

文化创造和文化选择的过程，就是价值实践的过程。创造和选择的结果，就是价值的实现。

价值预设是文化的动力源泉。于是，就有预设价值与实现价值的区分。预设价值指文化创造者对将要创造的文化所要达到的预期目标，即作者意想中的文化成果与主体人之间的对象化，以及对象化后的价值发挥。实现价值是文化成果在实践中所产生的现实效果，即现实价值实现。文化价值虽然指的是实现价值，但实现价值与创造者的价值意图相联系。作者的创作动机中包含了一种自觉或不自觉的价值意识。动机具有复合性。马斯洛在《动机与人格》中指出："大多数行为都由多种动机促成。"动机受到欲求的支配，欲求又可转化为创作的动机和动力，表现欲、名荣感、好奇心、功利心等主观情绪也可能成为激活创造动机的精神力量。但是，预期效应是最根本的动力源泉。动机是一种动力，引导着文化行为。意图为外在的导因和内在的动因，昭示文化成果的生成和传播。创造者只有在自我意识中运用价值观念来制约、驭导文化的方向，用价值标准来调整、反馈文化行为，才能创造出于世有益的文化。即使秘密的创作，也期望为人接收，能取得更好的效应。如司马迁写《史记》、康有为写《大同书》，都有着明确的社会文化目的和追求。暂时的"秘不示人"不等于永远不让人看。"藏之名山"的最终目的，在于"传诸其人"，让后人接受其中的内容，让文章、书籍发挥应有的价值。

总之，价值目标仅仅是一种预图。尽管任何文化的创造都少不了目标性的预图，但预图本身仅仅是一种心理期盼。预图只有付诸价值实践之后，才能结出价值的果实。

10.1.3 文化需要价值判断

价值目标是文化创造的初始动机，它既是价值实践的外部导因，也是诉诸行为的内在动因。心理学研究证明，人的任何行为都由特定的心理动机支配。价值判断是评估、鉴定活动，即根据特定的价值标准对文化现象作出定论。价值判断既是一种审核，又是一种反馈；既是对已有文化的定性，也是对未来文化的昭示。这种有机的文化创造环节，循环往复，永不停息，在波浪式前进、螺旋式上升过程中不断实现质的变化，不断把人类文明推向新的阶段。

在长期、反复的价值实践过程中，特定文化的价值观念日渐成型和完善。价值观念是价值实践行为在人心理上的积淀和聚集，是一种相对稳固的文化意识和思想规范。它是价值体系中的软组织，制约和决定着价值体系的基本结构。价值观念涉及的范围十分广泛，是特定人生观、世界观、天道观、社会观、政治观、伦理观、艺术观等意识形态的核心。从表现形态上看，价值观念是主体人对文化的一种态度，同主体人的理想、需要、志向、情感、兴趣、好恶密切关联；从发生源渊看，价值观念是主体人以自身的需要系统为依据，对文化作用进行选择和整合而铸造出来的观念形态；从思维形态来看，价值观念是人脑中概括、抽象出来的关于人与外物关系的系统看法，是一种思维机制引导的理性意念。

每当具体的文化现象出现在主体人的面前时，特定的价值观念便被抽离、综括出特定的价值标准，并对这种文化现象予以评估、衡度和鉴定。价值标准从不游离于价值观念之外，它是价值观念尺度化的体现。于是，价值判断中就具有三个相对独立的因素：文化现象、价值标准和评判结果。

价值观念总是有群体的趋同性和时代的趋同性，这种趋同性转化为一种趋向力，代表一种价值认同的主流。这种趋向力和这种主流，就是时代的价值取向，每一时代的文化观念，都有其价值认同的主流。它往往成为文化系统中的主导力量，去支配、制约和规范文化的创造，特别是在精神文化中，这种价值取向的左右力更为明显。

10.2 价值的类别

物质文化主要在于满足人的生存需求，使人的生命能够维持和延续；制度文化主要用来协调人与人之间的关系，使社会在有序的状态中发展。人的本质是社会关系的总和。人要生存和发展，要发挥创造功能和完善自身，必须要有群体性、社会性的文化规范和约束。精神文化是人性的升华，体现出人的有意识的创造，用以满足人心灵世界的需求。不同层次的文化，正是适应不同层次的需求产生出来的。

人类文化的价值，可以概括为真、善、利、美四个方面。

10.2.1 求　真

"真"体现为认知的价值，即了解宇宙本性、认识万事万物（包括人自身）及人的意识活动的存在状态和运动规律。人类认识论的全部内涵，就在于对真理的揭示。现实存在与发展规律是一种实然现象，也是一种必然现象、一种历史趋势，不以人的主观意志为转移。人只有在认识规律、认清必然、掌握真理的前提下，才能成功地进行文化事业的创造。违背真实、悖逆规律的人为臆造，最终要归于失败。因此，文化的认知价值必须遵循客观性原则。

10.2.2 求　善

所谓"善"，实质上是指思想价值、社会价值而言。思想价值、社会价值体现着人性的、道德性的、群体性的文化意义。社会的、人文的良知，哲学的、宗教的觉悟，都是一种人的思想、一种意识、一种观念。思想价值、社会价值包容的内涵十分广泛，如人的宇宙意识和生存意识、人的社会见解和政治观点、人的道德情操和伦理自觉、人的权益观念和义务观点、人的自我尊严和美感情趣、人的文化修养和创造动机，等等，都可以看作思想价值的体现。所谓人的价值，归根结底是人的精神的、思想的、社会的价值。思想价值的本质在于社会意义，在于人的幸福和人的解放，在于促进社会繁荣、进步和发展。文化的思想价值以历史进步为基本原则。腐朽反动的思想、颓废没落的思想、僵化顽固的思想、为少数人谋利益的思想，之所以呈现出负价值参数，就因其悖逆了思想价值的本质，成为了历史进步的障碍。

10.2.3 求　利

"利"属于实用价值的范畴。它更多地同人的生活、应用等切身利益联结在一起。物质文化就以满足人的生活实用为目的。人离开了衣食住行，就难以存立于天地之间。精神文化中也有一部分是以功利、实用为目的的。例如，文章这种精神产品中，就有不少具体的实用文体：书信、便条等个人应用文体，传递一定的信息；产品说明书、专利申请书等专业应用文体，为解决切实问题；指示、通知等公务文书用来处理行政事宜。文化的应用价值显得具体、单纯、针对性强，体现出一种实效性原则。

10.2.4 求　美

"美"指审美的价值。凡是文学艺术之类的文化创造，都以审美为主旨、为本体。审美体现了人所特有的非实用性的情感需求。人在生理需求和生命安全得到满足之后，就升华出心灵体验为特征的美感需求。这种美感需求导致了文学艺术的萌生、发展和繁荣。原始人把一朵野花插在自己头上，即已宣告初萌形态的审美意识临降于人心。到当代人玄妙的"太空音乐"，人类的审美创造在千奇百怪地翻新。文学艺术以其独特的形式和接收者独特的要求，构成了其独特的价值功能。它的价值在于给人美的感染、享受和陶醉。正如丹纳所言："精神生活的价值与文学的价值完全一致，艺术品等级的高低与文学的价值完全一致，艺术品等级的高低取决于它表现的历史特征或心理特征的重要、稳定与深刻程度。"[①] 艺术性文化的这种审美功能，在于净化人的灵魂、强化人的主体意识、给人以美的启迪、使人的心灵之花全面开放，从而促进人的自由而全面的发展。审美性文化，不仅需要体现美感性原则，也需要顾及社会性原则。

[①] 丹纳：《艺术哲学》，人民文学出版社 1963 年版，第 364 页。

10.2.5 五经、蒙书中的价值类别

文献是历史文化精髓部分的凝聚，是特定社会、时代价值认同的标志。中国早期的经典文献，在文化雏形期已经产生了，这就是后世视为天经地义的文化规范——"五经"。

"五经"完整地体现了文化价值的四种类别。《尚书》属以记言为主结合记事的著述，其中不少篇目寓有"经世"之意，表现出农业文化在早期即已产生的务实精神。《禹贡》篇属地理文献，就其对后世所起的主要作用看，属应用价值范围。《周易》是早期重要的儒家经典，其中《经》产生于西周末期，《传》系战国、秦汉间补入，它属于哲学性著作，反映出先哲对天地万物进行宏观把握、整体思维的一种认识，属于思想价值的范畴。《礼记》是秦汉以前各种礼仪论著的选集，它是政治、祭祀、生活等各方面规范的形式和程序，也表现为一种应用价值。《春秋》是我国传世最早的编年史，内容基本上为鲁国史，此外还记载了一些自然现象，它以史料为内容，自然反映出一种认识价值。《诗经》是两周民歌的汇集，其内容以抒发心声、表达情感为主旨，显然属于审美价值。中国秦汉以后的文章，正是沿着"五经"奠定的几种价值类别发展。颜之推在《颜氏家训·文章篇》中说："夫文章者，原出五经：诏命策檄，生于《书》者也；序述论议，生于《易》者也；歌咏赋颂，生于《诗》者也；祭祀哀诔，生于《礼》者也；书奏箴铭，生于《春秋》也。"事实上，文体的分衍是不同类别的价值分工趋于细密的结果。

宋明以来，在初等教育方面产生了一些简明易读的启蒙课本，这些启蒙课本，把经典文献浓缩化、普及化和通俗化，《百家姓》《三字经》《千字文》《千家诗》等就是其中最有影响的几种。启蒙读物的价值类别也十分清楚：《百家姓》具有应用价值，《三字经》具有认知价值，《千字文》具有思想价值，《千家诗》具有审美价值。明代吕坤看出了这类启蒙书价值功用的协调互补，他在《社学要略》中说："先读《三字经》，以习见闻；《百家姓》以便日用；《千字文》，亦有义理。"从经典到启蒙书，都可以看出中国古代文化价值体系的完备和严密。

10.3 儒道墨法的价值观

春秋战国以来，随着奴隶主氏族制从政治体制到思想意识的全面衰落，出现了纲解纬散、礼崩乐毁的局面。一个思想解放、百家争鸣的高潮空前兴起，诸子学说犹如雨后春笋般争相涌现。诸家争鸣的深层内核，就是文化价值取向问题的讨论。各个学派为了弘扬各自的价值观念和实施各自的价值准则而展开辩难攻讦。

先秦诸学号称"百家"，其实影响最大的是儒、道、墨、法四家，真正涉及文化价值的实质问题的也是这四家。四家都有核心的价值理想和价值观念，并形成了迥然有别的价值准则和价值判断。

10.3.1 儒家的价值观

据刘歆《七略》记述，儒家出自"司徒之官"，从事"助人君、顺阴阳、行教化"的活动。《礼记·儒行》引郑玄《三礼目录》说："儒行者，以其记有道德者所行也。"儒者在教书相礼的同时，把价值目标对准以礼乐治国的政治活动方面，并积极为礼乐文化建构理论基础。孔子及其门徒奠定了儒学的理论构架和价值走向。他们高扬仁义道德，传播礼乐文化，主张以"德"为修身治国之本。于是，道德价值成为儒家价值观的核心。后世儒家，正如《汉书·艺文志》所说的那样："游文于六经之中，留意于仁义之际，祖述尧舜，宪章文武，宗师仲尼，以重其言，于道最为高。"儒家的"道"，指绝对永恒的、超越时空的道德，这种道德以血缘宗法关系为基础，属于伦理化的道德体系。正统儒家的道德观，以仁义、忠孝、诚信、礼节等思想为基本内容。

还应当说明的是，儒家内部又产生出一个求实派，不泥守正统派的道德本位观，重视认识活动在文化实践中的基础作用。先秦时代强调认知重要性的是荀子，他代表了儒学中理智的求实派，并从见闻之知、经验之知的方位切入，开拓出知性主体意识。《荀子》的首篇《劝学》，着重强调了人生向外学习的重要性。《解蔽》中说："凡以知，人之性也；可以知，物之理也。"

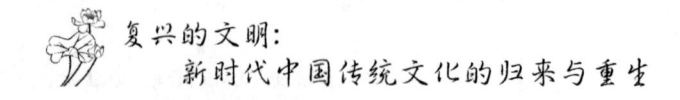

《正名》中说:"所以知之在人者,谓之知,知有所合,谓之智。"也就是说,知性是人的一种本性,人性通过认知的综合形成知性主体,这就是"智慧",这种智慧有反映"物之理"的能力。荀子发现了认识的过程和途径,是由外在的察验和征知,达到主体意识的心知。荀子虽然在价值观上没有离开儒家"以德为本"的樊篱,但他把心知看成价值的本源,不像孟子那样把心性看作价值的本源。

汉代强调认知价值的是王充。《论衡》一书出于"疾虚妄"的写作动机,力求贯穿求真、求实的价值标准。汉代经学、谶纬学造成了烦琐而虚伪的文风。王充严厉批评了这种文风,并力图在正统儒家"止于至善"的价值观中注入归真、求实的思想倾向。《论衡·对作》中说:"圣人作经艺,著传记,匡济薄俗,驱民使之归实诚也。"据此,他认为,文章的写作,就不能妄言其事、浮夸粉饰,必须"铨轻重之言,立真伪之平","论则考之以心,效之以事,浮虚之事,辄立证验",从而廓清迷雾、正本清源,获得事实真相。他以"事实""立证验""任耳目"作为推论、判断的依据,因为"事莫明于有效,论莫定于有证"。这种观点,对以经典为是非标准、以内求自省为修养途径、以伦理原则为价值主导的正统儒学形成了有力的冲击。所以,王充被乾隆皇帝斥为"背经离道"者。荀子、王充的认知价值论,对后世产生了一定的影响。后世的事功派儒家,接受了他们求实求真的价值观。当然,由于正统儒学作为官方哲学统治舆论,认知价值未能从根本上动摇道德价值论的根基。

10.3.2 道家的价值观

道家崇尚一种抽象而神秘的"道"。这种道从表面上看是"自然之道",实际上却夹杂着人心之道。它是超越现实的主观意念同大化流行的客观规则之间的一种复合体。

尽管儒家以人事附会天道,道家以天道反观人事,致思的方向正好相反。但儒家的天道从来就不是科学意义上的天道,而注入了人的主观所理解的内容成分;道家力图消融天人之间的界限,使天人走向浑然一体。因此,道家的价值观中,不注重事实世界和价值世界的区分,也不注重正价值和负价值的区分。这样,从判断方法上看,没有确立绝对的价值标尺,但在道家的哲理思辨中，又包含着一种隐约的价值取向。在道家看来，人与自然的价值相互包含、互为体用。道家既重视生命的价值，也重视生命回归自然的价值。"绝圣弃智""剖斗析衡"、远离文明、返璞归真、回到与禽兽同伍的原始时代的主张，表面上带着浓郁的反文化、反理性色彩，自然也寓含了一种反价值的基调。但从内在追求看，反文化又是为了生命价值的存在、延续和自由，目的在于消除伪诈虚巧和斤斤计较，减少斗争带来的冲撞和耗损，以利形成自然和谐、无拘无束的生长化育状态，以便苟且偷安、安享天年。所以，"不敢为天下先"表面上是"不争"，实际上在"争"，即用不争的形式去争。在道家看来，不争反而能争到争所争不到的东西。"见素抱朴，少私寡欲"，并不是自我沉沦，而是以静制动、以柔克刚、以退为进、以守为攻。漠视功利、心不逐物、抛弃礼义、扫除文采，并非有意地自讨苦吃，而是放下文化的重负，解开束缚人们心灵的绳索，不为名系、不为物累，从而达到纯粹不杂、大道自然的高妙境地。与此同时，道家认为"死"并不可怕，也不是坏事——生是合道，死也是合道。于是，生死贫富、荣辱贵贱的界限在"大道"面前消失了。

可以看出，道家把生存需要、安全需要看得还是重要的。但更重要的还在于追求"无为而化""清静自正"的大道。大道的终极目标和最后归宿可以看作一种精神寄托和精神信念的实现。这里面包含了自我实现的价值、理想求证的价值及相应的美感体验价值。

10.3.3 墨家的价值观

墨派学者多出身下层社会，代表了手工业小生产者和农耕小生产者的利益。

墨家并不反对道德价值，同样重视"仁""义"在社会关系中的调节作用。但他们同儒家截然不同，不赞成儒家道德至上的价值取向，认为物质利益是人生不可缺少的部分，是正当合理的要求，主张既要有精神意义上的"相爱"，又要有物质意义上的"相利"。在墨家看来，物质利益是社会安定的基础，"必使饥者得食，寒者得衣，劳者得息，乱者得治"。为此，墨子要求人们以"视人国若视其国，视人之身若视其身"的精神，去"兴天下之利，除天下之害"。墨学不像儒学那样以"孝"为道德的基点，以"至善"为终极境界，而要的是天下人民都过上丰衣足食、义利双收的幸福生活。墨家在政治上主张尚贤尚同、在外交上反攻反战、在文化艺术方面提倡非命非乐、在经济上坚持节葬节用等，都是从兴利除弊、予民生息这个中心价值取向出发的。墨家并不以利排义，认为"义"在社会生活中起着重要的调和作用，但不承认"义"的天赋永恒性，认为"尧之义也，生于今而处于古，而异时，说在所义二"，"自古至今，则尧不能治也"。"非乐"的思想，有着具体的针对性，旨在反对统治者穷奢极欲的生活，有着明显的进步意义。因为统治者歌舞宴饮、尽情享乐，必然造成耗损民脂、妨害耕织、"不中万民之利"的后果。当然，把"非乐"作为普遍原则，就否定了审美价值，从而成为片面的命题。

10.3.4 法家的价值观

法家人物多属上层官僚或幕僚，代表统治阶级的利益和要求，主张用"法"来贯彻君主的意志、统一全国行动。

在价值取向上，法家处于儒家的对立面。儒家崇德尚礼，主张通过修身明德、仁政教化来整饬社会和治理国家。法家力主法制，认为人性是恶的，必须确立强制性的法规，掌握法术、运用刑法、赏功罚罪、鼓励耕战，从而强国富民、大治天下。不难看出，法家的价值观，不是侧重于思想文化层面，而是侧重于政治、法律、法术层面。从终极目标看，法家倒是以人的生存需要为基点，从实利、效用出发看待社会的发展，把致富致强作为奋斗目标，法术、刑律是为了达到这一目的而使用的手段、工具。这种致思方向，肯定了社会化的实利价值。法家作为新兴地主阶级的代表，坚持"不别亲疏，不殊贵贱，一断于法"的平等观，具有反奴隶社会等级制的进步性。

但法家的"法"，本身不是体现民众利益的法，而是君主意志和统治者利益的体现。"法"的制定和执行，都由统治集团一手包揽，根本谈不上合理的立法、公正的司法和健全的法制。例如，《商君书·修权》中说："法者，君臣之所共操也。"《韩非子·八经》中说："君执柄以处势，故令行禁止。柄者，杀生之制也；势者，胜众之资也。"由此可见，法家的实用价值，就是专制社会的政治实用价值，并不具备普遍的社会意义和文化意义。

10.3.5 四家价值观的综合

儒家重义崇德的价值观、道家精神超越的价值观、墨家义利并重的价值观和法家注重政治功利的价值观，以及求实派儒家求知求用的价值观，构成了中国传统文化价值观的基本内容。其余诸家也都程度不同地涉及有关价值问题，但基本的致思框架并没有超出儒、道、墨、法四家的范围。农家寄心于"君臣并耕"的原始生产方式，名家潜心于逻辑概念的辨析讨论，兵家论述战略战术问题，阴阳家侧重于谶纬相术，小说家旨在搜寻奇闻异趣，都是就某一方面、某一局部性的文化活动而言的。

汉代开始"罢黜百家，独尊儒术"，儒学作为官方哲学步入"阳用"之途，开始统治社会文化的意识形态。法家之学则为统治者所"阴用"。其他诸学，作为一个完整的学派已不复存在。但是，四家学派所奠定的价值观，并未因百家争鸣的结束而消失。道家的精神超越价值融入玄学，转为道教，并渗透到士人阶层的思想意识之中。墨家的实利价值观和农、工、商阶层的思想相吻合，成为下层社会的基本准则，而且对事功派士人起了重大影响。法家的政治功利价值，除了为历代政治改革家吸收外，还为实用儒学所吸收。先秦诸学的价值观，丰富了中国文化的价值体系，对整体社会文化起到了整合和互补作用。纵观千年青史，诸子百家的学说在相互矛盾中实现着一种"对立互补""多向合力"的功能。班固十分清楚地看出了这一问题：

> 诸子十家，其可观者九家而已。皆起于王道既微，诸侯力政，时君世主，好恶殊方，是以九家之术蜂出并作，各引一端，崇其所善，以此驰说，取合诸侯。其言虽殊，辟犹水火，相灭亦相生也。仁之与义，敬之与和，相反而皆相成也。《易》曰："天下同归而殊途，一致而百虑。"今异家者各推所长，穷知究虑，以明其指，虽有蔽短，合其要归，亦《六经》之支与流裔。……若能修六艺之术，而观此九家之言，舍短取长，则可以通万方之略矣。[①]

[①] 班固：《汉书·艺文志》。

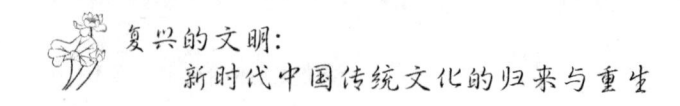

班固的见解可谓精深而独到。从中可以看出，班固已超越了"二元对立"的思维模式，进入了"多元互补"的思维模式。

10.4 传统价值观中的倾向

10.4.1 重老、敬祖与崇古

农业生产是一种节奏松弛、循序渐进的过程。自然型农耕经济形态下的生产经验，大致同经历、年龄构成正比。时令、土壤、耕种、栽培、密植、施肥、浇灌、管理、收割、碾磨、贮藏等环节，都需要"因地制宜"地探索出一套经验。"老农"就是经验的代表，具有决策的权威性。农业土壤上产生的崇老心理，逐渐转化为一种社会性、思想性的意识。

古代社会中的"老"，在标明人物地位时已不只是年龄概念，而且是标明身世地位方面的概念。例如，老仆人称小公子为"老爷"，称自己为"小人"。孔子在晚年讲他一生理性自觉的过程，也是紧紧抓住年龄增长这条线索：15岁"有志于学"——30岁"而立"——40岁"不惑"——50岁"知天命"——60岁"耳顺"——70岁"从心所欲，不逾矩"。这里，显然把经历和理性自觉结合起来。政治生活中，年长者作长，年老者位尊。相传伏羲在位115年，神农在位140年，黄帝在位百年，自然是后人附会，但以老为尊是中国古代政治生活中不可否认的事实。据《旧唐书》（卷二）记载，唐太宗在诏书中明言："尚齿重老，先王以之垂范。"中国的重老，和西方的重幼形成鲜明对照。有人把中国文化称为老年文化，把西方文化称为少年文化，虽不免失之于笼统，但也反映了某种思想倾向：春节年轻人为老人"拜年"，圣诞"老人"为孩子送东西，"为老"与"为少"的区别，表现得十分形象。

宗法社会在尊老的同时还崇祖，形成祖宗崇拜意识。尊老与崇祖观念在父系社会就已产生。"祖"中的"示"表示祭祀，"且"是男性生殖器官的象形。龙山文化遗址和齐家文化遗址中出土的陶祖和石祖（象征生殖繁衍之神），标志着图腾崇拜向祖先崇拜过渡。如果说尊老以血缘嫡亲关系为生理基础和心理基础的话，那么，崇祖则在血缘寻根的基础上还渗入了灵魂崇拜的观念。祖先成为后代的守护神,后人一面要供奉自己的祖先,一面又想得到祖神的恩赐。《礼记·祭法》中说:"夫圣王之制祀也,法施于民则祀之。"祖先崇拜集中到某些有影响的人物身上,就成为有代表性的人格神和象征性的圣贤。

崇祖与复古两相联系、互为表里。唐尧虞舜,三代之治,被描绘成为完美无缺的万古楷模。孔子以思慕古制的口气叹道:"大哉尧之为君也,巍巍乎,唯天为大,唯尧则之","巍巍乎,舜禹之有天下也,而不与焉"。古代不少思想家,不仅以古为是,而且以复古为己任。春秋文化大争鸣的一个内容,就是回到那一段时代的古制中去。除了法家之外,其他诸家都主张复古。儒家念念不忘的是西周的礼乐文化;墨家倍加钟情的是夏禹时代;农家主张回到传说中"君臣并耕"的神农时期;老庄"灭文章,散五彩"的反文化思想本身是一种文化主张,即要求回到小国寡民、淡泊无为的原始公有制社会;后来的黄老学派又以黄帝轩辕氏为标榜;孟子"言必称尧舜",声称"非尧舜之道,不敢以陈",认为"遵先王之法而过者,未之有也"。

在崇古的文化氛围影响下,"言必称三代"是思想家立论的依据,"先王古制"是政治家的口头禅,"回到尧虞舜"是文人墨客常发的感叹。读书以古为尊,"书不读三代之下",以示古奥和高雅。文章以古为荣,"文必秦汉",似能过人一等。伪造古书、古文的事例多不胜举,原因在于"世俗之人多尊古而贱今,故为道者必托之于神农黄帝而后能入说"①。刘勰所作《文心雕龙》,专谈文学、文章。他从理性意识上明确反对"贵古贱今"的世风,但在谈到文章的古今变演时,还是自觉不自觉地颂古贬今。他说,"六国以前"的文章,因为"去圣未远,故能越世高谈,自开户牖",到了后世,情况就不同了,每况愈下,"弥近弥淡"。

尊老、敬祖、崇古,造成向后看的心理状态和"先入为主"的固有成见,已有的心理图式会排斥后来接触到的新图式。认知心理学把这种情况称之为"历史图象"的"定式效应"。源于小农经济基础上的尊老意识,把问题绝对化,甚至走向"为长者讳""为尊者讳"的地步,也就是说,年长位尊者有

---

① 《淮南子·修务训》。

什么错误，要替他隐瞒，以便保全其面子。这种取向，导致了学术文化和思想观念以至政治机制的老化。封建社会后期的文苑学坛、政界官场，总是弥散着僵硬衰老的腐气，精神萎缩、老态龙钟、锐气消融、暮色沉沉，如同一潭死水；偶尔有一丝清风吹来，水面上波纹泛起，就会引起遗老们的惊恐和不安。崇古意识、复古思潮，从意识形态上强化了这种暮气沉沉的僵化习气。先王古制虽是后人臆造出来的理想境界，但历代思想家、政治家、文学家，都在复古的感召力下从事自己的活动。董仲舒把"奉天而法古"作为两大法宝，去招引统治者实行仁政德治；韩愈的古文复兴运动，本是文体与语体的革命，但同样打起了复古的旗帜；康有为借助孔子的力量，进行"托古改制"，梁启超概括清代学术思想时提出了"复古为解放"的命题……这些足以证明古人古制潜在的权威。这种权威融化到民族心理之中，就形成了钟情旧代、眷恋往昔的文化情结。

宗经征圣意识是尊老崇古意识的集中化和理论化。圣人观念，既夹杂着现实的理性精神，又渗入了浓厚的宗教色彩。圣和经，分则为二，合则为一。圣人是非凡人物，经典是圣人的言论著述。宗圣观念已不是一般的宗法性情感认同，而是宗法性的祖先崇拜和对天命的依畏思想陶铸在一起的板结。如果说君王是天在人间行政管理方面的代理人，那么，圣人则是天在思想领域的代言人。没有圣人做中介，芸芸众生就无法得知天意，无法和上天沟通。《易·系辞上》中说："天生神物，圣人则之；天地变化，圣人效之；天垂象，见吉凶，圣人象之；河出图，洛出书，圣人则之。"这就是说，天虽不能言，但圣人可以代天而言，其言不可不听，其法不可不行。墨子提出"上本之于古者圣王之事"的命题，要求"凡言凡动"皆"合于三代圣王尧舜禹汤文武"之道。孔子虽不讲怪力乱神，但又信奉天命，并为顺天命而推崇圣道。"大哉圣人之道，洋洋乎发育万物，峻极于天"[1]，"天将以夫子为木铎"[2]，有了圣人，人们遵循天命也就有根有据了。可以看出，中国圣人，虽非纯宗教领袖，却有宗教主的色彩。

---

[1]《礼记·中庸》。
[2]《论语·八佾》。

先秦所谓的圣人，即尧舜等人，是传说中的人物，仅仅是作为一种文化的象征。汉代以后，独尊儒术局面的形成，孔孟被捧为圣人以后，引经据典才作为一种普遍的论断模式被固定下来。扬雄在《法言·吾子》中提出了一个以什么为论断准则的问题："人各是其所是，而非其所非，将谁使正之？"他最后的答案是："万物纷错，则悬诸天；众言淆乱，则折诸圣。"天统辖着错综复杂的万事万物，但天不能直接裁决是非，对于杂乱纷呈的公众言论，只有依据圣规圣法作出判断。于是，在思想舆论领域，从帝王将相到文人学士，都习惯于使用引经据典的方式作出法官式的判决。而经典规范以外的事情，很少有人问津。圣训和经言，不仅具有思想规范的约束力，也具有法律规范的约束力。人们只能固守樊篱，自我消磨，"非先王之法服，不敢服；非先王之法言，不敢道；非先王之德行，不敢行"①。做学问、写文章，都应该紧紧围绕圣道经论。"道沿圣以垂文，圣因文以明道"②，因百"立义选言，宜依经以树则；劝戒与夺，必附圣以居宗"③。这种信而好古、述而不作的学风，在前人旧调中徘徊往复、订正考核。"我注六经"是研究主体向古圣先贤的自觉认同，"六经注我"是旧有思想对研究主体的无形同化。不少人闭门读书，不问世事，皓首苍颜，消尽年华，"说五字之文，至于二三万言，后进弥以驰逐，故幼童而守一艺，白首而后能言，安其所习，毁所不见，终以自蔽"④。书面文化的价值，也终因宗经征圣而丧失殆尽。清人龚自珍对这种现象始有反悔，他以愤恨的情调写了两句诗说："从君烧尽虫鱼学，甘作东京卖饼家。"诗虽浅显，但意味深长。

10.4.2 伦理本位主义

中国古代文化的知识体系，基本上是一种伦理型的知识体系。

圣人以孝治天下，显示了宗法伦理在政治生活中的重要性，表明政治学是以伦理学为基础的：国王是一个大家庭的家长，忠君是孝亲的扩大化、政

---

① 《孝经·卿大夫》。
② 刘勰：《文心雕龙·原道》。
③ 刘勰：《文心雕龙·史传》。
④ 《汉书·楚六王传》。

治化。《大学》中说:"君子不出家而成教于国。孝者,所以事君也。"《孝经》中说"夫孝,德之本也,教之所由生也。……夫孝,始于事亲,中于事君,终于立身""君子之事亲孝,故忠可移于君;事兄悌,故顺可移于长;居家理,故治可移于官"。可见,"孝"是伦理道德的出发点,"忠"是伦理道德的归宿点。事父以孝为原则,事君以忠为原则,尽孝尽忠,求善求治,是中国古代知识体系的主轴。善指思想层面,治指社会政治层面。善以父子之道的孝为核心,治以君臣之道的忠为核心。"百善孝为先,万恶淫为首",善恶的区分标准是封建伦理纲常。"循三纲之纪,通八端之理,乃可为善。"[1] 善与治互为表里、互为体用、互为因果,求善是为了求治,求治是为了求善。这种伦理化的政治学,以拯治人心来达到社会政治的稳定。用孔子的话说就是:"其为人也孝悌,而好犯上者鲜矣,不好犯上而好作乱者,未之有也。"[2] 孝悌的最终目的是不要"犯上作乱"。

政治之外的其他知识体系,同样涂上了伦理学的色彩。史书在古代是一种"资政""赞治"的工具。周代的史官,任务是"掌官书以赞治"。史学评价历来都是围绕伦理纲常论定是非的,音乐的伦理色彩和政治色彩也十分强烈。《乐记》说:"乐者,通伦理也。"董仲舒说:"乐者,所以变民风、化民俗也。"[3] 绘画这门视觉艺术也被伦理化。有论者说,画要"善以诫世,善以示后";有论者说,画要"明劝戒,著升沦,千载寂寥,披图可见";还有论者说,画要"成教化,助人伦","见善足以戒恶,见恶足以思贤"。文采装饰也讲究伦理名分。董仲舒声称:"制度文采,玄黄之饰,所以明尊卑,异贵贱而劝有德也。"[4] 书法艺术本来无法和伦理道德挂钩,因为它的美感产生于笔画力度和结构形体,但古人也有人论说字迹的君子仪范和道德体态,相传欧阳修就从颜书中看出"忠臣烈士道德君子"的形象。至于文章、文学,更是天经地义的传道工具。"思无邪"将文学界定在情感伦理范围,兴观群怨说将文学推向社会伦理范围。"修身贵文""政化贵文""事迹贵文"等说法,

---

[1] 董仲舒:《春秋繁露·深察名号》。
[2] 《论语·雍也》。
[3] 《汉书·董仲舒传》。
[4] 《汉书·董仲舒传》。

要求作文"通风谕""宣上德""尽忠孝""济文武于将坠，宣风声于不泯"。

这样一来，与伦理教化无关的知识，往往就被看作"无用之辩""不急之察"，或被斥为"屠龙之术""奇技淫巧"，不为重视。为学者以经史为张本，专注礼义，终日论道，"若夫君臣之义，父子之亲，夫妇之别，则日切磋而不舍也"①，那么必然无视科学、漠视自然。"首孝悌，次见闻"，足以说明古代以伦理价值为首，以认知价值为次。古代的仁义礼智，是所谓"性之四德"，其中就没有求知、求真、求实的内涵。仁是伦理的内心化、自觉化，义是伦理的行为化、社会化，礼是伦理的规范化、程序化，智是伦理的灵活化、恒常化。孟子谓："仁之实，事亲是也；义之实，从兄是也；智之实，知斯二者弗去是也。"② 在儒家看来。"真"的价值只有在"善"的前提下才可以存在、确立，因为"知之及，仁不能守之，虽得之，必失之"③。在这种价值取向的左右下，自然物也被伦理化、道德化。儒家典籍中的自然材料，无不以"观物比德"的象征体出现：天地高扬道机之无穷，日月昭示道德之清明，松柏显示品格之坚贞，星辰显示德政之有序。自然物和动物，有时也被赋予伦常和品德。例如，古人说水有四德，就是沐浴众生、通达万物，仁也；扬清激浊、澡去秽污，义也；柔而难犯、弱而能胜，勇也；导江流河、恶盈流谦，智也。又说鸡有五德，其头戴冠者，文也；足搏距者，武也；见食相呼者，义也；进前敢斗者，勇也；司晨不失时者，信也。这种人文与自然不分的现象，是科学理性未能成熟的缘故，体现了古人"通天下一气耳"的致思特点。

一种文化系统中的价值坐标具有什么特性，单从自身寻找，总难以得到说明。特性往往是在与他物的比较中凸显出来的。中国古代文化的社会价值取向，在外部文化的对照系下，才显现出伦理本位主义取向的特征。这一点在古人来说并不自觉，因为他们总觉得伦理至上是天经地义的；而西方哲人，早就在比较中看到了中国文化中的伦理、礼教特色。孟德斯鸠在《论法的精神》中指出："中国人把整个青年时代用在学习这种礼教上，并把一生用在实践这种礼教上。"后来的黑格尔在《哲学讲演录·中国哲学》中说得更为明

---

① 《荀子·天论》。
② 《孟子·离娄上》。
③ 《论语·卫灵公》。

确:"在中国人那里,道德义务的本身就是法律、规则、命令的规定,……这种道德包含有臣对君的义务,子对父、父对子的义务以及兄弟姐妹间的义务。"中国古代社会关系以家庭为单位、以血缘为纽带,村落以家族为基础,国家以宗法为支柱,因此,家庭成员之间的序伦准则就逐步扩衍为社会关系中的礼义原则。

10.4.3 强调人生的道义责任

人格的完善对社会文明来说不可缺少。人格源于一种心理现象,表现为稳定的特质模式。它使人的行为具有一定倾向性,反映着真实个人的特点;它是具有动力一致性、持续性的自我,是人在社会过程中形成的突显特色的身心组织。人格的健全,具有多方位的属性,其中主要有智慧力量、道德力量、意志力量三个方面。智慧力量是知性、理性的反映,它能使人正确地揭示自然、社会和人生,正确地把握文化创造和价值获取;道德力量是人性、情性和良知的反映,它能发展和弘扬人的社会性、道义性,使人在社会关系中相助而和谐地发展;意志力量是一种进取精神和创造动源,它能使人消除惰性、克服消极思想,形成奋发向上的精神和自强不息的毅力。

儒家的人格思想,主要强调道义责任方面的精神实践,如孔子一生的文化活动,都在于"行道"。他"忧道不忧贫",把道义、社会责任放在人生的首位。他说,如果"道不行",就愿意乘桴出海,表现出这位先哲绝不善自为谋的博大胸襟。"义"是"道"的社会行为化和现实人格化,儒家宣称"君子义以为上"[①]。孟子认为,"浩然之气"不能诉诸语言——"难言也",有点玄乎和神秘,但养气的目标十分明确,那就是"配义与道","是集义所生,非义袭而取之也",因为"义,人之正路"。朱熹以理释道,认为道是仁义礼乐的总称。儒家这种人生观,是把道义作为人生价值的精神规范和终极追求的。于是,值得肯定的人格特征,就不能没有"配义与道"的实质性内容。

儒家道义中心的人生观,有其精深和光辉的一面。人从动物世界中脱颖而出,不可避免地带有动物本性。自私、狭隘、野蛮、排他等劣性,对文明

---

① 《论语·颜渊》。

初始期的人来说,十分普遍。文化的发展,特别是精神文化的发展,是人的动物性逐步减少、人性逐步增多的过程。儒家学派的道义价值观,就是人类向精神文明迈进的一块里程碑。仁义礼智,本身就是作为蒙昧野蛮的对立面来到人间的。在那攻战掠夺、诉诸武力、杀人盈野、血流漂杵的野蛮时代,孔孟等杰出的文化人开始宣传人文思想,创建文明世风,不能不说是历史性的进步。当古希腊哲人还在宣称"奴隶是会说话的工具"的时候,中国的先贤已将"仁者爱人""泛爱众"的哲学命题书写在自己的文化旗帜上,这不能不说是文明古国的先占春色。中国的古圣先贤有着高度的社会责任感和强烈的历史使命感。他们为天下东奔西走、席不暖暇;他们为文明世风的形成,苦思冥想、身体力行、箪食瓢饮、屈肱而枕,置个人苦乐于不顾;他们为了追求既定的目标,勇于承担道义,富贵不淫、威武不屈、贫贱不移。这种"思其道而易天下"的胸襟、抱负和意志,显然是真诚的。从传说中的大禹治水"三不过家门而不入"到儒墨学派的"天下为公""观其中百姓国家人民之利",从范仲淹"先天下之忧而忧"到顾炎武"国家兴亡,匹夫有责",都反映了中国自古以来公而忘私的优秀民族传统。张载有几句话非常全面地概括出道义人格的文化追求目标,这就是:

为天地立心,为生民立命,

为往圣继绝学,为万世开太平。[①]

为天地立心,是一种宇宙意识的体现。人为三才之秀、万物之灵,是宇宙自然的中心点,要为万物的生存和发展做出贡献。一种原始的、朦胧的生态意识在这里表现出来。为生民立命,是一种社会意识。人民是社会的主体,人生在社会中就要为大众着想,为他人的福利做出贡献。为往圣继绝学,表现出继承历史、接续传统的精神。文化的发展是一种积累和传接的过程,只有充分利用前人积累的成果,才会有新的发现和创造。为万世开太平,表现出自觉的未来使命观念。人生活在世间,不能只为当世着想,还必须为后世着想。近期效应是文化上的近视眼;远期效应,意味着能源利用、文化建设、思想教育诸方面考虑到后世、未来,即百年大计、千年大计、万年大计。把

[①] 张载:《张子语录》。

这四个方面作为人生价值的追求方向，即使对现代社会来说也不过时，因为它具有恒常的思想价值和文化意义。

道义价值观，在转化为人格特征时，出现了两种理想的人格型类：一种是圣贤人格；一种是君子人格。圣贤人格是道义规范的典型代表；君子人格则是道义精神的一般性体现。

圣贤人格一般是思想界或政治界有影响的人物，他们得到公众的认同，从而以人格形象起一种规范、榜样、昭示的作用。他们绝大多数是远古的、前代的、死去的有影响的人物。早期的圣贤人物有唐尧、虞舜、大禹、商汤、文王、武王、周公，等等。孔丘和孟轲活着的时候，人们并没有把他们当圣贤人物看待。孔子在世时，除了聚众讲学、广收门徒外，在其他社会活动中也时常碰壁。孟子能言善辩，游说诸侯，但诸侯们并不真正听从他那一套。但是随着时间的推移，孔丘、颜回、子思、孟轲等也进入了圣贤之列。而且，由于他们的著述遗世，其思想影响要比早期圣贤大得多。孔子的地位到封建社会的中后期越来越高：唐开元二十七年（739）唐玄宗给孔子加上"文宣王"的谥号，宋元各朝对其也都有过加谥，到清代顺治二年（1645），其谥号为"大成至圣文宣王先师"。圣贤人格，是公正无私的典型，是仁义而又睿达的典型。从天人关系方面看，圣贤被说成天的代言人，是天生的，非常人所能比拟；但从人格的自我完善方面来看，圣贤只不过是在道义问题上高度自觉化了的人，人人都有比肩继踵的资格，即使尧舜那样的人格，常人也可以做到，正如《论语》中所说，"为仁由己"，"我欲仁，斯仁至矣"。

君子人格比圣贤人格低了一等，可以是一般的人物，其中士人自我标榜君子人格的情况更多，他们主要以圣贤门徒自许，与"小人"相区别，且勇于承担道义。古代从人格品行方面，把社会人分成君子和小人两等。据《礼记·典礼》载："博闻强识而让，敦善行而不怠，谓之君子。"《仪礼·乡饮酒》载有"告于先生君子"，其注释说，"君子，国中有盛德者"。先秦诸家大多推崇君子，对其命义也大致相同。可以看出，君子和圣贤在人格上的力度完全一致，都是人的道德力量的体现者，只不过在承担和推行道义方面有着程度上的差异而已。君子人格的风范和仪态主要是，温柔敦厚、文质彬彬、行必有据、言必有理、不轻佻、不粗鲁、讲礼义、避利欲、严于律己、诚以待人、守信用、重承诺，处处显示出敦厚、方正的形象。为了培养敦厚、方正的君子人格，古代注重从小教育，让孩子首先学习礼义退让。这就是《三字经》中说的"为人子，方少时，亲师友，习礼义"。甚至还有所谓"居处简静"的"胎教"。如颜之推在《颜氏家训·教子》篇中说："古者，圣王有胎教之法，怀子三月，出居别宫，目不斜视，耳不妄听，音声滋味，以礼节之。"这种"胎教"，显然并不以胎儿的体质发育和智力发育为目标，而是以纯正无邪的道德塑造为目的，即通过母体的守正习礼及环保氛围的安静清闲，使胎儿获得德行的熏陶。这种道德性的胎教，也为医学所吸收。例如，唐代孙思邈在《千金方·养胎论》中说，"观犀象猛兽珠玉宝物，见贤人君子、圣德大师，观礼乐钟鼓俎豆军旅陈设"，还要求在衣食住行方面"肉割不正不食，席不正不坐，弹琴瑟，调心神，和情性，节嗜欲，庶事清净，生子皆良"。宋代陈自明在《妇女良方·胎教门》中要求"常口谈正言身行正事"。这都侧重于德行、人格的培育方面。

我们必须承认，圣贤人格和君子人格对于人的思想健全、道德完善、情操陶冶和品行培养都有着积极的作用。圣贤人格是一种人格完美的象征，是一种文化认同的符号，是为人处世的最高楷模。因而，圣贤人格能起到一种榜样作用、示范作用，是对民众产生感召和同化的精神力量。君子人格是古代社会群体中理性自觉、行为文明的标志。君子的豁达大度、知书明理、行为文雅、气宇轩然、不计较个人利害得失、以天下社会安危为己任，无疑是人类道义、良知的发现，是社会进步的必然结果。中国古代既没有一霸天下的宗教统治，也没有狂热的宗教情绪和宗教的战争，与"圣贤为师"的文化思想不无关系。即使在君主专制下的政治体制中，圣贤的地位和影响也都相当强大。凡那些励精图治、有所作为的帝王，都以圣贤人格为精神动源。"内圣外王"就成为人们推崇的人格的最高境界。那些为民众办好事的清官，总是在自我意识中追求圣贤人格和君子人格，以公道良心、为民做主满足自己至圣至贤的心理期盼。可见，榜样的诱导、舆论的教化，在一定程度上能够达到道德自觉的效果。

当然，古代的圣贤人格和君子人格都是"单面人"，所以不能从根本上解决人格完善的问题。人总是社会的人、文化的人，其要求是多方面的，自身

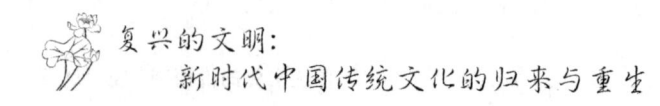

又是多因素的综合体。传统人格只讲人的精神追求,鄙弃人的物质追求;只讲人的道德力量,不讲人的智慧力量;只讲人的社会义务,不讲人的社会权利。因此,人格塑造中的理想化、空疏化倾向在所难免。唐端正指出:"中国哲学之问题为内圣外王,其特点在为人生文化提供种种价值理想,和实现此价值理想的修行方法。"[1] 这种"价值理想",还不等于价值现实。在社会人生中,当把道义价值绝对地作为生命的主宰的时候,道义人格也就成为现实中鲜有的偶像。所谓圣贤人格,其实就是理想人格,是人为地塑造出来的完美无缺的偶像。人们常说,"人非圣贤,孰能无过",这句俗话透露出了圣贤人格的非现实性。

---

[1] 《先秦诸子论丛》,(台)东大图书公司1981年版。

第 11 章
中华文明的和谐观

11.1 和谐造就合力

和谐是中国传统文化思想体系中重要的哲学范畴和精神理念。在历史发展的各个时期,在各家各派的理论说教中,都程度不同地贯穿了和谐思想。这种东方文化特有的和谐思想,蕴含着深邃的精神滋养和丰富的价值内涵。在先哲的思想体系中,和谐涉及的内容颇为宽泛,它不只是手段,更是目的;不只是理论设定,更是道德实践。

11.1.1 和实生物

传统和谐思想早已揭示了系统学科中的有关原理,但又超越了系统原理的特定视域。研究传统的和谐思想,有利于我们发掘、弘发伏根深远的优秀传统文化。

和谐思想认识到了系统要素的多样性,推崇异质事物之间的有机结合。

按照贝塔朗菲的定义,"系统是由两个以上的要素组成的具有整体功能和综合行为的统一集合体"[1]。系统要有效地发挥整体功能和综合行为,其内部要素之间必然体现为异质组合,诸要素之间,既相差异又相交织,既相矛盾又相统一,既相对立而又相协作。也就是说,不同的要素具有不同的性状,通过协调关系取长补短、优化功能,从而提高系统活力。系统实质上是指具

---

[1] BERTALANFFY L V. Trends in General Systems Theory [M]. Hew York: Wiley, 1972: 31.

有异质性关联的整体结构。

异质组合产生系统功能的思想,早在我国先秦时期即已产生。"和实生物,同则不继"①的哲学命题,自觉不自觉地涉及了系统构成中的异质组合问题。在古人看来,孤阴不生、孤阳不长,因为它是"同一"的事物。显然,"同"代表了系统要素之间无差异的线性状态,即所谓"以水济水,谁能食之"②;"和"代表了系统要素之间异性组合的非线性状态,即所谓"万物负阴而抱阳"③,"天地相合,以降甘露"④。异质事物通过组合、协调,构成动态的、有机的、非线性的系统结构,这种结构才能形成和谐状态,这就是所谓的"以他平他谓之和"⑤。可见,"和"指的就是有机系统中异质事物之间的联结、运动和转化。

尽管限于当时的认识水平,古人对异质组合的论述是零星的,且是以比附的方式进行的,但对系统功能的理解深刻而独到。现代系统理论认为,差异是构成有机系统的前提。有差异,才有多样;有多样,才有整体系统;有整体系统,才有自我复制、新陈代谢及系统突变。系统要素的多样性,是性质不同、大小不等、动量不一、功能差异等问题的概括表达。系统的发展、进化,依赖于非线性选择行为;而异质、多样为非线性选择提供了空间。以生命的进化为例:非线性选择使复制的精确度和信息量增大,提供生命起源的大分子自组织所需要的全部性质,从而允许生命系统继续向更高水平进化。

11.1.2 和的吸纳功能

传统的和谐思想,正是蕴含了这种广泛吸纳、选择的思想。从"和合五教"⑥的道德整合到"采儒墨之善,撮名法之要"⑦的文化荟萃,都体现出兼

---

① 《国语·郑语》。
② 《左传·昭公二十年》。
③ 《道德经·四十二章》。
④ 《道德经·二十三章》。
⑤ 《国语·郑语》。
⑥ 《国语·郑语》。
⑦ 《史记·太史公自序》。

容、吸纳的博大胸襟。班固在《汉书·艺文志》中说:"《易》曰:'天下同归而殊途,一致而百虑。'今异家者各推所长,穷知究虑,以明其指,虽有蔽短,合其要归,亦《六经》之支与流裔。……若能修六艺之术,而观此九家之言,舍短取长,则可以通万方之略矣。"尽管,"通万方之略"的文化构想被专制铁蹄所践踏,其内在的思想价值却闪烁出永不磨灭的慧光。

和谐思想意识到了矛盾对立构成制约、制衡的机制,追求对立事物之间的相济与互补。

在一定的意义上讲,"和"意味着在矛盾运动、对立中实现动态平衡。有差异、多样,就有矛盾、对立。由于矛盾、对立的存在和变化,才推动着事物的不断发展。矛盾、对立运动的形式表现得复杂多样,它们在系统整体中起着复杂的作用。"和"就是按照特定矛盾的特殊属性和深层机理,采取合理的方法、步骤予以适时调整,使之协调有序。

特别值得注意的是,在先哲的意念中,"和"绝不是无原则的"一团和气"。"和"中包含矛盾、对立构成的制衡状态和制约机制。晏子与齐侯的一段对话就典型地反映了制衡、制约及纠偏、补过的思想。齐侯问:"和与同异乎?"晏子作了这样的回答:

> 和如羹焉。水火醯醢盐梅以烹鱼肉,燀之以薪,宰夫和之,齐之以味,济其不及,以泄其过。君子食之,以平其心。君臣亦然,君所谓可而有否焉,臣献其否以成其可;君所谓否而有可焉,臣献其可以去其否……清浊、大小、短长、疾徐、哀乐、刚柔、迟速、高下、出入、周疏,以相济也。①

这里,晏子用厨师调羹来比附说明系统构成的差异、多样,系统运作中诸要素之间的相互克制、对立而又协作的道理。正是因为有疾徐、刚柔等对立面之间的"相济",才会有对立制衡和对立补救,从而形成有机的和谐。在晏子看来,政治和谐,不是下级对上级的唯唯诺诺,而是相互之间要及时发现存在的问题和错误,并予以及时纠正。换言之,善于运用是非判断代替唯命是从,这才算作真正的"和"。晏子"献否献可"的主张深刻地体现了对

---

① 《左传·昭公二十年》。

立互补、辩证和谐的思想。它与毕达哥拉斯对立构成和谐、赫拉克利特和谐存在于张力之中的思想有着异曲同工之妙。

11.1.3 和的有序性

直到今天，对立相济的理念，依然是重要的思想资源，有十分重大的现实意义和价值。现代物理学所揭示的正负电荷的对称性和正反粒子的对等存在，现代非线性理论中讲的"两种相反效应恰好地达到某种均衡时，矛盾的双方协调起来"[1]，都表明对立两极只有在有机的互补中，才能进入一种微妙的平衡状态。

和谐思想发现了事物的三种组合方式，主张通过有序协同来产生系统功能。

"和"，可以看作古人对系统内组织有序程度的描述。朱熹将《中庸》中"致中和，天地位焉，万物育焉"的"位"解释为"安其所"，"育"解释为"遂其生"。不难看出，"位"指空间上的有序，"育"指时间上的有序。张载提出了"天序"的概念，由"天序"引申到人间的"礼序"。他说："小大高下，相并而相形焉，是谓天序。天之生物也有序，物之既形也有秩。知序而后正经，知秩而后礼行。"[2] 无疑，"序"是走向和谐境界的途径。"序"既包含系统有序的状态，也包含系统序化的过程。如果用现代耗散结构理论的术语来表达，"和"就是从无序状态走向有序状态，并在有序状态下对抗、消解熵增所引起的无序。事实上，系统的有序组织决定系统的质量和功能。"和"的过程就是序化的过程，因而也是吸纳、扩大负熵的过程，即减少熵增、保持有序的过程。这一过程，在自然系统是不自觉的，在人类社会系统则是自觉的。

有序意味着系统的稳定、上升、生发和进化。无序则无法形成组织，自然就谈不上进化与发展。尽管无序同有序一样，充满了宇宙的各个角落，但系统的进化只能追求有序，并由低级的有序走向高级的有序。受认识条件制

---

[1] 周守仁：《孤立子理论的哲学和方法论问题》，《自然辩证法研究》1993年第7期。
[2] 张载：《正蒙·动物》。

约，古人不可能像现代人一样对系统序参量作精确描述，但其已清楚地意识到序参量的存在及其作用。"同""和""不和"三种概念实际上是对事物三种组合状态变量关系的发现。"同"属于要素组合后变量的零值关系，多属于同类的事物相加，表现为机械的量增，即个体的总量与相加之和相等；"和"是对有序运行状态、机制、过程的直观体悟和描述，指不同事物之间的和谐状态，即阴阳相交、异质互补、有序联结、化生万物；"不和"表现为负值，即事物在无序状态下趋于解体。

在现代学科背景下，三种组合状态可以通过数学语言证明。倘若用同一单位量度表示事物的属性，设定事物某一属性的整体功能数量为 a，度量结构中第 i（$i=1, 2, 3……m$）个组成事物这一属性的数量为 a_i。那么，a 和 a_i 之间的关系呈现出三种状态：

甲：$a = \sum_{i=1}^{m} a_i$

乙：$a > \sum_{i=1}^{m} a_i$

丙：$a < \sum_{i=1}^{m} a_i$

甲表明，整体保留了组成部分单独存在时具有的性质，各要素之间呈现出线性关系，即变量之间形成正比例关系，在笛卡儿坐标平面上表示为一条直线。一般情况下，同类事物的复合体表现为松散的"堆"，呈现线性关系，在系统意义上是无效的，因而不属于系统范畴（非系统）。当然，在系统运行的特定时空点上，也会出现"整体等于部分之和"的现象，但那只是一种过渡态，并不体现本质特征。乙表明整体出现了部分不具有的甚至对于组成部分来说找不到的性能，即要素之间在协同性作用下，产生了系统新质。丙表明，部分在合为整体时，丧失了它们单独存在时的某种属性，即整体的功能小于各部分相加得到的总和，功能呈现出负相加性，其原因在于各要素之间相排斥和相抵消，混乱无序，系统趋于瓦解。显然，传统和谐思想中的"同""和""不和"，恰恰对应着现代系统论中的这三种状态。

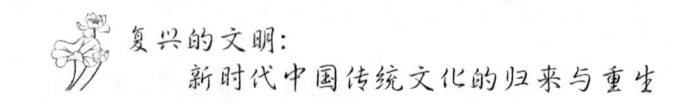

11.2 传统和谐思想的价值内涵

11.2.1 "和"中包含了朦胧的生态观念

"和谐"之道肇自天地万物运行规则的启示。天无私覆，地无私载，日月星辰，光明普照，万物生发，各得其所。于是，古人早把"和谐"看成永恒的"大化之道"，看成天地精神的体现。"和，故百物皆化。"[1]"和"带来的是协调、生机、生长。显而易见，"和"指促进生发化育、维护系统正常运行的机理、节律和法则。

由此可见，"和"的哲思中包含了朦胧的生态观念。人本身是一种生物存在，天地的存在是人所存在的前提。于是，就有了"天人一体"的概述。这种概念不像西方学说那样强调主客二分、天人对立。在先哲看来，人不能疏离环境，不能超越物质客体；在人类社会存在的前提下，环境也不能独立于人类社会之外。两者之间需要动态平衡，共存共荣。因其如此，"和"就成了双方交换物质、能量过程中的守衡法则。所谓"泛爱万物，天地一体""无以人灭天"[2]"和合万物"[3]"为天地立心"[4]等命题，都十分肯定地表明，人只有在承认万物自身的价值和承担对自然的责任的前提下，才能实现自身的生存与发展。

正是有这样一种早萌的生态直觉，在人口稀少、资源丰饶的时代，思想家们即已经觉察到，资源过度损耗会引起"天不重予"的严重后果，故而须要取之有时、用之有节，不可采伐失度、竭泽而渔。孔子提出"钓而不纲，弋不射宿"[5]，管子主张"禁发必有时"[6]，孟子倡导"数罟不入于洿池""斧

---

[1] 《礼记·乐记》。
[2] 《庄子·天下》。
[3] 《太平经》。
[4] 张载：《张子语录》。
[5] 《论语·述而》。
[6] 《管子·八观》。

斤以时入山林"①，荀子要求"以时顺修""以时禁发""不夭其生，不绝其长"②，体现的正是限时节用的思想，表征了东方文明特有的天人和谐思想和生态平衡观念。《中庸》中说："上律天时，下袭水土。"朱熹注释道："律天时者，法其自然之运；袭水土者，因其一定之理。"③ 律天时、袭水土，就是尊重规律，就是维护自然运行的平衡与生机。这种限时节用、天人和谐的思想，既是情感的投射又是理性的选择，既是为自然也是为人自身，它具有超越时代的恒常价值。

11.2.2 "和"体现着高雅的人生境界

中国文化中的"和"，可以看作一种人格塑造、灵性修持的过程，塑造、修持的结果表现为一种深沉持重、温文尔雅的精神境界。所谓"惟和惟一"④"和而不同"⑤"正直中和之谓德"⑥ 等说法，就是主张把存在于天地万物中的和谐品格转化为人的精神心态和精神境界。在先哲看来，和谐的理想追求，只有通过笃行精神才能化为现实。于是，"和"就成为塑造高雅人格境界的精神滋养，也就成为施教感化的伦理灵魂。

"和"的人格特征表现为：公道平正，不走极端；通达乐观，温和自然；宽容大度，虚怀若谷；能克制自己，不固执己见；待人和善，人际关系融洽；等等。它把仁义礼智信的道德观念内化于心灵而又外化于行为，言行表现有节有度、中庸而不偏激、内敛而不闭塞、开明而不狂放、乐生而不悲观、忧道而不忧贫、达己且能达人；凡是狂放颠倒、偏激执迷、喧嚣躁动、胡作非为、奢侈淫逸、矫伪滥情等，都是和谐境界的反面。孔子讲的"毋意，毋必，毋固，毋我"⑦，就是不主观、不武断、不顽冥、不自私，体现的正是以"中和"为特征的主体人格修养。

---

① 《孟子·梁惠王上》。
② 《荀子·王制》。
③ 朱熹：《四书集注·中庸章句》，岳麓书社1985年版。
④ 《尚书·商书》。
⑤ 《论语·子路》。
⑥ 司马光：《资治通鉴》卷一，《周纪一》。
⑦ 《论语·子罕》。

复兴的文明：
新时代中国传统文化的归来与重生

"和"是境界，也是达到境界的方法。先贤要求用中和之道来调整人的身与心、灵与肉之间的关系。"心和"是人生提高生活质量、实现生命良性运作的一个重要方面。传统文化中，儒道佛都注重倡导人们内心的平衡与和谐。道家讲"冲气以为和"[1]"和其光，同其尘"[2]，要求人们擦去世事纷争落在心灵上的俗尘，以淡泊明净的心神看待物我。儒家倡导三省吾身、反求诸己、尽心知性、自我修养，力求进入一种崇高而又和谐的人生境界。佛家强调"因缘和合"，剔除偏狭和妄见，打破阻碍觉悟的壁障，造就一颗大彻大悟、大慈大悲的心灵。

为确保人格境界的航船不迷失方向，古人十分重视"度"的把握，用"双向兼顾"来防止一种倾向掩盖另一种倾向。"过"和"不及"都会导致人格培养的失利，都不是做人的原则和理想的人格境界。《尚书·皋陶谟》中提出的"九德"，均用"双向兼顾"的方式表述，如"宽而栗"（宽宏而庄严）、"柔而立"（温柔而自立）、"愿而恭"（诚笃而恭谨）等。《尚书·尧典》中讲"刚而无虐，简而无傲"，就是要求刚毅而不苛刻、简明而不傲慢。春秋时的吴公子季札听《颂》时讲到"乐而不荒""取而不贪"[3]，意为适当的娱乐有必要，但不能荒淫；正当的利益可以获取，但不能贪得无厌。老子《道德经》中称颂了"方而不割，廉而不刿，直而不肆，光而不耀"[4]的圣贤人格。《诗·大序》要求"发乎情，止乎礼义"。至于孔子这类言论，则广为人知，如"乐而不淫，哀而不伤""惠而不费，劳而不怨，欲而不贪，泰而不骄，威而不猛"[5]，等等。由此可见，"和"的境界与风范，需要双向平衡，找到合乎道德规范的合适位置。在一定的意义上说，修身养性，就是陶铸中和的、温良的品格和性情。因此，中和人格以仁义礼智信为思想内容，以温良恭俭让为行为特征。

可以肯定地说，儒道佛净化人心的努力，在当代社会仍不失其积极意义。

---

[1] 《道德经·四十二章》。
[2] 《道德经·四章》。
[3] 《左传·襄公二十九年》。
[4] 《道德经·五十八章》。
[5] 《论语·尧曰》。

面对激烈竞争、就业压力、生存困难、贫富悬殊，需要释放人的心理结节和精神抑郁，需要塑造稳练的精神心态和达观的心理品格。"心和"，侧重于心理调整和精神满足。淡泊清静的灵性修持，尽心知性的内省精神，圆融和合的求善情怀，乐以忘忧的人生境界，能够有效地化解身心之间的坚冰，涤除内心世界的矛盾和痛苦。从这个意义上讲，和谐本身就是一种精神境界和心灵期盼，也是一种生存力量和信念依托。

当然，需要说明的是，"和"的人生境界，不是单一的利他主义的境界，而是人我共利、群体共生。塑造"和"的人格风范的目的，在于建构互信、友善的人际关系，生存于这种关系中的每个主体均可受益，因为"和无寡"①"德不孤，必有邻"②，即主体的德行外射可以获得他人的德行回报。相反的情况是，"离散不能相和合"③，离心离德，每个主体都会处于孤独、散落的境地。

11.2.3 "和"是群体生存的价值取向

"和"在通常情况下体现着正面价值，而"不和"则体现着负面价值。"和"之所以体现正面价值，是因为它能形成活性的有序构成（或称之为有序的活结构），维护系统正常运行，促进系统的生发和化育。比如说，天降甘露、地生五谷，是"和"的表现，因为它带来了生长和化育。"不和"之所以体现为负面价值，是因为它造成破坏和瓦解。比如说，天崩地解、颗粒不收，是"不和"的表现，它带来了灾异和毁灭。

古圣先贤热衷提倡"和"，用意恰恰在于增强内、外关系的协作性，以推动社会群体的良性发展。《易传·象·乾》中"保合太和，乃利贞"的说法，《荀子·天论》中"万物各得其和以生"的思想，正是就系统内外有序、谐调而言。"和"既不是静止，也不是动荡，而是动态的平衡，即有序而谐调地发展。古人正是从这一理念出发倡导和谐的。

人是群居的动物，群体之间的和平共处是社会文明的重要标志。伦序礼

---

① 《论语·季氏》。
② 《论语·里仁》。
③ 《墨子·尚同上》。

仪与道德规范的目的在于社会和谐。避免白热化的、残酷的斗争，是人类社会应然的目的之一。从志士仁人的"政是以和"到俗语中的"两斗皆仇，两和皆友"，都表现了人对"和"的认可和追求。"斗"的方法虽有必要，但既非唯一方法，也非常态方法。过分的"斗"，就是耗损，就是伤害，就是毁灭。老子说："知和曰常。"[1]"和"是常道，懂得这个常道才算高明。"文化中发生冲突，只是一时之变，要求调和，及是万世之常。"[2] 儒家把"礼之用，和为贵"[3] 作为处理人际关系的基本原则。孟子认为，"人和"比"天时""地利"更为重要。"人和"是群体得以生息、繁衍的内在的需要，是社会系统协调的本质内涵的概括。应当说，"人和"除了"与人为善""讲信修睦""成人之美""去争斗之心"之外，还包括了利益结构的公正合理，集团、成员之间的互依与互惠，正所谓"万人之所和而利也"[4]。人际关系"不和"，自然难以互依、共处，彼此的利益自然会受到伤害。

特别需要强调的是，"和"的设定中贯穿了鲜明的天下意识和代际意识，超越了有限的空间和时间范畴。

天下太平、万邦和谐，是古代志士仁人孜孜追求的理想。《尚书·尧典》中提出了"协和万邦"的政治宣言，要求普天之下的国家、民族和平共处。儒家的政治理想和人格修养中都离不开天下观念。"大同世界"，以"天下为公"为特征；"修身"的最终目的，指向"平天下"；君子人格的价值实现，在于"兼善天下"。道家的天下观同样十分清晰。《道德经》文字不长，谈"天下"的地方却不少，如"贵以身为天下，若可寄天下；爱以身为天下，若可托天下"[5]"修之于天下，其德乃普""以天下观天下"[6] 等，主张以德治天下。墨家提出了著名的"兴天下之利，除天下之弊"的政治纲领。张载在《西铭》中视普天之下为一家。所有这些都表明，传统和谐思想不局限于狭隘的民族、国家范畴，是一种人类意义上的和谐思想，是一种天下为公的和谐

---

[1] 《道德经·五十五章》。
[2] 钱穆：《中国文化精神》，台北三民书局1971年版，第51页。
[3] 《论语·学而》。
[4] 《管子·问第》。
[5] 《道德经·十三章》。
[6] 《道德经·五十四章》。

思想。汉、唐诸代强盛时期奉行的"和亲"政策，正是这种大和谐思想的政治实践。"协和万邦"的政治宣言，在当今国际关系中的意义不可低估。它有利于营造邦交间的友好关系、和谐气氛，建立合理公正的国际秩序，从而保证持久和平、长期稳定。笔者认为，"协和万邦"四字完全有资格镌刻到联合国大厦的墙壁上，以感召世界建立公正和谐的新秩序。

在一般意义上讲，"和"只能在同时代的对象之间进行。但由于人类文化的传承性和自然资源的有限性，历时性的代际关系就不可回避。代际关系是时下人与未来人之间的关系，具有历时性特征。由于时间差，这种关系实际上是一种隐性的关系。在这种关系上，古代哲人的智慧耐人寻味。先贤有鲜明的历史意识和未来责任感，从发展的链条、承接的环节中洞察文化的价值，不把致思的焦点仅放在当下的平面上，用张载的话说就是，"为往圣继绝学，为万世开太平"[①]，意思是说，一方面要把前人创造的文明成果继承下来；另一方面还要为后人开创幸福美好的生活。这种博大的襟怀和超越时代的远见卓识，正是传统文化良知与理性的体现。相比之下，路易十五那句有名的昏话——"我死后哪管它洪水滔天"，显得多么狭隘自私和卑劣渺小！

在资源、环境、生态问题空前突出的当今，代际关系就表现为当代人如何对后代、后世负责的问题。无限制地消耗资源，无疑将会扼断人类代接发展的承传链条。从法理和文理上讲，代际之间的利益分配，同样不能违反"和"的原则。前代的人，没有权利滥用本来属于后代人的那一份资源。透支有限资源，是对后人的犯罪。前人有责任"栽树"，以供后人"乘凉"，但没有权利只顾自身、扼断后人之路，更没有理由把"滔天洪水"引入后世。

11.3 传统和谐思想中的前瞻性发现

如前所述，传统和谐思想中蕴含了系统理论中的一般性原理。当然，传统和谐论与现代系统论之间只是某一角度的切合，而不可能是全方位的重合。因而，二者在某种特指意义上具有可比性，而在泛指意义上缺乏可比性。因

---

① 张载：《张子语录》。

为传统和谐论以自然型农业经济为背景，使用的是直观、朴素的认识与思维方法，致思的中心问题是社会政治和道德伦理问题；而现代系统论则以近代以来的工业社会为背景，使用的是现代科学意义上的认识与思维方法，致思的中心问题是系统的运行与优化。二者之间既有时代差，也有阈值差。传统和谐论并不是某一家独成体系的理论，它是在漫长的历史过程中渐次累积而形成的思想，所涉材料比较零星，多以比附、喻证的形式出现；而现代系统论则是成体系的理论，体现为一种学科门类。因此，我们不能牵强附会地将传统和谐思想现代学科化。

尽管传统和谐思想建立在朴素、直观的思维基础上，尽管其论述以散珠片玉的方式出现，但其内含的意义随着人类文明程度的加深而不断加深。从文明发展的历程看，工业文化超越了农业文化；但农业文化中孕育的生命意识和生态思想，又可以超越工业文化的有限视界。自然型农业文明化育出的和谐思想，具有广阔而深邃的内涵，其价值视野并不限于系统论的学科范畴。

系统学科为了致思系统的优化，总需要暂时地把描述的对象从外在的环境中分离出来。这种分离，本身隐藏了一种逻辑矛盾，即所谓的"系统悖论"：描述任何给定系统这一任务，只有把该系统作为更大系统的元素来描述这一任务获得解决的条件下，才能获得解决；而把该系统作为更大系统的元素来描述的任务，又只有在把该系统作为系统描述的任务得到解决的重要任务下才可能解决。从自然界到人类社会，有系统组织，就必然有非系统组织。从系统"悖论"到非系统现象，可以证明系统方法的有限性。特别需要说明的是，某一局部的系统优化，很可能对整体系统或其他系统带来不利影响。换言之，系统优化无法顾及大背景意义上的和谐。而我国传统的和谐思想，体现的是"大化流行"的宇宙观。它并非从某一区域或维度看问题，而是从宇宙运演和社会发展的高度、从生命哲学和人类学的广度来认识和论证问题，因而它超越了系统论意义上的局限，从而具有独到的前瞻性发现。

11.3.1 和谐思想对中度效应的发现

先哲在提倡"和"时，特别注重社会、人事行为中的适度性。"过"与"不及"都将会导致和谐价值的失落。"中和"一词是适度思想的最高概括，

"济其不及，以泄其过""过犹不及"等论点是适度思想的集中表述。中和，不仅标识了整体性的合理度、要素布局的适宜度，也标识了外界能量、信息输入的适量度。它在价值取向上不同于系统控制中"最佳状态""最优化""最大值"之类的追求。

事物要形成稳定的结构，要平衡地发展，就需要把力量、数量、质量集中到它的中心地带。"允执厥中"就是对两端进行双向吸纳，以形成兼容、稳定的势态。"中则正"体现着统计学意义上的概率性。生命系统为克服自身的熵增趋势，便需要与外界交换物质、信息、能量，然而过度的开放，又会导致系统的瓦解。于是，系统会选择适度的运动和适度的开放。生命体需要运动的平衡。不运动，就难以激发生命的活力，但过量的运动又会造成生命的衰亡。中国传统的养生之道，既主张运动，又反对过分的运动。在正常情况下，生命系统各要素的相互作用总是在强度、范围、方式上体现出适度性，以保持系统的相对平衡与稳定，这可以称之为"中和效应"。关于这一效应，在中医的养生原理与治疗原理中体现得最为直观。孙思邈在《千金要方》中说："养性之道，常欲小劳，但莫大疲及强所不堪耳"，体现的正是中庸之道的中和性原则。中医认为虚、实、寒、热皆为阴阳失衡所致，治疗时，虚则补之，实则泄之，寒则以热，热则以寒，使之恢复平衡，即"中和"。药方中的药味，也要讲究"和"。"十八反"和"十九畏"，指药性"不和"现象，这种现象会使功能相互抵消。甘草在中药中起着"和诸药而解百毒"的作用，形象地说，它就是一个"和事佬"，能调和其他药味。

古人正是从此类现象中发现了这样一个哲理：人要趋于"过"与"不及"之中，不任意、不违拗，防止任何极端导致的失衡现象。

11.3.2 和谐思想对物极必反的发现

极限和超度会对系统带来破坏性后果。古人在长期观察中发现，"盈必毁，天之道也"[①]。"盈"就是极限、超度。从自然到人类，过热、过快的运动都会带来反弹、畸变甚至毁灭。正所谓，极则反，盈则损，满则倾，盛则

---

① 《左传·哀公十一年》。

衰。系统需要能量，但能量过分输入也会使系统趋于瓦解。比如说，一株植物出现疯长的现象，也不是好事，其原因在于含氮化合物偏高，其结果造成代谢的失衡，植物就难免中途夭折。这种物极必反的现象，在社会人事中表现得更为突出。人的任何极端行为都会导致反弹力引起的报复。过度集中则丧失自由，过度自由则酿成纷乱；斗"私"的极致可能是纵"私"，灭"资"的极致可能是唯"资"；强势群体的富裕，以弱势群体的贫困为代价；等等。因此，设防极限和超度，就是防止反弹、畸变和解体。

当今，"最佳"已成为不少人的口头禅。其实，"最佳"往往把人引向歧途。在通常情况下，生命系统的运行找不到"最佳"的阈值，更找不到有万利而无一弊的"最佳"状态。想以最低代价获取最大效益，只能是一种美好的愿望。"多快好省"，其结果往往是欲速则不达；"价廉物美"，实际上是空洞的褒词，因为它不能体现市场的交换法则；"低投高产""少耗多得"，大多出于主观臆想，事实上不够现实。退一步说，人为状态下暂时出现的"最佳"，除了支付的代价最高之外，长期的效应却不见得佳；某一方面的"最佳"，又以损伤另一方面为代价。"最佳"意味着一种极限，潜隐着某种负向的反弹或衰落的开始。生物学中的"IDH"理论[1]认为，最佳则不稳定。用老子的话说就是，"揣而锐之，不可常保"[2]。为防止反弹，稳妥的方式就是不走极端。

11.3.3 和谐思想对持续发展的发现

先哲之所以看重"和"，是因为"和"对社会稳定、群体沟通、天下太平、生命绵延有益而无害、有补而无损，有助于人类持久、和平地发展。和谐思想不谋最大效益，不求当下的"胜利"，不显示无所不能。这便意味着，人需要自觉地"去甚、去奢、去泰"[3]。

只有"去甚、去奢、去泰"，方能赢得长远利益和长久效应。长期以来，反传统者常把"发乎情，止乎礼义"的古训说成是禁欲主义，显然是离开了

---

[1] "IDH"理论由Connell于1978年提出，参见：*Economical Press of China*，1991：186-202.
[2] 《道德经·九章》。
[3] 《道德经·二十九章》。

原文本的语义。先哲的"去甚、去奢、去泰",只是要求欲望不要过度,"乐"不要滑入淫秽,"情"不要超离礼义范围,"欲"不要发展到贪婪地步。显而易见,反对极乐、滥情、私欲、贪婪,不仅有利于社会和谐与人格完善,也有利于个人的健康和生命的绵延。从深层意义看,传统和谐思想揭示出了社会发展的持续性,领悟到了有比例、分阶段协调发展的奥秘。它与当今风行全球的可持续性发展观不谋而合。"去甚、去奢、去泰"的深层意义是走可持续发展的道路,避免造成断裂、失衡状态。近、现代以来,由于人口剧增和科技的突飞猛进,资源消耗迅速上升,人均耗能表现出很大的"加权效应"。工业革命只有300多年历史,仅占迄今人类史的0.2%,而其消耗的能源占人类历史所耗总量的99%以上。当代人类物质消费中的一个误区,即"逐级攀升"心态:低收入者向高收入看齐;落后地区向富裕地区看齐;发展中国家向发达国家看齐。这种攀升造成的快变,显然与自然的慢变性不适应。比如说,美国人口仅占世界人口的5%,而其消耗的资源占世界的30%。倘若全世界都进入美国的消费水平,消耗的资源量就会攀升到现在的600%,那么,千年后世界会变成一个什么样子!

无论是人口,还是经济,一旦快速增长,就会走向极限,甚至可能超限。极限则失去回旋余地,超限则容易一蹶不振。弓愈劲则弦易断,火愈旺则势易灭。生命运演历程中,"快"常同"短"结伴而行,"慢"常同"长"形影相依。面对有限的自然资源,"慢开发"就是"长效应"。

通过上面的论述,我们可以看出,中国传统的和谐思想,是强调整体性和谐的思想。整体性和谐思想的重要性,体现了人类的良知和理性。早在古希腊哲学中,和谐就是一个受到哲学家关注的问题。毕达哥拉斯有一句名言:"美德乃是一种和谐。"爱因斯坦像开普勒一样,相信宇宙间神秘的和谐,相信宇宙是由诸多星体构成的有序的、协调的整体。他要重新恢复希腊的宇宙概念,即cosmos,一个和谐的整体。爱因斯坦的这一理念,与中国传统的和谐思想在精神实质是相通的。

传统和谐思想中蕴含的价值是恒常的,至今依然具有感召、教化、导引的思想功能,是社会凝聚、群体协调的精神动力,是承前启后、继往开来的源头活水。弘扬伏根深远的和谐思想,对于化解纠纷矛盾、营造文明风尚、

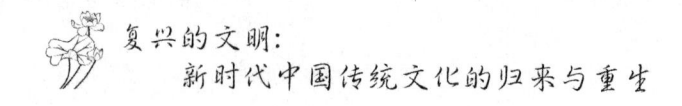

实现稳定有序、建构和谐社会，无疑具有重大的现实意义。

11.4 传统和谐思想的缺陷

中国传统的"和谐论"，具有精深的思想内涵，同时又存在着先天的缺陷。因其具有精深的思想内涵，可以成为现代和谐社会建构的精神滋养和动力源泉；因其存在着先天的缺陷，需要分剥离析、去粗取精以融入现代文明。

进入 21 世纪以来，学术界对传统"和谐论"进行了广泛深入的探讨。论者一般就传统"和谐论"精深、合理的一面而论，尚未触及其缺陷、不足的一面。其实，两个方面的讨论都有必要。对我们传统的学术思想，既需要知其所长，也需要知其所短。知所其长，以便在新的历史条件下扬其所长；知其所短，以便能够有效地补其所短。正是从这一理念出发，本文对传统"和谐论"的缺陷作一粗略的分析。

传统"和谐论"的缺陷，主要通过支配性、内敛性和忍让性三个方面表现出来。

11.4.1 关系处理方面

和谐，总是在特定的关系范畴中实现。"和"的基础是多样性的统一。按照先哲的设定，"和"是作为"同"的对立概念出现的。"和实生物"意味着不同的事物在关系协调的前提下产生系统功能，进而产出"整体大于部分之和"的新质。换言之，和谐能够增殖、生长，"不和"则会引起磨损、削减。这里，先哲对"和"的功能、价值的发现，意义不可低估。

但古代社会里的"和"，不免与宗法制度、宗法意识结伴而行。在宗法意识和等级观念的影响下，"和"的思想中缺少了自由、平等、互利的内涵，渗入了趋同、唯一、支配的思想观念。《尚书》中有"唯和唯一"的说法。强调是的"唯一"前提下的和谐。"和"本来体现着多样性，但这个多样性又被"一"所统领和遮蔽。这样一来，"和"的理念就被封建化的礼乐文化的阴影所笼罩，打上了宗法礼教的烙印。在儒家"大乐同和"的思想中，礼乐被先天化、本体化，即乐以体现天地之和，礼以体现天地之序，和以化生万物，序以区别群体。于是，在"和"所涉及的关系中，没有相互平等的"和"，没有轻松自在的"和"，没有权利均衡的"和"，有的只是支配与被支配相妥协的"和"，意志与服从相兼容的"和"，威严与委屈相结合的"和"。"三纲"就典型地体现了人际关系的不平等。"三纲"既立，主从亦定。处于政治（君臣）、血缘（父子）、婚姻（夫妇）三对关系中的两方，一方居于支配地位，一方居于被支配地位。在这三项基本原则下求"和"，就难免出现曲意逢迎的"和敬"，委曲求全的"和亲"，俯首帖耳的"和顺"。

11.4.2 心理特征方面

儒家的道德修养，主张从内心省悟做起，即通过内省冥证的成功来造就人际关系的融洽与社会生活的和谐。《中庸》中的"致中和"，即已表征了"和"所在的"度"量界限。这种向内而守中的取向，必然造就内敛型的心理特征。而具有内敛型心理特征的人，在矛盾、问题面前态度暧昧，有"真人不露相"的谦和与深沉。这样一来，无形中造成了"真相"的隐蔽，人的个性、人的真实思想，都被埋藏在表面上看起来温情脉脉的伦理面纱之中。

"真人不露相"的谦和与深沉，会导致一些消极后果：一是容易磨灭个性精神，使人渐次失去棱角、表现趋于同一，进而衍生为"老好人"，丧失是非观念；二是容易导致人的言行脱节、内外分裂，一方面照顾面子、保持一团和气，另一方面"面和而心不和"；三是容易造成静态的、暂时的稳定局面，但缺乏动态的排泄功能，因而也缺乏长久的平衡性与稳定性。

处于多极关系和复杂社会生活中的群体，差异、矛盾、是非诸多问题总是在所难免。动态的调整和有效的排泄，才能维护群体的凝聚，而传统的和谐观念恰恰缺少了这一点。由于排泄功能的欠缺，一旦发展到"撕破面子"时，问题就严重了。而且，问题堆积多了，就容易积重难返。可见，"乐和礼序"造成的其乐融融的假象背后，潜伏着巨大的隐性危机。

11.4.3 人格行为方面

在理想人格塑造问题上，儒道佛三家的主张大致相同。道以"和天"、儒以"和人"、佛以"和心"的理论致思，确有精深的见解和不朽的价值。但

"三教"所倡导的"和",都有不分对象、一味求和的缺陷。儒家的理想人格,就是"温良恭俭让"的谦谦君子;道家主张清静无为、与世无争,追求安常处顺,回避人间矛盾;佛学是"出世"的学说,教导人们安贫乐道、生死随缘、逆来顺受、退避忍让,以换取灵魂的安宁。明代学者陈白沙写过一篇《忍守箴》,其中就有"众怒之和,唯忍唯是"的话,把儒家的"让"、道家的"不争"和佛教的"忍"熔为一炉。民间流行"忍让歌",提倡"退一步自然幽雅,让三分何等清闲。忍几句无忧自在,耐一时快乐神仙",可以看作佛、道思想的通俗表达,其间潜藏的消极因素不言自明。

不难看出,"三教"所倡导的忍让求和,包含着不少消极的成分。从"温良恭俭让"的人格准则到"安分忍让"的避世哲学,淹没了分清是非、明辨曲直、甄别善恶的价值判断,从而也就取消了必要的对抗、反击和斗争。无数事实证明,奉行忍让哲学的人,谦和可亲但缺乏闯劲,文静有余却刚毅不足,不走极端但态度暧昧,处世平稳却苟且偷安,特别是对错误言行缺乏对抗的勇气,甚至对歪风邪气、犯罪行为也一再回避忍让。人所共知,古往今来,小至善自为谋的歪风邪气,大至祸国殃民的犯罪活动,都不可能因为人们的"忍让"而销声匿迹;恰恰相反,"忍让"的结果必然是歪风泛滥、坏人横行。

需要说明的是,笔者并不认为传统的"和谐论"就是道德乌托邦,更不认为它在现代社会已失去意义。传统和谐观是我们建构和谐社会的道义源泉和精神滋养。笔者只是认为它有缺陷。现代社会的和谐,不能机械地搬套、移植经典文献中的"和谐论"。古代的"和谐论",有其积极的因素,需要发扬光大;也有其消极的因素,需要损革增益。现代社会的和谐思想中,包含了是非观念和法制思想。在是非问题、原则问题上绝不能迁就,对歪风邪气、犯罪行为绝不能姑息。事实上,只有是非清楚、善恶分明、法纪严明、奖惩得当,才会有利于社会的长久和谐与稳定。故此,我们需要在调和与斗争之间保持必要的弹性和张力,以确保社会肌体的健康运行,而不能用一种状态代替或掩盖另一种状态。

第 12 章
传统文化的剥离与振兴

12.1 价值衡度与剥离组合

12.1.1 弃旧图新：文化发展的需要

人类之所以要对旧有的文化进行重新改造，是因为旧有文化与新时代发展、新社会需要之间出现了差距。

文化创造中价值扭曲的现象不可避免。人类要健全自己、发展自己，不仅要进行不断的新文化创造，而且要不断地从旧有的价值扭曲的枷锁中获得解放。

价值扭曲的现象具有多种多样的表现形式。比如说，宗教文化在走入迷狂境界后，难免出现价值的扭曲。宗教源于人对大自然的神秘感、畏惧感和依赖感。上帝和神灵是人类心灵世界的幻影，是人类祈求保护自己而自造的偶像。人希冀得到上帝和神灵的怜悯、保佑和恩赐，希望通过宗教途径沟通此岸世界和彼岸世界，从而获得终极的永恒的价值。宗教经过长期演化，上帝、神灵就成了人的精神支柱和支配力量。不可否认，宗教在教化人心、维系社会和谐方面起着极其重要的作用。但是，宗教在迷茫的追求、狂热的情绪中容易成为人的异己力量，压制人的天性和自由，窒息科学的发展和传播，阻碍人的自由和解放。又如，庸俗社会学价值观，往往执着于某一种固定的价值取向，用僵硬的、教条的价值标准来框定鲜活多样的人生，导致文化价值的停滞和枯萎。如传统的"尊经征圣"的标准，即是如此。它只允许一种思想永远合法地统治世界,不允许新思想产生,从而压制了思想发展和文化繁荣。再如,"忠孝节义"的标准,把宗法性的伦理原则当成人生的主题,在"愚忠""守节"等道路上做出毫无价值的牺牲。狭隘功利主义价值观,无视文化的社会价值、思想价值,把"为我所用"作为价值判断的唯一标准,同样隔离了文化的真正价值。科举制把金榜题名作为价值目标,本身就是一种狭隘的功利价值。死读书、读死书、皓首穷经、空谈性命,实际是在消耗青春和生命,并没有获得实质的文化意义。

诸如此类的文化价值异化现象,阻碍了社会的发展和进步。异化和扭曲,就是离开人的生存与发展。人类要前进,就要不断校正文化价值的航线,不断纠正自觉或不自觉的各种偏斜和失误。于是,对传统文化中负面因素的清除,便是时代文化创新过程中的一项课题。

12.1.2 文化进步,要看社会公益

文化是人类按照自身安排世界的产物。社会文化的进步有统一而客观的依据,这一依据能够在实践中得到验证。"历史进程是受内在的一般规律支配的"[①],历史发展的客观性和现实性,证明不可知论实质上是自我设限、画地为牢,也证明无指向、无是非、无标准的相对主义观念不足为凭。

人具有不同层次的需要,文化就具有不同层次的标准。文化进步的标准不能脱离历史进程中具体的社会形态、经济形态和生产方式。当然,由于物质文明同精神文明发展的不平衡性,不能完全由生产力标准代替社会意识标准。从宏观的、整体的意义上讲,文化的价值标准有以下几个方面。

第一,人生需求标准。这是文化创造中一条基础性的标准。文化的价值在于能否满足人的各种需求,能满足则有价值,不能满足则无价值,对人的需求构成危害则是反价值(负价值)。价值的程度大小同满足人的需求的程度成正比。

第二,社会公益标准。这条标准是人生需求标准的横向延展,即把文化价值同社会利益、群体利益结合起来。社会公益的思想,在中国文化中早已

---

① 《马克思恩格斯选集》第 4 卷,人民出版社 1972 年版,第 243 页。

产生了。《史记·五帝本纪》中记述了尧不为子嗣而为天下的思想境界:"尧知子丹朱之不肖,不足授天下,于是乃授权舜。授舜,则天下得其利而丹朱病;授丹朱,则天下病而丹朱得其利。尧曰:终不以天下之病而利一人。"这种情怀,就是把天下、公众的利益放在首位,即《尚书·毕命》中说的"道洽政治,泽润生民"。政治不是为少数人谋利,而是为恩泽全民。这一政治理念,闪烁出人性的光华,标志了良性政治理性的伟大觉醒。

文化是一种社会现象,从来依靠群体的力量创造——人民大众是文化的主体。应当说,凡是能对人民大众带来经济实益和精神享受的文化才有价值,否则就没有价值。封建文化中存在许多无价值、反价值的东西,因为它只是从少数统治者的利益出发的,不是从广大民众的需要出发的。从"三纲五常""忠孝节义"到宫廷阉割、"三寸金莲",这些从来就不是为广大民众的福利和身心健康设置的,而是少数统治阶级煞费苦心炮制的"人肉宴席",它为满足统治者的需要,以多数人的压抑和一部分人的牺牲为代价。

第三,历史进步标准。这条标准是把人生需求放到纵向发展的历史坐标中去考察,从社会进步的整体链条中看待文化的价值。历史的进步不是平面的巡行,而是文明程度不断提高的过程。这个过程中存在逻辑序列和因果联结。短期效应不符合历史进步的标准,只有长期利益、远大规划才符合历史的标准。比如说,毁林开荒对于生存在一定时空点上的人来说,确实是有利可图;但从长远发展看,它破坏了生态平衡,将对后世人造成恶果。

三条标准的完整结合,就能避免文化价值判断中的片面性和狭隘性,就能超越空间范围和时间范围,从人类生存的纵横坐标网络体系中做出相对全面、准确的判断。

12.1.3 取其精华,弃其糟粕

旧有文化是一个复杂的系统,其中有优秀的成分,也有不少糟粕。因此,需要对传统文化的不同部件、不同元素进行具体的分析,并进行综合的、联系的论证,以分清长短优劣是十分必要的。分清长短优劣,为的是取其精华、弃其糟粕。

"历史上都写着中国的灵魂,指示着将来的命运。只因为涂饰太厚,废话

太多，所以很不容易查出底细来，正如透过密叶投射在地面上的月光，只看见点点的碎影。"① 鉴于这种文化的灵魂包裹在涂饰之中的特征，我们在改造传统文化使之适应现代化的工作中，应当进行细致缜密的分剥离析与重新组合，创造性地建构具有中国特色的现代文化。这个思路，姑且称之为"剥离组合论"。

对历史上起过不良作用、已在历史上消失的文化，应给予历史的否定；对历史上起过进步作用、已在历史上消失的东西，应给予历史的肯定；对历史上起了不良作用且仍在现实中起着消极影响的文化，应予以批判，逐步肃清；对历史上起过进步作用、现实中仍有积极影响的文化，应继续发扬光大；对历史上起了一定好的作用而现实中变为阻碍进步的文化，应予以历史的肯定和现实的扬弃；对历史上起了双重作用的文化，予以具体的分析评价；对既有积极影响又有消极影响的文化，应用现代精神予以析滤和改造；对现实中已经淡化而能对现实起到振奋和拯救作用的文化，应在现实中予以提倡和复归。

剥离组合是一个重新认识、评价和建构的过程。在这个过程中，时代、环境及其所有文化客体都处于基础性、对象性的地位，而文化主体的意识、观念和方法则处于主导的地位。

12.2 分清相似而其实不同的问题

12.2.1 史事性和价值性

从本质特征看，文化的创造意味着价值的创造。文化现象同文化价值是一个问题的两面。但是，二者的概念、义指又不相同。

在描述已往文化的时候，应当分清史事与价值不同的义指。文化史实、文化成果指一定历史阶段文化事实的现实性、存在性，而文化价值指这种文化事实对人的需求的满足程度，以及对社会群体的影响与意义。事实判断要

---

① 《鲁迅全集》第3卷，人民文学出版社1981年版，第17页。

求对历史文化的本来面目、自身状况做出客观的把握，价值判断则是依据一定的尺度，对文化历史现象做出评价和定论。事实判断和价值判断不能混为一谈。因为人类的文化创造，并非都能为人类带来福利。有些文化现象是无价值的，如科学考试中的"八股文"，为文而文，没有新义，谈不上价值增值。有些文化现象甚至是反价值的，如中国古代的"三寸金莲"和宫廷中的"阉人"制度，都是对人身、人性的摧残，是价值的负面、价值的扭曲。

当然，文化事实和文化价值又不能截然分开。从追求目标看，价值命题高于事实命题，事实命题是人类文化的基础，价值命题是人类文化发展的主导——外在导因和内在动因。从表现形态看，文化事实是文化价值的基础、外壳，有事实才能有价值。弄清事实、规律是最基本的任务，予以评判、分析是第二步的任务。文化史实立足于真假、有无的判断，文化价值立足于好坏、优劣的判断。讨论传统文化，高谈价值而无视史实，就成了缘木求鱼；纠缠史实、忽视价值，就失去了研讨的意义。

随之而来的问题是，在已有的文化现象中，要分清死去的文化和活着的文化。人们平常所说的中国文化，是一个相当宽泛的概念，包括在历史上流传过的各种文化现象。由于时代的发展变化，古已有之的文化在不断演变：有的在历史过程中消失了，有的依然流传下来了。对于这样两种不同形态的文化，自然也不能混为一谈。比如说，"三寸金莲"是已经消失了的文化现象，而"男尊女卑"是尚未彻底消失的文化观念。对于前者来说，应当作为一种历史现象予以评说；对于后者来说，不但要有历史的评论，更需要现实的评论。正是由于文化中有死、活的区分，价值判断中相应地也具有历史价值和现实价值的区分。历史价值是对古代的现实、当时的进步而言的，现实价值则是对现实的进行、未来的发展而言的。不同的时代有不同的需要和追求，有不同的价值标准。"为民做主"的口号，在封建时代具有一定的进步性，但在现代社会就失去了进步的意义。因为随着时代的进步，人民当家做主成为历史的必然；而"为民做主"者仅仅是一种有人道精神的"主人"，并不具有现代意义上的"民主"作风，也不可能成为真正的人民的"公仆"。"武松打虎"在《水浒》描写的时代背景下，堪称英雄壮举。那个时代，食肉动物对人的生命安全构成了严重的威胁，人要保证自身的安全与生存，就得消灭危害自己的对象。而在今天，野生动物变得越来越稀少，况且人的生命安全得到了保障，食肉动物不再对人构成威胁。在这种新的时代背景下，去森林猎取为数不多的老虎，不仅算不了什么英雄壮举，反而会因"私猎国家保护动物"而受到相关法律的制裁。

因此，历史价值不等于现实价值，而当代的标准也不一定适应以往的历史，价值判断要有具体的历史针对性。正所谓："执古以绳今，是为诬今；执今以律古，是为诬古。诬今不可以为治，诬古不可以为学。"[①]

尽管历史价值的判断，只着眼于古代具体历史时期的进步与否，但这不意味着用旧有的观念和旧有的标准来判断历史文化。所谓历史价值，是人们站在自身所能达到的认识水平上所做出的评价。

12.2.2 本真性和情感性

讨论传统文化，既要"进得去"，又要"出得来"。"进得去"，指深入到内部结构之中；"出得来"，指站在时代精神的高度。换句话说，应当用现代的理性剖析传统，而不是依据旧观念来裁定现实。虽然任何人也无法把情感因素挤出活的文化肌体，但作为理论形态的研究，本身并不是情感的表述。

从学术意义上讲，对任何文化的研究，都需要理性的把握，包括用理性的精神去把握情感的因素。情感的体验是一种生命形态或审美形态，而不是学术研究。正如文学作品中充溢着情感因素，评论家却从理性角度去判断这些情感因素的道理一样。特别是对自己民族文化的研究，更应当以客观的态度去看待，以科学的精神和冷峻的理性去剖析。自我标榜、自我夸耀，只能涂抹出虚幻的表象，而无助于文化的更新。所谓"家丑不可外扬"、所谓"自家的窝窝不嫌脏"、所谓"子不言父过""为亲者讳""为贤者讳"等格言与古训，都是主观情感引起的天平倾斜，在文化研究中不可取。

对于中国传统思想的核心部分——儒家学说，就被不同的论者标上色彩迥异的牌签。有的说它是非人文的、反人性的官方哲学，有人说它是具有鲜明人文色彩的思想伦理学；有人说它是封闭、保守、反动的学术僵尸，有人

---

① 魏源：《默觚·治篇五》。

说它是充分开放的、有消化能力的思想体系；有人把它称作反功利主义的清规戒律，有人把它看作具有强烈功利目标的资政理论；有人把它斥为充满幻想的空疏之论，有人把它赞誉为切近实务的致用之学……大相径庭的判断，必然导致泾渭扬波的主张：儒学阻碍了现代化的进程，必须予以清除；儒学具有自我调节和更新的机制，能够开发出现代化的因素；儒学维护专制、等级制，与民主政治水火不容；儒学具有民主成分，可以成为现代民主政治的基础；儒学年老体衰、陈旧腐朽，再难以发展下去；儒学有不朽的再生功能，将在未来出现第三繁荣期……这些针锋相对的认识和判断，除了儒学自身的模糊性、多义性和矛盾性之外，更多的是来自论者不同的文化意识，特别是来自不同的情感因素。

文化的追求，只有在以价值内涵为准则时，才能结出圣洁的正果。对于传统的文化，既要正视其故有的价值，也要正视其内存的糟粕；要能听得进去热情的赞扬，更要能听得进去冷峻的批评。比方说，莱布尼兹对中国传统哲学评价很高，黑格尔则把中国传统哲学看得很低。每个思想家都有权发表他们的见解。孰是孰非，可以在平等对话中交流。不能听到"掌声"就笑，听到批评就跳。赞我者我赞之、贬我者我贬之的态度，就不是科学态度和理性精神。

有些愤世嫉俗者把现实中的一切弊病都归咎于传统，同样有失全面、有失公正。如有些反集权者出于对君主专制的憎恨，对涉及"忠君"的人物、事件都统统予以否定，把复杂、多维性的社会现象简单化。事实上，在"忠君"的殿堂里，有吸血鬼也有实干家，有顽固分子也有改良派，有奴才走狗也有清廉官员，有无能之辈也有优秀人物。"君主"在古代既是压迫者、专制者的象征，但在一定意义上又是国家的象征。即使对于封建皇帝本人，也要看其在历史上所起的作用，作具体的分析和评价。尽管一些帝王励精图治的目的在于维护长期统治，但只要客观上对国家的经济、文化起到推动作用，有利于人民的安居乐业，有利于社会的繁荣发展，就应当给予充分的肯定。

所谓理性地把握传统文化，不是说传统文化本身没有矛盾和悖论、没有混乱和荒诞，而是说我们应该理智地、逻辑地、真实地理解复杂的问题；不是说讨论者、反思者抛弃个人的立场做纯自然的考察论证，而是说从人类需

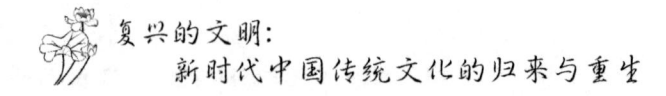

求的价值理性出发,客观地考察和论证传统中各种文化现象。人文学科的研究,从来不能舍弃人的立场和人的视角。哲学家的"静观玄览"、语言学家的"零度风格",都是就取消人的主观偏见而言的,即尽可能地接近客观真实而言的,不是不要人的视角,即使自然科学,要完全排除人的立足点也是不可能的。

传统文化能在现代文化中发挥什么作用、能结出什么果实,除了文化元素组合的功能外,人们的理性精神所达到的程度也起着重要作用。良莠混杂的传统文化,有待于理性思维的过滤和求实态度的判析。这里,需要客观公正的评判态度,需要坚守实践检验的途径,需要科学的系统原则和逻辑原则,需要反诘与疑问、怀疑与批判、证实与证伪的精神。

12.2.3 可剥离性和不可剥离性

文化以结构形态存在和呈现。结构是由多种部件、元素组合而成的。体现系统功能的结构部件之间,有的成分可以剥离,有的成分则无法剥离。

传统文化中的多元组合结构和双层粘贴结构,一般可以剥离。当然,有些情况下的剥离,会使其功能发生变异。其中,有些构件、元素之间的层次比较分明,如八卦中的数学原理、诗教说中的文学色彩、炼丹术中的化学技术等,与其原有的意识形态完全可以分离。有些元素层之间的界限比较模糊,可以根据新文化建设的需要从中截取。如在道德意识中截取讲和修睦,扬弃三纲五常;在天道观念中截取天人和谐,扬弃畏惧天命;在用人原则中截取尊贤使能,扬弃任人唯亲;等等。有些元素的组合结构则如同一张薄纸的两面,相辅相成、相生相灭,无法进行剥离。如"事君以忠"和"使臣以礼""事上也敬"与"使民也义""为尊者讳"与"直言死谏",等等,始终呈现出混凝土式的结板层,不可剥取与移离,剥离则不伦不类,无法更新。对这类旧思想、旧观念,需要剔除、扬弃。

我们在承认传统文化的多样、复杂和流变的同时,应当尽可能地贴近传统文化的本身,揭示和复原它的本来面目。不同的命义、不同的理解固然不可避免,也无须避免,但这不能成为随心所欲地涂抹或诬陷传统文化的借口。近代以来,一些研究者以自己的理想模式和心理情绪同化和打扮传统,利用中国古籍的弹性系数糅进新潮思想，这种做法是不可取的。例如梁启超，曾经作有《古议院考》，把《洪范》中的卿士、《孟子》中的诸大夫称为"上议院"，把《洪范》中的庶人、《孟子》中的国人称为"下议院"。这显然是牵强附会，就像有些外国人画的孔子图像穿着西装一样。还有一些人，把"天下为公"说成生产资料公有制，把"选贤举能"说成"实行社会民主制"，把"不独亲其亲，不独子其子"说成"真正的博爱"。这种非历史主义的做法，不管其动机如何，都显得勉强和生硬，而且不能从根本上解决当代文化建构的问题。至于有些"政治学者"，与极端的政治势力沆瀣一气，用毫无文化良知和理性的手法，把一切脏水统统泼向儒家文化的卑劣行为，已超出了正常的文化研究，只能算作闹剧而已。

12.2.4 相容性和不相容性

自然界的物质之间，存在着相容与排斥两种相对立的现象。人类所创造的文化元素之间，也有这两种对立现象。不同类型、不同时代的文化构件、元素之间，既存在相容的关系，也存在着排斥的力量。相容者，彼此可以融合、同化和结集；不相容者，势如冰炭、相克相斥、不能同器，硬把它们合置一处，也会像油和水搅在一起那样，慢慢地按原有的性能重新分开层面。

就古、今思想的相容性而言，"知人""爱众"和团结友爱本质上具有同一性；"箪食瓢饮"与艰苦奋斗没有多大的差异，可以合归一辙；"天下为公"和今天的为广人民群众着想在思路上完全契合；古代人格所肯定的诚心、直言和现代人们赞许的光明正大，揭示了不同时代对品格要求的共同性。诸如此类，都可以看作不同历史背景下产生的文化元素之间的源接和对应。

有些文化元素之间，既有相容的一面，又有对立的一面。如"礼"与"法"，在一定的意义上是相互排斥的，但在整体的社会功能上又相辅相成、互依互补。"义"与"利"，"德"与"财"，"理"与"欲"，同样既有相容的一面，也有不相容的一面。这是文化观念、元素之间复杂关系的体现。儒家强调的是不相容的一面，其实还有统一的一面，即现代人说的"对立而又统一"。

另外，不同时代、不同系统的文化元素之间往往处于矛盾的两极，没有相容的契机。比方说，等级观念与平等思想、宗法意识与自由追求、专制体制与民主程序，等等，二者之势如同寒暑，不能兼时而至。推而广之，维新与拒变、革命与守旧、封闭与开放，等等，始终在矛盾和斗争中运演，永远不可能化归一体。特定的文化性格和特定的文化行业之间也存在着相容与不相容的现象。我国封建社会孕育出的那些"醇儒"，形成了自身的文化性格，方正、敦厚、文雅、肉割不正不食、席摆不正不坐。这种文化性格的人，当不成浴血沙场的将士，也成不了锱铢必较的精明商贩。所以李白有诗曰"鲁叟谈五经，白发死章句"，"问以经济策，茫若坠烟雾"。特定的物质文化和特定的精神文化之间从来就有一个相适应或不相适应的问题，这就是人们常说的上层建筑和经济基础的关系问题。相适应者能融合，不相适应者不能融合。"中体西用"说试图抽取传统伦理道德和西方科学技术两个层面进行组合，但因二者缺乏内在的联结机制而归于失败。在当代曾出现过"西体中用"说，尽管中西互补的主张包含了不少合理的因素，但因缺乏具体离合机理的论证而显得有些生硬和空疏。

在指出文化观念、元素的这种不相容性的同时，我们还必须承认，一些本来不相容的文化观念、元素，经过一段时间的矛盾斗争、冲撞渗透，可以逐渐转化到一定程度的适应。当然，这种情况与彼此的演变、增舍、认同相联系。例如，章句俦儒中的成员如果放弃"恶战"和"不争"的观念从戎习武，便可以成为温文尔雅的儒将；东亚工业社会中出现了被人称之为"儒家型"的资本家，把儒家精神贯穿于企业管理，当然他们不再恪守"何必曰利""以义为利"的圣训。

由此可见，文化的相容性和不相容性，一方面受内在机制的制约；另一方面又可以因时间、条件发生转化而走向相容。所以面对有异差的文化，不必固执一端、画地为牢，而是要积极找寻化生、相合的契机。

12.2.5 平面性与层次性

文化呈现出复杂的结构，而且随着时代的发展、文明的升华，结构体系更为复杂。

面对文化的复杂结构，使用平面的认识和判断方法是不够的——平面性往往导致片面性。儒家祖师提出了"唯上智与下愚不移"的命题，把人的智愚问题简单地同地位高低联系起来，这就是一个平面化、绝对化的判断。到了"文革"后期的"批孔"运动中，为了反儒道而行之，大讲特讲"卑贱者最聪明，高贵者最愚蠢"，实际上，这也是一个平面化、绝对化的判断。尽管二者的命义完全相反，但思想方法完全一致，都过于笼统、简单、机械，都带着情感化、随意化的倾向，不是严密的、科学的论证。人的聪明与愚蠢、机敏与笨拙、才大与才小、智商高与智商低，等等，都不能依据身份、地位、阶级出身做出定论，哪个阶级中都有聪明和愚蠢的。

对复杂的传统不能做平面的评判。比方说，对"大同"理想的充分肯定和充分否定，都缺乏历史辩证性和文化层次性。大同理想在古代既有追求公正、人道的积极有为的一面，可以引导人们追求美好的未来，又存在脱离现实的空疏、渺茫的一面，驻足于道德领域而不谈经济基础，容易流于理想化。唐太宗作为一代封建帝王，善于"纳谏"，表现出一定程度的民主作风（但并未改变君主性质），这是就当时的历史条件、现实状况而言。如果以此证明帝王的作风也可以是民主作风，那么就混淆了问题的不同性质。孟子提出了著名的以"国人皆曰"为依据，来任用或罢免、嘉奖或惩罚官员的主张。这个主张在封建社会里是不可能真正实行的，因为那时连小范围的民意测验也做不到。统治者可以把自己的意志宣布为人民的意志，但实质上仍只是少数人的意志，因为没有法律、规则和程序体现人民的意志。但我们不能说，因为古代不可能有公众裁判，所以孟子的"国人皆曰"没有任何价值。文化是一个复杂的结构，对文化的研究和评价就需要有层次性、有辩证性。大同的价值不在现实的价值，而在于鼓励人们追寻、开拓的价值；"国人皆曰"的意义不在当时的社会操作，而在于先行的思想和认识，在于文化理性的早醒。用一种系统观看待和评价文化现象，就能减少平面性和随意性。

12.2.6 可变性和稳定性

文化在历史长河中化育生息、运演繁殖。它的肌体，是有机的生命体。在这个生命体中，充满了活跃易变的成分，也存在着相对稳固的成分。

民族的精神、民族的思想方法相对稳固，而社会风尚、审美追求等容易流变。如文学题材和审美时尚，常随时代进展而出现新思潮和各种时髦现象，并不断地盈缩消长：周代民歌关注人生命运，汉代大赋描写宫观园苑，魏晋文学放情山水，唐代诗歌意境雄浑、情调奔放，宋人诗词注重柔情与哲思，元代戏剧趋于揭露现实，明清小说立足于创造完整的情节和形象。即使在同一个朝代，文风转换、思潮几变也是常事。另一方面，传统文化中的许多精神和方法，具有恒常的意义，不会因时代的变迁而销声匿迹。如传统的尊老爱幼、讲和修睦、礼貌待人、严于律己、奋斗不息、敏而好学、勤思慎察、诲人不倦、乐观处世、爱国主义等等，一直是中华民族精神气质中光辉的一面，在现代、未来都不可舍弃。启发教学、能近取譬、举一反三、多闻疑阙等方法，也具有普遍意义，在当代仍不失其现实的价值。许多重要的哲学命题和名言诗语，在文化流传过程中已经渗入民族心理，成为一种思想结晶。如"人定胜天""制天命而用之""天听自我民听""政之所兴，在顺民心""富贵不能淫，贫贱不能移，威武不能屈""先天下之忧而忧，后天下之乐而乐""天下兴亡，匹夫有责""人生自古谁无死，留取丹心照汗青"，等等，已成为民族文化屹立于世界的心理基石。

因此，面对传统文化，既要看到可变的因素，也要看到稳定的因素。

12.3 新儒家的文化主张及其启示

12.3.1 现代社会的新儒家

中国儒学，在历史上出现了两个高峰期。第一个高峰期是先秦儒学，以孔丘、孟轲为代表。先秦儒学在继承西周哲学意识和礼乐文化的基础上空前兴盛。汉代确定儒学为官方哲学，出现古、今经文学派，思想界、政治界都产生了有影响的儒学大师。唐代儒学虽然繁荣，但在思想领域尚未出现大的突破。韩愈重树儒家道统谱系，以正统传道人自居，但他的道统实质上侧重于文统。第二个高峰期是宋明儒学，即理学。宋明儒学以朱、程、陆、王为代表，以心性之学为讨论的核心。

先秦时，"儒"是知识者的泛称。孔子有"君子儒""小人儒"的说法，荀子提出"俗儒""雅儒""大儒"几种区别。君子儒和大儒，也有理想人格的意味。班固指出，"古之儒者，博学乎六艺之文"①。荀子以后，韩非有"儒分为八"的说法。汉代儒学的经学化和宋明儒学的理学化，都是儒学在新的历史条件下的发展。

值得一提的是现代新儒家，根据现代社会的需要和发展，力图把儒学翻版更新，使之现代化。

我们知道，鸦片战争的炮火打破了中、外隔绝的壁垒，中国文化随即走出了封闭境地，西学东渐成为不可阻挡的历史潮流。儒学在欧风美雨的袭击和激进思想家的批判下，受到了前所未有的冲击，急剧衰落。"孔家店"在"五四"精英猛烈的炮击下，大有倒塌之势。然而，"置之死地而后生"表现了事物发展的辩证法则——新儒学正是在一片瓦砾废墟上生发绿荫。梁漱溟和张君劢共在"五四"反儒浪潮下公开举起儒学旗帜，提出儒学复兴论，高扬儒学，倡导孔教，声称"走孔家的路"。梁漱溟《东西文化及其哲学》断言"世界未来文化就是中国文化的复兴"。20世纪三四十年代以来，熊十力、贺麟、冯友兰等人，也前呼后应，主张融会中西、重建传统。熊十力的"新唯识论"哲学体系，实际上是用中国古有的儒家思想改造印度大乘佛学有宗唯识思想，使之趋于中国化。他认为"五四"追求科学技术只是学西方的皮毛，对西方的认识必须与中国价值系统的重建相辅相成，建立中国文化之"体"。贺麟的新心学将黑格尔与陆王结合，既否定国粹主义，也否定全盘西化论，提出了"以儒家思想为本体，以西洋文化为用具"的主张，认为民族的复兴就是儒学的复兴，但复兴的儒学要融入西方文化，适应新的时代精神。冯友兰的新理学接近程朱道学，他吸收了西方新实在论和逻辑分析的方法，用以改铸传统理学，使之形成新的形而上学思想体系。

20世纪50年代以后，现代新儒学的讲台转移到我国台港地区及海外各地，主要代表人物有唐君毅、牟宗三、徐复观、钱穆、方东美等。他们以重建传统、复兴儒学的热情，兴办学堂、著书立说、发表宣言、出外讲学，宣传自己的文化见解和文化主张，传播儒学文化的精义，阐明传统文明的现代

---

① 班固：《汉书·儒林传》。

价值。1958年元旦发表的由唐君毅执笔,牟宗三、徐复观、张君劢共同署名的《中国文化与世界》,就是一篇颇有影响的复兴儒学的文化宣言,其中提出了"反本开新"的思想纲领。20世纪80年代以来,现代新儒家的新一代传人杜维明、刘述先、余英时、成中英等,更是国际学术舞台上富有文化生命力的学者。

新儒家保持了传统儒家那种强烈的文化使命感和社会责任心。他们对传统的发挥和对儒学的传播和弘扬,在于促使传统向现代化演变,在于提高中国文化的世界地位。他们的研究取得了重大成果。20世纪二三十年代新儒家的论著,至今仍不乏新意。50年代后,我国台湾地区以及海外新儒家的论著数量、质量都相当可观。

12.3.2 新儒家的主张

在传统文化年老气衰、危机四伏的现实面前,新儒学挺身而出,抱着自重和自信之心,力求挽狂澜于既倒。

新儒家在未来文化建构方面和西化论者的主张不同。从20世纪20年代开始,新儒家就已经开始批评以欧洲中心主义作为理论前提的直线、单元进化的文化观,反对把传统文化视为与现代化完全不相容,反对把文化的民族性等同于落后保守性,反对把现代化等同于西方化。在反对全盘西化和民族虚无主义论调的基础上,新儒家强调中国文化的发展须注重自身的逻辑连续性和历史继承性,认为中国文化现代化在本质上只能是传统的时代转型。新儒家指出,放弃民族文化的自主性和独立性,就会使民族丧失自信心和凝聚力,使其文化失去生存和发展的内在基础。因为如果没有历史、没有文化,也不可能有民族之成立与存在,民族与文化总是"双足站立"。

中华民族文化的核心,在新儒家理论中,就是以儒家人文思想为前提的文化价值系统。现代新儒家十分注重探讨和阐发传统的人文思想。所谓融宗教与人文、人德与天齐、人格可与天尊等命题,表现了新儒家对人、对人文思想的高度关注。他们承认,儒家人文思想与封建专制有着藕断丝连的结节,但又认为不能因此否认传统人文主义思想中不为特定时代和社会形态所限定的恒常价值。诸如人文教化、道德培养、人格完善、自主自律和自励自强等,都有利于人的精神境界的发展与完善，有利于社会的稳定与和谐。新儒家中的不少人十分推崇传统心学，并把它看作一切价值的根源。心学以性善论为主流，重视人的德行培育与知行递进。新儒家指出，内在的精神超越是中国文化的伟大价值之所在。内倾的道德，可以避免上帝观念衍生的精神负担，超越个体物欲的羁绊，拒绝世俗的诱惑，在精神慰藉中承担起人文理想；包括宗教性情感体验在内的道德自省的精神生活的根据，如天人合德与万物一体，能使天人交贯、天内在于人、人上通于天；经过精神自修，人能够超越天人对立，躬行天道而又体现人道，从而造就圆而神的智慧、天下一家的情怀、温润而恻悯的心灵，等等。唐君毅在《中国文化之精神价值》一书中，高度评价了天人感通、物我合一的精神心态。他指出，君子观乎天，则于其运转不穷，见自强不息之德焉；观乎地，而见其广大无疆，见博厚载物之德焉；见泽而思水之润泽万物之德；见火而思其光明普照之德。有这种道德修养的人，能视盆景如长林丰草，视流泉即瀑布长江，于一丘一壑，见泰山沧海。大虚之中，烟霞之里，皆为精神之所运，乃见山川灵气之往来，天地化机之流行。这就是天人合一的高妙境界。

新儒家认为，"五四"和"文革"两次社会运动，造成了中国文化的断裂，加上欧风美雨的袭击，文化传统受到空前的毁坏，使国人失去统一信念、古朴心理、爱国精神及旷达的人生态度，从而出现迷茫、彷徨感，以及政治生活中营私舞弊、官僚主义盛行等社会问题。面对这种危机，他们大声疾呼，要求知识阶层形成复兴儒学的共识，迎接"第三期儒学复兴"的到来。在论证这种儒学复兴的前景时，他们还把东亚工业社会的物质文明，作为儒学具有现代化再生功能的立论依据；进而把东方资本主义称为"儒家资本主义"，把东亚工业区称为儒家型工业社会。在新儒家看来，儒家文化同商品经济并没有多大冲突，儒家文化是我国台港地区经济繁荣的源头活水，因而可以适应和融入现代潮流。一位台湾学者在大陆召开的儒学研讨会上指出，儒家在道德上是理想主义，强调"义利之辨"，在经济上采取经验主义，重视保民养民，主张"为民制产"，道德生活上的"义利之辨"与经济生活上的"义利双收"并行不悖；儒家教导人们要"勤劳、敬业、互信、互助、和谐、合作"，这些都有助于社会和谐与经济繁荣，儒家伦理所蕴含的"活的质素"与

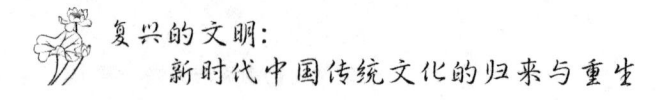

复兴的文明：
新时代中国传统文化的归来与重生

"活的功能"① 确实有助于现代经济的发展。

新儒家既主张"返本"，即建立中国文化本体；也主张"开新"，即吸收西方文化，创造新文化体系。他们没有"华夷之防"，因为他们有着开阔的文化视野，对西方文化有着多方面的了解，文化模式中的参照系数相当广泛，论证的问题也有一定现实基础的支撑和佐证。他们认为，中国文化的振兴与重建，必须吸收西方的科学思想和民主思想，用西方哲学来解析和改造儒学，用现代意识来塑造人格、建设社会。在中西文化的交融中，中国传统文明有一定的适应力和同化力，中西文明可以相互吸收。新儒家强调，西方文明缺乏道德自我适调机制，需要吸收中国的人文道德精神，只有中国文化才能解决后工业社会的问题。立足于这种文化价值观，新儒家提出了文化重构论，谋求中西文化的融合和传统文化的现代化转化。唐君毅认为，中国文化的缺点是缺乏金字塔和十字架，虽如天高地厚，但无十字架可负，精神收敛而睡，如伞立未撑，有待于接收西方文化之长。从中可以看出，新儒家不拒绝外来文化的吸收。

这里，笔者仅仅对新儒家的文化主张作一些概括的介绍。事实上，新儒家是散居各地而又没有统一组织的学人，尽管有着共向认同的价值观，但各人的观点、见解又不完全统一，在学术研究方面也各有特色。比如说，牟宗三思想敏锐而尖刻冷峻，着重强调重建儒家的道德理想主义；唐君毅融会中、西、印三系学术思想，对人生、伦理、道德、哲学、政治全面研究，致力于弘扬中国传统文化；方东美立足于"生命本体论"，热衷于西方文化的追求，把研究的重点放在未来文化思考方面；刘述先力求在一个破碎虚无的世界中开出一个真正的、理想的人生哲学；杜维明全力探索儒学的精神价值，论述儒学第三期发展的依据、道路、动力和方向，他强调，倡导儒学的真实用意，并不在于一般地指出儒学中的积极意义和普遍价值，而在于重新确立儒家思想在中国文化乃至世界文化中的主导地位；余英时长于思想史的比较研究，强调中国文化价值系统内在超越的个性特征，认为中国文化具有修己和治国平天下的两面内涵，并不局限于个人安身立命及现代意义，而且涉及民主与

---

① 他列举到包容性、教养性、社会性、团队性、肯定现世价值、预估未来走向，等等。

科学的关系这一核心问题。

总之，新儒家作为一个文化流派出现于当今世界学术论坛，他们在文化主张上有着总体的一致性。他们以正统儒学为体位，以西方文化为参照，以东亚工业社会为现实依据，积极吸收了现代化的思想和方法，追求中国文化的"返本开新"。他们文化主张的鲜明特点是，一方面祖述孔孟、承续理学，以传接道统为己任；另一方面又融会中西、博采众长，倾心科学民主，寻求传统文化的现代化转变。新儒家的基本论点可以归结为三个方面，一是文化本体论；一是文化重构论；一是儒学复兴论。文化本体论可以说是立论的大前提，文化重构论是立论的小前提，而儒家复兴论则是在两个前提基础上得出的结论。

12.3.3 新儒家的启示

平心而论，新儒家的哲学理论和文化主张有不少新颖、深刻、独到的地方，其意义不仅仅在于学术价值，更在于为中国未来文化的发展提供了有益的启示。

首先，文化本体论揭示出了人类文化的一种特性。人类文化历史生动地证明，文明是一种相继传接的积淀物。任何文化，既有其发生的初胚和原型，又有其延展的根须和枝叶。文化的历史继承和逻辑延展是历史的必然，一种是不可抗拒的规律。分析心理学大师荣格指出，所有的观念最终都建立在原始的原型模式上；最伟大的和最美好的观念是由全人类的、古代的共同财富这些原型意象所形成的。如果说荣格从继承性上强调原有文化的意义的话，那么，科学哲学家波普尔则从变异性方面强调了传统的延续力。波普尔的《科学知识进化论》认为："科学革命不管多么彻底，都必须保留前人的成就，因而不可能真正同传统决裂。"[①] 事实证明，对旧有文化的横暴扫荡，迎来的只能是文化的荒原，而不可能是文化的繁荣。文化的土壤决定了文化的本体生命和本体特质，因此，文化改造不能忽略生成文化的原有土壤。铲除土壤和拔根移动是难以做到的，"彻底埋葬"或"改换人种"的设想都过于天真。

---

① 这篇文章是波普尔1975年在纪念斯宾塞会议上的演讲词。

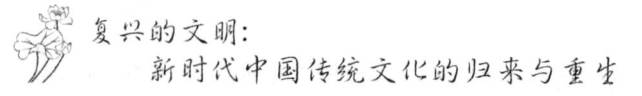

复兴的文明：
新时代中国传统文化的归来与重生

成功的文化创造，总建立在合理性和现实性、目的性和规律性有机结合的基础之上。新儒家的文化本体论，正是立足于文化史实、文化规律和文化现实而提出来的。它揭示了人类文化发展的一种特性。

其次，文化重构论揭示了文化更新的必由之路。文化的种子和基因，不仅在继承中延展，而且在运演中变迁、在化育中重构。《易·系辞下》中所讲的"唯变所适"，就是对文化运演和重构规律的总体概括。人类文化的发展是历史必然性和人为选择性的有机统一。不重视继承性，就不能很好地利用前人创造的文化成果；而不重视创造性和吸收性，就难以实现适应新的时代的更新和重构。新儒家充分注意到文化的交流、融会和吸收问题，这与他们开阔的视界、渊博的学识有着直接的联系。当代新儒家学者生活在海外及我国港台地区，有机会接触和研究世界范围的文化，有可能使用两只眼睛审视古往今来，能以开放的通识看待一切，因而在很大程度上已经脱出了传统儒家的封闭旧壳。多极的文化参照系、新时代的价值观念和现代化的思维方法，使得他们不再恪守圣训、拘泥礼教，不再迂腐僵化、死守旧道。他们主张积极吸收外来文化、引进科学和民主，以实现中华文化的转型。这种用现代意识反观传统和展望未来的文化观念，已和近代以来的维新派、改良派、洋务派有很大的不同。新儒家已注意到从文化的深层来融化外来文化。他们重传统不是固执的"克己复礼"，重交流不是机械的生搬硬套，而是力求在不同类型文化之间的互动中完成新文化建构。他们执着追求的两大主题，一是从儒家内圣之学开释出适合现代民主的外王之道；一是从儒学心性之学开释出科学的认知系统。新儒家看到了中国传统文化"内在超越"的价值，也看到了"内在超越"的不足，从而发现，要建立理性的认知系统，就必须吸收"外在超越"为特征的西方文化，在多种文化的互动中创建适应时代潮流的新文化。这种论点和主张，确实包含了一代哲人的真知灼见。

最后，儒学复兴论在一定的程度上有着现实的依据。新儒家研究了东亚工业社会的文化现状，发现儒学文化与现代工业社会完全可以并存。东亚工业社会，主要指日、韩、台、港、新（新加坡）等国家和地区。这些国家和地区在20世纪六七十年代以来相继实现了工业化，而且一直保持着经济稳定发展的势头，在制造、金融和流通领域已成为世界经济文化的一大通道。而东亚的现代化工业社会显然和西欧、北美不尽相同，其中最为显著的特征是这一地域一直受到中国传统文化的影响，因此被称为"汉字文化圈""筷子文化区"，更为流行的说法是"儒教资本主义"。儒教文化不仅在历史上影响了这一地区，而且至今仍对这一地区的社会思想起着重大的支配作用。这种状况，否定了过去一些思想家①关于儒家文化和资本主义发展不相容的论断。当今世界上不少学者都公认，儒教文化在维系着东亚的经济活力：法国汉学家旺戴尔·马歇在 1986 年撰写的《亚洲文化圈的时代》一书中声称，东亚发展是"儒教文明的复活"；美国哥伦比亚大学教授杜巴里在他著的《朱子学和自由的传统》一书中认为，东亚是儒教自由主义的结果；日本许多学者主张用"儒教文化圈"这一概念描述东亚地区的现代化经济模式，日本文部省还制定了"儒教文化圈"方面的大型研究课题；韩国釜山大学教授金日坤强调，儒教文化的最大特征是依赖于家族集体主义的社会秩序；另一位韩国学者朴日根所著的《东方儒学思想与韩国现代化》一书，详细地阐述了儒学文化在多方面对韩国的深刻影响。

新儒家正是根据东亚工业社会的现实来构建自己的理论。因此，儒学复兴的论调并非无稽之谈。

12.3.4 新儒家的缺陷

1. 民族本位观中夹杂着文化保守主义倾向

尽管文化本体是一种客观存在，反映着一种文化的特质和性能，但它并非一种绝对的力量和永恒的存在。新儒家把文化本体讲过了头，从而形成民族文化本位观念。他们念念不忘"返本"、立"本体"，以寻找民族之"根"，具有浓厚的恋旧、复古心态，也具有浓厚的文化保守主义倾向。

中国传统文化中的保守主义倾向由来已久。传统文化格局以中原地带的农业文明为主体，以四周的牧业文明、游猎文明为辅体。由于中国农业文化的早发性，导致了民族文化心理上的自我中心主义观念。古人将"中国"解

---

① 如马克斯·韦伯。

释为天下的"中心"。汉代的扬雄认为"中于天地者为中国"①。中国也称"华夏","华"意为"文明","夏"意为"盛大"。过去的封建王朝,总是在国号前面加一个"大"字,即以一种大国沙文主义的态度看待异型的文化。古代的知识分子,总是乐谈中国为"天朝上国""礼仪之邦"。清代以来,中国人才比较完整地知道欧美文化的存在。可是这一时期,中国人认识和发现世界的历程,是一个曲折而又痛苦的历程,其间留下不少荒唐、可笑之事。清宫大臣对世界一无所知,却又善于牵强附会。有些大臣奏称,除了英、法、德、日等国外,其他国家名称是外人编造出来吓唬中国的;有的大臣奏称,英人夜间目光昏暗,英地一片漆黑,船行半月方见天日,英国女王自择配偶,蛮夷之国,犬羊之性,不知礼义廉耻;有的上层人士认为,英人靠中国的茶叶、大黄生存,只要将茶、大黄禁止出洋,就能置洋人于死地。当时的知识界,也在古已有之的荣耀中不能自拔,以至于在矛盾面前精神失常、心态畸变。1584年,意大利传教士利玛窦献给中国一幅《万国舆图》,绘有世界诸国及各大洲、大洋。一位叫魏睿的士人看罢十分气愤,振振有词地指责绘制者把明明位于世界中心的中国画偏了、画小了。直到20世纪60年代,还有人大张旗鼓地宣传北京是"世界革命的中心"、自家的政治领袖是"全世界人民心中的红太阳",把自我中心意识推到了极峰。

新儒家同传统儒家的最大区别在于广泛地接收了外来文化,特别是当代台港地区、海外的新一代儒学传人,已经站在中外文化交流、对话的最前沿。但是,由于新儒家眷恋传统、钟情先圣,因而在致思框架上仍然没有脱离中体西用论的旧框架。"以儒家思想为本体"的命题,偏离了文化价值选择规律,以本位文化代替文化价值,把传统的心学、性善论看作一切价值的根源,局限于"内在精神超越",却忽视外在诸多方面的实践。"见泽而思水之润泽万物;见火而思其光明普照之德"云云说教,依然带有"观物比德"的道德本位观的痕迹。

2. 情感色彩导致理性倾斜

当今新一代儒学传人,生活在远离中华文化发祥地的海域或海外,不免

---

① 扬雄:《法言·问道》。

产生怀念故土的悠悠思绪。传统文明衰落的刺激和现代文明的反弹，强化了他们民族的信念和赤诚的心灵。失落感、回归感和自尊感促使他们梦周公、读孔孟、向中国传统文化认同，通过重新阐发儒学价值来肯定传统文化的地位，同时寻求自负自重、自尊自信的心理平衡。他们极其关注传统文化的未来，希冀死去的凤凰重新从灰烬中站起，唱出昔日震撼世界的盛唐之音。

这种强烈的民族责任心、"为往圣继绝学"的热忱、开创未来的使命感，值得赞许和肯定。但是，应当看到，在新儒家学说中，情感认同的重力引起了理性天平的倾斜。新儒家透过情感的有色眼镜，看到的是传统儒学中美好的一面，却忽视了它落后的一面。众所周知，儒家"爱人""重民""崇德""为公"的人文理想不能不说是美好的、真诚的。但儒家人文意识中的"人本"，始终强调人的义务而不强调人的权益。君仁臣忠、父慈子孝、夫义妇和、朋友讲信，都是义务，至于人应有的尊严、自由、利益、权利都被取消了。在义利关系上，是取义舍利；在德财关系上，是"贵德而贱财"；在理欲关系上，是"从天理，灭人欲"。"人"的价值从思想意义上是被肯定了，但从实际的物质利益和生命存在上来说，是被淡化了。宗法伦理为基础的人文观念，凝聚为社会规范的总则——礼，有政治化、制度化的礼，有社会习俗化的礼，有个人、家庭行为规范化的礼，密密麻麻、层层叠叠，似无形的蛛网向人笼盖而来。儒家的人文规则要求绝对地服从"礼"，非礼勿听、非礼勿视、非礼勿言、非礼勿动，虔诚温顺地遵从礼的主宰。"礼"的等级化、神圣化和绝对化，必然形成有君主而无民主的社会体制，有人治而无法制的礼法体制，有等级而无平等的社会体制。"人"的光辉形象镶嵌在"礼"的黑色框架中，不仅失去了灵魂和血肉，也失去了生命。由于儒家的人文意识和人文规则都附丽于专制政治，因而它的可行性、实效性并不像它的人文理想那样美妙。

用情感化的眼光看待过去，也容易用情感化的眼光看待未来。所谓儒学复兴的预言，所谓迎接儒学第三期浪潮到来的召唤，只不过是古神话中的一支新幻曲。"五四"树起的科学与民主两面旗帜，是中国新文化运动的必然走向。传统的衰落和失衡，从历史的整体链条中看，并不是退步和沉沦，而是新生和进化。而今，一个明显的社会思潮出现了，新的价值观念在代替旧的

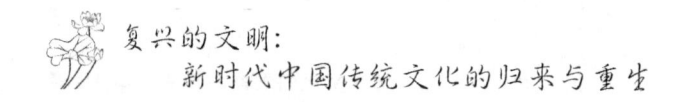

价值观念。古圣先贤不再是众望所归、人心所向的旗帜，道德性命也无法成为人们安身立命的根基，新的经济关系和生产形式在发展，时代的车轮在向着更高层的社会形态转动。

"吾道自是"的情感认同，在一定的角度上讲，不是文化创造的真正动力，而是自我更新的阻力。近代中国思想界如同一块沉静的百慕大三角，许多思想家的航船在这个神秘的水面上沉没，一个重要的原因就是情感认同的磁性引力所致。康、梁等人志在昌明政治，终因思想感情脱不开儒学的窠臼而走不出君主专制的森严堡垒；严复热衷于西方新学，接受了进化论思想，呼吁国人奋进图强、推动新生，但后来又被传统思想所俘虏；章太炎勇敢地批判资本主义，但因解不开传统的情结而退回到封建主义领地；当今海外一些学者或声称过去两千年以儒学为思想指导的中国历史，从来都是民主、自由和平等的，或认为儒学是当今社会政治民主的基础，更是用情感代替理性的明证。情感的有色眼镜，会对文化评价和选择带来障碍。

3. 偏重人文因素，忽略非人文因素

新儒家同传统儒家一样，致思的焦点在人的道德、心性、人格意识方面，从而有意无意地忽略了文化系统中非人文的其他方面。

我们知道，"人文"是整个人类文化的灵魂。精神文化中，无不渗透人文色彩。"人文"的意指十分宽泛。如果我们从结构视角去解析"人文"概念，就会发现它包括三个不同层次的内容。第一层是人文理想，即人们对人道主义精神的不断追求，对人的幸福、自由、解放的不断追求。这种追求没有止境，只要人类存在一天，这种理想的追求就会存在一天。人文理想不是宗教理想，它是现世的。尽管追求没有止境，但确是一个不断实现的过程。精神文化所达到的程度，就是人文理想实现的程度。第二层是人文意识，即人对自身认识而形成的基本概念。第三层是人文规则，即人文意识的行为化、制度化、形式程序化、社会规范化。人文规则主要表现在社会制度、风俗习惯、操作程序等几个方面。这三个层面互相连接和作用，共同推动精神文明的不断发展。

儒学文化具有鲜明的人文色彩。儒家的社会思想，其实就是一种人文理想。无论是"小康"的基本理想还是"大同"的最高理想，都立足于人文道德的追求方面。《礼记·礼运》中描绘的"小康"图景是："以著其义，以考其信，著有过，刑仁讲让，示民有常。""大同"境界则更进了一步："大道之行也，天下为公。选贤与能，讲信修睦。故人不独亲其亲，不独子其子，使老有所终，壮有所用，幼有所长，鳏寡孤独废疾者皆有所养，男有分，女有归。货恶其弃于地也，不必藏于己；力恶其不出于身也，不必为己。是故谋闭而不兴，盗窃乱贼而不作，故外户而不闭，是谓大同。"显然，二者都以人文道德的觉醒为特征，而不以物质文明的发展、社会福利的提高为特征。儒学中的人文意识，更是丰富而精致。"五经"中早已开始昌明文教、肯定人性，主张人格完善。《礼运》说，"人者，其天地之德……五行之秀气也"，"人者，天地之心也"。孔子提出了"仁者爱人""博施于民，而能济众""泛爱众"等哲学命题。孔、孟认为"仁者人也"，"仁者无不爱也"。这种鲜明的人文思想，几乎接近西方文艺复兴时期的人文主义。法国近代启蒙思想家狄德罗讲的"人道就是一种对于人类的仁爱精神"，其实和儒家"爱人""爱众"的意思完全出于一辙。董仲舒大讲天数，但也没有排除人的重要地位。他认为"天地之精，所以生物者，莫贵于人"。即便是理学家，也没从理论上轻视人。陆九渊以强调的口气说："天地之才等人耳，人岂可轻，人字又岂可轻！"直到清代名儒戴震还说："人之才，得天地之全能，通天地之全德。"

人文意识虽然立足于精神文化方面，但它不应当和人的物质利益对立起来。马斯洛关于人的需要层次论中，把人的生存需要、安全需要作为最基础的需要。儒学把伦理作为人的价值本位，而且进一步把道义与利益割裂并对立起来。重义者就必然轻利，爱财者必然无德，天理胜则人欲亡，人欲胜则天理灭……双方矛盾对立、不可调和，不是东风压倒西风，就是西风压倒东风。这种人文理想，把道德尺度绝对地置于历史尺度之上，无视历史规律的发展和人的全面需要，导致了道德泛化、礼义空疏的局面。在这种"以德为本"的文化氛围中，人与人之间复杂的社会关系被简化为伦理与政治两种意义上的制约关系，活生生的人变成了失去自然本性和物质支撑的干瘪的道义符号，道义成了人类文化行为目的本身，人的个性、人的创造性，以及政治行为、经济运行体系等都被纳入了宗法伦理化的道德规范，人的历史主体性被埋没、葬送。

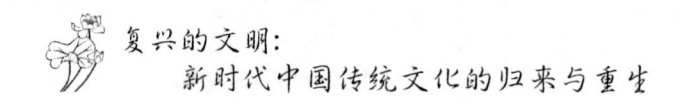

复兴的文明:
新时代中国传统文化的归来与重生

　　问题的另一面是,有生命的人必然不可能完全被人为的道德教条约束,礼义教化的作用毕竟有限,于是虚伪、欺骗、言行不一、假借道德盗取美名的现象必然出现。"三纲"表现了人与人关系的不平等;重义轻利、重道轻器,无疑不利于经济的发展和科学技术的进步;中国古代商业始终受到排挤压制,科学技术受到低视冷遇,这与儒家道德至上的文化主张不无关系。儒学本身不可能对经济发展产生积极影响,也不可能蕴藏民主政治的思想根源。新儒家至今仍执着于传统道德观念,把儒学的基本义理看作某种超时空的、脱离具体社会背景和文化背景的常道,甚至看作体现永恒天道和人性的常理,以伦理精神为推动社会历史发展的根本动力,把人的价值归结为道德精神的自我完善,归结为超越现实的心性体验。这种泛道德主义的理论说教,只可供那些物质发达地区的人在酒足饭饱之后进行精神上的聊以自慰,而对于全力发展经济、解决生计的贫困地域来说,不会有更多的助益。东亚工业社会的经济发展取得举世瞩目的成效,有多方面的原因,诸如资本化的经济政策和经济管理方式、国内外市场的拓展、高科技的开发和应用、对国外先进设备和技术的吸收引进,等等。其中,这些国家和地区的交通条件、财经条件、人才来源、技术来源、内外市场交流等,都可以运用统计、计量的方式得到确切的证实,把它笼统地归结为儒学文化在现代社会中成功的范例,未免有些牵强附会。所谓一手拿算盘,一手拿《论语》的儒家型企业家,"靠《论语》拨动算盘",只不过是论者们人造的神话,因为只拿《论语》是拿不出经济成果的。如果"半部《论语》治天下"果然那么灵,中国近代的危机、悲剧也就不会出现。至于儒学对资本社会腐朽思想的制约作用,即用《论语》校正算盘,应当是有效的、可行的,但这又是另一个问题了。

　　对于中国大陆地区来说,反封建的任务远未完成,清除传统思想糟粕的任务还十分艰巨。封建思想是大陆走向现代化的锁链和桎梏。当代新儒家人士生活于海域,对封建家长制遗留下的专横、野蛮、腐败、虚伪、封闭、保守、狭隘、自私、顽固等恶劣作风和愚昧心态,并没有亲身体会,也没有切肤之痛,因而他们只看到仁义礼智信之类的美好字眼儿,却看不到压抑的现实、听不到怨鸿哀鸣,因此,他们只谈弘扬传统,却忽视了如何切除传统毒瘤这一摆在世人面前的迫切任务。

12.4 传统文化的剥离与振新

12.4.1 人、地关系紧张的现实

中国古代文化穿过漫长的历史峡谷,苍老之态已在所难免。清末,面对世界新潮风起云涌、西方列强船坚炮利,形似劲弩之末的中国文化,难以应付复杂的世界形势,遂陷入内外交困、捉襟见肘的窘境。

近代史,即是中华民族的血泪史,其中可谓风雨交加、忧患重重。一幕幕触目惊心的历史悲剧,给古老而独立的文明格局以沉重的打击。而封闭型的社会机制,自我调节和更新的能力极差。五四运动开始从思想深层反思传统,但面对复杂形势和多重任务,其显得仓促而被动,且缺乏理性,在激情的呐喊中笼统地动摇了古有文明的思想基础,文化的清理和重构任务仍未能完成。

当今,中华文明的长河正流向一个新的阶段。历史的年轮和文化流变的契机神秘地重合到一条线上,新的曙光在崇山峻岭的远方依稀可见。

当代中国文化,无论其内涵或外延,早非历史上任何一个时代的文化所能比拟。当然,当代中国文化仍然保留着传统文化的基因和构架。随着经济开放和观念更新,新文化出现了量的增殖和质的突进,最后的结果必然是文化的转型。文化转型不等于简单地告别传统,而意味着包含传统因素在内的再生和振兴;再生和振兴也不等于简单地回归传统,而意味着对故有文化元素的清洗、剥离和组合。

为了说明传统文化振兴的当代任务,我们有必要讨论当代中国所面临的问题。问题是客观存在的,正视问题是人类理性应有的品格;讳言问题只能是自欺欺人,而无助于问题的解决。我们面临的问题既广泛又复杂,但总体可以概括为两大方面:一个是"人口与自然生态"问题;一个是"社会与文化生态"问题。这里,我们对这两个方面的问题略加陈述。

明代以前,中国人口始终没有突破1亿大关(最高纪录大约为8000万)。清初全国人口约5000万,康熙初年约7600万。康熙二十年左右才开始突破1

亿大关。此后中国人口数量呈直线上升，至清末达4亿。这200来年间，是中国人口第一波暴涨期。第二波暴涨期是20世纪50年代至90年代的40多年间，由5亿一下翻到12亿。根据预测，中国人口高峰期将接近15亿。

人口压力早在20世纪50年代就已见端倪。可是，马寅初、钟惠澜的正确意见却被当作谬论批判、讨伐。70年代，"计划生育"的政策在不得已的情况下正式出台。但舆论上仍然不敢正视这个严重问题。1974年被作为"反面教材"而翻译出版的英国经济学家B.沃德和美国微生物学家R.杜博斯撰写的《只有一个地球》一书前，加了一个奇怪的"译序"。序中宣称，该书"重弹臭名昭著的马尔萨斯人口论的反动滥调，胡说什么'占第一位的、最明显的和公认的压力是人口的压力'，胡说什么发展中国家人口过分增加造成贫困落后，环境恶化"。事实上，《只有一个地球》避开了意识形态问题而专谈生态问题。80年代开始强制推行计划生育，然而为时已晚。现今农村过剩劳动力达1亿以上，常年流动劳力数以千万计；一些大城市人口密度已达每平方公里2000人以上。

"地大物博"终在"人口众多"面前黯然失色：人口与土地、人口与资源的矛盾十分突出。出于沙化、水土流失、建筑用地等原因，可耕土地面积年均以500万亩的速度减少。我国古人有这样的诗句："但存方寸地，留与子孙耕。"① 现代人面对这样的诗句，心有愧感，面有愧色，愧对未来，愧对子孙。

随着人口膨胀和工业发展，自然生态问题严重地凸显了出来。我国沙戈地、冰封地占国土总面积的19%，而森林覆盖面积仅占12.5%。每年土壤流失约50亿吨，每10年有2平方公里的土地沙化。工业发展和环境保护、短期效应和长期利益之间的矛盾异常尖锐。垃圾、煤烟、废气、毒气、化学物品、塑料之类的人造物等，对水源、空气、环境的污染日渐严重。产品回收率低、原材料消耗指标高，加上急功近利的工业建设，导致自然生态严重失调。据统计，我国每年排入大气层的烟尘1400万吨，二氧化硫1500万吨；城市每年增长15%的垃圾；许多大城市的噪音强度在80分贝以上；农村乡镇企业对

---

① 《增广贤文》。

生态环境的威胁也相当大,有害废料使土壤受到了污染。诸如此类的问题,已成为可持续发展中不可回避的困扰。

如果说,"人口与自然生态"问题是外显的、可以量化的话,那么,"社会与文化生态"问题则是内隐的、不易量化的。当然,它们都是客观存在的。20世纪以来,意识形态领域发生了一系列翻江倒海的大变化:最近几十年来,出现了信念失落、信仰危机现象;改革开放后,新的思想意识、价值观念开始涌动。文化转型的冲突带来了思想上的矛盾和痛苦。政治上的摇摆、意识上的混乱和价值观念的巨大差异,造成精神文明建设中的重重路障:盲目的经商大潮弱化了良知、理性对社会文化的导引力量;自我中心主义思想使社会失去凝聚力,逆反心理和冷漠情绪带来一系列消极后果;由于市场机制的不健全,突发性的竞争引起财富占有的巨大差距;金钱崇拜之风骤起,贪污腐败现象蔓延;从政府官员的腐败行为、贪赃枉法、后门主义、官僚主义到商场的伪劣商品、坑蒙拐骗、弄虚作假,再到社会底层的暴力事件、贩毒吸毒,等等,更是严重地扰乱社会秩序、侵蚀文化肌体、破坏两个文明的建设。社会的失衡导致出现大范围的心理畸变和思想迷茫,从社会内在的心理负荷到外在的矛盾冲撞,表现得既复杂又多样:旧理论和新实践之间的矛盾、物质竞争与现代行为之间的矛盾、超前意识和滞后心态之间的矛盾、传统伦理与现代意识之间的矛盾、精简机构与失业威胁之间的矛盾,等等,使文化选择难以形成共向认同的价值取向。

面对两大问题,人文思想的回归、价值取向的拨正、道义良知的重振、法律机制和民主机制的健全,已成为新世纪文化选择中的历史重任。

12.4.2 传统文化需要分剥

我们对传统文化不能盲目地肯定。传统文化的存在是现实的,但现实的不一定是合理的。反思传统,本身就不意味传统的一切都有价值。传统有思想动力的功能,又有精神负荷的压力。时代文化建构需要把思维的触角透出传统的旧有框架,把主体的活动融入多方位的文化实践,完成心理定式与文化局限的艰难超越。这就意味着,不是用传统的尺度审判现实,而是用现代的眼光剥离传统。约翰·奈斯比特在《大趋势》一书中这样告诫人们:我们

复兴的文明:
新时代中国传统文化的归来与重生

必须从死抱着过去不放的观念中解放出来,去对付未来。未来学家阿尔温·托夫勒同样指出:

> 世界正从崩溃中迅速地出现新的价值观和社会准则,出现新的技术、新的生活方式和新的传播交往方式的冲突,需要新的思想和推理、新的分类方法和观念。我们不能把昨天的陈规惯例、延宕的传统态度和保守的程式,硬塞到明天世界的胚胎中。①

面对传统文化体态臃肿、鱼龙混杂的现象,剔除、扬弃必不可少。认识传统的负担、危害同认识它的正面效应一样重要。时至今日,还以为古老的神话是万应灵丹,就会陷入"到底不知因色误,马前犹自买胭脂"②的自设泥潭。包袱和路障给了我们许多噩梦。文化振兴和重建,意味着对传统积弊开刀——切去腐烂、脓包和肿瘤。没有大幅度的剥离组合,就难以招回弥散的灵魂;没有果敢的洗礼和荡除瑕秽,就不能再造鲜活的肌体;没有痛苦的"涅槃",就难以实现壮丽的再生,难以挽回逝去的青春。

毋庸讳言,传统思想和现代思想之间存在不少矛盾和冲突。比如说,宗经征圣与实践检验、宗法意识和公民意识、等级规则和平等原则、人身依附和人身自由、家天下与民主思想、人治观念与法治观念、封闭保守与改革开放、重男轻女与男女平等、鄙视物质与重视福利、官僚主义与公仆意识,等等,都是根本对立的。从奴隶氏族制度到封建家族制形成的宗法制度和意识,几千年来一直居于统治地位,因而至今仍有深厚的基础。当今社会上的"关系网""裙带风""走后门"之类的歪风邪气更是广为流行,几乎无孔不入,严重危害了合理竞争、阻碍了民主与法制建设。贪污腐化、挥霍浪费、任人唯亲、拉帮结派,形成了政治生活中的死结,给廉政建设带来了极大困难。

在农村,封建残余思想仍然根深蒂固,旧思想、旧意识仍有雄厚的基础。封建意识形态在长期蔓延中渗入农村文化的深层,迷信观念至今还占据着相当一部分农民的头脑。"巫神""风水""马脚""阴阳""算命先生"等,依旧有着广阔的市场,修庙、塑神、醮会、祭祖等活动十分频繁,婚娶丧嫁中

---

① 阿尔温·托夫勒:《第三次浪潮》,生活·读书·新知三联书店1984年版,43—44页。
② 聂守真:《哀被虏妇》。

也都有相应的迷信活动。多数农民还残存重男轻女的思想：女性享受教育的权利被重男轻女意识设置的铁栅所限制；特别恶劣的是，抛弃女婴、溺死女婴的现象时有发生。小农意识、宗法情绪、保守思想、恋旧观念、短期效应思想、狭隘封闭心态，等等，还盘踞在相当多的人们的头脑中，很难在短期内消除。恶风劣习、帮会活动、赌博行为、格斗事件、民事纠纷等，还像幽魂一样飘荡，影响农村的社会稳定和农民的正常生活。分散的村落、慢节奏的农村生产、自给自足的经济特征，是封建意识滋生蔓延的天然基地，其中存在藏污纳垢的空隙。这正是我们强调文化批判不可或缺的理由。我们必须改变这样一种逻辑：凡是传统的就是正统的，凡是正统的就是正宗的，凡是正宗的就是应当遵守的。新文化的建设，一是在旧文化的基础上进行；二是在清除旧文化的前提下进行。

当然，我们对传统文化不能一概否定，也不能乱砸乱打。乱砸乱打，必然造成空气污染、噪音污染、道路壅塞。清除旧文化的壁垒总是和利用旧有材料组建新文化营盘相协调进行。我们需要从文化的整体功能和人的全面本质的需求出发，正确看待传统、解释传统、重建传统。在弄清结构、解开构件的基础上，做出明智而适时的取舍。把可用的砖石纳入新建大厦，把腐质陈渣扫入历史垃圾，把有文物意义的器物送至"博物馆"保存。古老的土壤，经过现代雨水的洗礼，会融入新文明的园地。传统文化的荣辱兴衰，取决于后人努力继承和传统自身生命活力之间的一种契合。现代人，既要乐于"为往圣继绝学"，承续前人事业，又要勇于解除情感的负荷，告别往昔、面向未来；既要发挥传统文化的价值，又要卸下因袭旧规的重负；既要挖掘已有的宝藏，又要摧毁陈腐的十字架，使人获得解放、获得新生。眷恋往昔，执着旧说，是情感的倾斜和惯性的延续，不是清醒的理智抉择。

12.4.3 优秀传统的现代意义

不可否认，中国传统文化深层的人文意蕴和道德情怀，不无时代的价值和意义。优秀的传统文化，有助于重建当代文明的价值体系。立足现实，反观传统，求新求变，以图久远，是当代文化主体所面临的课题。

传统文化中"天人合一"的思想，从深层的价值关系上揭示了人与自然的联系。"天人合一"的深层内涵，到现代社会才能清楚地显示出来。西方人注重认识自然的本质存在，发现自然的结构构成和运动规律；而中国人注重认识自然与人的联结，看重二者的协调与共生机制。在西方人眼中，人和自然是相分的、对立的，人要控制自然、征服自然，从自然中索取自己所需要的一切；而中国人把自然和人看成不可分割的有机体，人为万物之灵，对万物负有责任，要顺应自然，进而达到天人和谐、一体、共存的境地。如果说，西方人与自然关系的思想适应近代能源开发需要的话，那么，中国"天人合一"的思想则适应于当代保护环境、调适生态的时代需要。

事实上，自然生态问题已是全球性问题。人类经过四次产业革命后，科学技术有了很大进步，生产力得到迅猛发展，人在自然中由过去的被动适应变成了主动征服和索取。20世纪下半叶以来，科技推动了生产力的大幅提高，人口数量迅速增长，人类向自然索取物质、能量的能力越来越大，加速了自然世界库存的资源、能源的消耗。于是，能源危机问题渐次出现了。而另一方面，人类向自然界排放的物质和能量也越来越多、越来越快，其结果又形成了对环境的污染和对生态系统的破坏。工业垃圾和人造垃圾对空气、陆地、海洋都会产生污染，大气层中的臭氧层遭到破坏，人造垃圾、化合物堆积阻滞了湖、河、海的循环途径，塑料等人造物不能融入地球的化学循环，人控系统导致大量物种灭绝，自然生态系统变得单调、失衡、不稳定，温室效应、酸雨、水土流失和沙化等开始威胁生命的生存。这一切，都已对人类的生存与发展形成了严峻的挑战。

中国传统文化中蕴含了关注人类及所有生命的思想，蕴含了关注宇宙万物的思想。"人与天调""为天地立心"的思想，在深层的致思点上同环境学、生态学相合拍。这就使中国传统文化中的天道观、人地观获得重大的现代意义。而且，传统文化中的思想精髓，不仅有利于维护自然生态，也在一定意义上有利于维护社会生态。人作为社会的动物，创造了社会生态系统。社会生态同自然生态一样需要平衡，人的心理场同生物场一样需要稳定。人类文明的进展，包含了物质、社会、精神诸多方面。文明程度不能仅以国民生产总值及个人的收入等经济状况为唯一标准，还应表现在以精神文化为基础的道德水平、制度进步、民主化程度、国民教育水平和文化素养、群众文艺、体育生活、社会稳定程度、精神文化消费等诸多方面。也就是说，文明是一个整体化概念，而不是某一项指标。文化的现代化，意味着立体的现代化。把文化现代化理解为"四个现代化"，或理解为市场经济化，都是不够全面的。从本质意义上讲，人的现代化是现代化的本质，人的心理意识是现代化的动力本源。

当今，全社会对科技、经济的重视，使我们走出了"何必曰利""思想第一"的怪圈。然而，不成熟的市场又使许多人失去了精神支柱和道德信念，陷入以"利"为上的新误区：昔日作为恶魔的"资本"如今却被作为上帝崇拜。针对这种情况，倡导古已有之的道德精神，可谓是"古为今用"。社会文化不可缺少内在的精神动源，特别是不能缺少精神的规范力量、精神的凝聚力量及创造活力。精神因素，通过宗教、哲学、文化艺术、传统思想、民族文化等因素得以体现。失去精神力量和价值主旋律，失去思想内核的凝聚力和感召力，自我振兴就会遇到困难。中国传统文化的价值不止于"图腾"的象征功能，它内含的思想、精神、人文道德仍然具有现实的精神适调功能。

现代社会，既需要重知性，更需要重德性；既需要竞争，更需要和谐。传统文化中体证生生、崇尚和谐的高远情怀，阴阳运演、生克制化的哲学思想，仁爱友善、天下为公的德性实践，对当代以至未来的中外文化发展来说，都有着深远的意义。社会发展和文化进步，需要积极而稳妥、热情而温和、进取而不失偏颇的精神风范，需要礼仪、道德、团结、友爱、宽容、理解等一系列能够调节社会关系的思想准则和人格行为。传统的道德规范和伦理原则，是社会关系的黏合剂和润滑剂，可以调节、缓和紧张的人际关系和社会矛盾。人类的道德有着普遍性和共通性，可以超越时代和地域。如行人礼让、讲和修睦、宽容厚道、言而有信、自强不息、自省自律、诲人不倦等，对现代人的思想修养来说也是极为必要的。中庸思想，也有积极的一面。中庸既是思维方法，又是处世方式；既是德性内容，又是人格修养。中庸的思想风范，可以避免顽固保守和过分激进两种极端。就整体而言，执中贵和比起"过"和"不及"，更有利于社会谐调，更易为多数人接受。发扬中庸风范，有利于剔去冥顽和偏激，塑造明哲睿智的形象，重建民族文化的精神风范。

现代科技背景下，密如蛛网的机械设备和操作程序，僵化了人性本能，

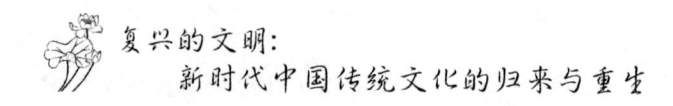

复兴的文明：新时代中国传统文化的归来与重生

使人丧失天真、开始异化。传统的人文思想，对科技弊病可以起到一种医治作用。诸如尊贤容众的度量、与民偕乐的胸怀、乐山乐水的情趣、颜瓢范灶的精神、老鳏孤寡皆有所养的人道思想、兼善天下的政治抱负、尽心知天的自省精神、审己度人和诚实守信的交友原则、坚韧不拔的进取毅力，等等，都可以洗去道德衰微、世风颓废的种种污垢尘埃。即使西方学者也认为，儒学的现代意义在于追求人本主义、追求个人与集体的圆满和谐、建设有道德信义的社会与和谐适调的生活。

新时代的文化建设，应当是立体的、多方位的，它包括了物质和精神的协调、人文和科技的互涵、心灵和自然的融合，以及理性与情感的互涵。中国传统文化中的思想精华，可以为当代人提供动静相兼的时空观照，提供充满智慧且超越自身的冥思，提供浑然一体的感知、体悟方式，提供文雅圆润的处世风范，在一定程度上能够帮助人们改善天人、社会、家庭、身心等诸多关系。

"慎终追远，民德归厚矣。"[①] 记着过去的人才能领悟今天，忘记昨天的人将被明天忘记。面对流动不居的世界大潮，面对新时代、新使命的庄严召唤，占世界人口近1/5的中华民族子孙们必须做出自己的选择与回应。在传统文化与现代文化的对接中，需要文化主体拓展时空视野，需要整体化、生态化的思考，以获得正确的选择与回应。

历史的回音壁永远不会沉寂！

---

① 《论语·学而》。

参考文献

一、中国文献

[1] 陈江风：《天文与人文》，国际文化出版公司 1988 年版。

[2] 陈旭麓等：《中国近代史辞典》，上海辞书出版社 1982 年版。

[3] 程宜山：《中国古代的元气学说》，湖北人民出版社 1988 年版。

[4] 崔宝国等：《基础写作训练教程》，甘肃教育出版社 1996 年版。

[5] 丁守和：《中华文化辞典》，广东人民出版社 1989 年版。

[6] 范文澜：《中国通史》，人民出版社 1978 年版。

[7] 郭绍虞：《中国文学批评史》，上海古籍出版社 1979 年版。

[8] 郭绍虞、王文生：《中国历代文论选》，上海古籍出版社 2001 年版。

[9] 何新：《中外文化知识辞典》，黑龙江人民出版社 1989 年版。

[10] 黄侃：《文心雕龙札记》，上海古籍出版社 2000 年版，上海图书馆藏刻本影印。

[11] 金观涛：《整体的哲学》，四川人民出版社 1987 年版。

[12] 刘大杰：《中国文学批评史》，中华书局 1964 年版。

[13] 阮元：《十三经注疏》，中华书局 1980 年版。

[14] 司马迁：《史记》，中华书局 1982 年版。

[15] 韦政通：《中国哲学辞典大全》，水牛出版社 1989 年版。

[16] 伍蠡甫：《西方文论选》，上海译文出版社 1979 年版。

[17] 萧统：《文选》，中华书局 1977 年版。

［18］张宝三：《五经正义研究》，华东师范大学出版社 2010 年版。

［19］赵仲邑：《文心雕龙译注》，漓江出版社 1982 年版。

［20］朱熹：《四书集注》，岳麓出版社 1985 年版。

［21］《二十世纪文学评论》，上海译文出版社 1987 年版。

［22］《二十五史精华》，岳麓书社 1989 年版。

［23］《鲁迅全集》，人民文学出版社 1981 年版。

［24］《吕氏春秋》，内蒙古人民出版社 2003 年版。

［25］《马克思恩格斯全集》，人民出版社 1972 年版。

［26］《马克思恩格斯选集》，人民出版社 1972 年版。

［27］《中国历代诗话》，岳麓书社 1985 年版。

［28］《中国文化史三百题》，上海古籍出版社 1987 年版。

二、外国文献

［1］［德］奥斯瓦尔德·斯宾格勒：《西方的没落》，齐世荣等译，商务印书馆 1963 年版。

［2］［德］黑格尔：《美学》第 1 卷，商务印书馆 1979 年版。

［3］［德］H. 赖欣巴哈：《科学哲学的兴起》，商务印书馆 1991 年版。

［4］［法］丹纳：《艺术哲学》，傅雷译，人民文学出版社 1963 年版。

［5］［美］葛洛蒂、［中］张国治：《数字化世界》，电子工业出版社 1999 年版。

［6］［美］N. 维纳：《人有人的用处》，陈部译，商务印书馆 1978 年版。

［7］［美］约翰·奈斯比特等：《高科技·高思维》，新华出版社 2000 年版。

［8］［苏］尼·瓦·贡恰连科：《精神文化》，戴世吉等译，求实出版社 1988 年版。

后 记

我于1986年开始为文科大学生讲授"中国文化"课,这门课日后成为学生比较欢迎的课程之一。为此,我获得省级"园丁奖"及教育部颁发的曾宪梓教育基金奖。

结合教学工作,我对传统文化也做了一些浮浅的研究。结合教学,在《中国社会科学》《文学评论》《中国图书评论》《中国哲学史》《文史哲》《学术月刊》《齐鲁学刊》《光明日报》《人文杂志》《学术论坛》《西北师大学报》等学术刊物上发表了百来篇讨论传统文化现代化的论文。

中国文化浩若沧海,而笔者所识只不过其中一粟而已。事实上,我对中国文化仅有的一点儿常识,来自中学时代对古典医学一鳞半爪的了解。在那"轰轰烈烈"的岁月,我在陇右高寒山乡的一所小学上学。面对教育松散、学业萧条的现实,家父决意让我学医,并下决心将卖农产品所得的几十元钱买来一套《医宗金鉴》。当我翻阅时,对其中实用性较强的《金匮要略》《伤寒论》诸篇毫无兴趣,对"形而上"的《五运六气》篇却发生了兴趣,在此基础上便开始注意学习、了解传统文化。

本书内容不侧重于介绍文化史实,而侧重于文化进程中的因果联结及传统优秀基因所蕴含的现代意义的讨论。当然,其间也夹杂了一些文化现象的介绍。在我看来,鉴于古而不泥于古,方能使古为今用;立于今而顾及已往与未来,方可不贻害后世。需要强调的是,中国传统文化中有宝石,亦有顽石。在价值理性面前,就人类精神文化而言,既没有人我之分,也没有门户之限。对自己的传统文化,既不必自暴自弃,也不必自我粉饰。若谁以为自己供奉的神是世上最灵验的神,那么谁供奉的神必将成为世上最不灵验的神。是故,我们须平其心以论中外之文化,大其心以容万物之存在,虚其心以纳

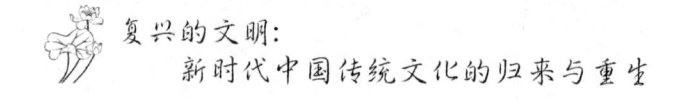

复兴的文明：
　　新时代中国传统文化的归来与重生

百川之巨流，静其心以应未来之嬗变。

　　以往不可谏，来者犹可追。天下兴亡，四海同命，开创未来，世人有责。思虑过去，也就是思虑未来。当然，俯视脚下和展望未来，总不比闲话古事那样轻松。更何况，流变的现实，神奇的未来，纷纭繁杂，千头万绪，"剪不断，理还乱"，只好"欲说还休"。

　　在本书出版之际，我十分感谢西北师大领导给予的鼓励和支持，感谢师大离退教职工党委李景禄书记及社科处领导的热情指导和帮助。没有组织的关怀，本书是难以问世的。

　　限于自身的水平，书中错误、纰漏之处在所难免，敬请专家、同仁和读者批评指正。

任遂虎

2016年4月于西北师大

图书在版编目（CIP）数据

复兴的文明：新时代中国传统文化的归来与重生/任遂虎著. —北京：中国书籍出版社，2016.5
ISBN 978－7－5068－5495－5

Ⅰ．①复… Ⅱ．①任… Ⅲ．①中华文化—研究 Ⅳ．①K203

中国版本图书馆 CIP 数据核字（2016）第 070464 号

复兴的文明：新时代中国传统文化的归来与重生
任遂虎　著

策划编辑	李立云
责任编辑	李立云　李广顺
责任印制	孙马飞　马　芝
封面设计	楠竹文化
出版发行	中国书籍出版社
地　　址	北京市丰台区三路居路 97 号（邮编：100073）
电　　话	（010）52257143（总编室）　（010）52257140（发行部）
电子邮箱	yywhbjb@126.com
经　　销	全国新华书店
印　　刷	北京汉玉印刷有限公司
开　　本	710 毫米 × 1000 毫米　1/16
字　　数	245 千字
印　　张	15
版　　次	2016 年 6 月第 1 版　2016 年 6 月第 1 次印刷
书　　号	ISBN 978－7－5068－5495－5
定　　价	38.00 元

版权所有　翻印必究